RECUEIL

DE

DISSERTATIONS PHILOSOPHIQUES

Textes donnés au Baccalauréat (Sorbonne et Province)
suivis de conseils, plans, développements, sujets analogues
et d'un lexique de philosophie

PAR

J.-B. CASTEL & V. VATTIER

PROFESSEURS DE L'UNIVERSITÉ

PARIS
LIBRAIRIE CH. DELAGRAVE
15, RUE SOUFFLOT, 15

1896

RECUEIL

DE

DISSERTATIONS PHILOSOPHIQUES

DES MÊMES AUTEURS

J. B. CASTEL. Recueil de compositions françaises, sujets donnés aux baccalauréats. — En collaboration avec M. A. REBOUL, (Ch. Delagrave). En souscription . . , . . **6 fr.**

Bulletin des examens du Baccalauréat classique, revue bi-mensuelle, 20 numéros par an, (Rhétorique et Philosophie). — X^e année . . . , . . **10 fr.**
Bureau : 43, Boulevard St-Germain, Paris.

Séparément : **Bulletin de Rhétorique.** Paraît le 1er du mois. Prix de l'abonnement . . . . **6 fr.**

Séparément : **Bulletin de Lettres-Philosophie.** Paraît le 15 du mois. Prix de l'abonnement . . . . **6 fr.**

Sommaires d'un cours de Philosophie . . . . , ... **1 fr.**

Lexique de philosophie (en préparation).

Rousseau : Contrat social (livres I et II), avec introduction, notes et commentaires (en préparation).

V. VATTIER. **Précis de philosophie** (Croville-Morant). . . . . **2 fr. 50**

Eléments de philosophie scientifique (id.) . . . . **5 fr.**

Séparément : **Psychologie** . . . **2 fr. 50**
— **Logique et Morale.** **2 fr. 50**
— **Métaphysique** . . . **1 fr.**

Mémento d'Histoire de la Philosophie (id.) . . . . **1 fr. 50**

John Wiclef, sa vie, ses œuvres, sa doctrine (E. Leroux, édit.) . . . . . **10 fr.**
Ouvrage honoré d'une souscription du Ministère de l'Instruction Publique.

RECUEIL

DE

DISSERTATIONS PHILOSOPHIQUES

Textes donnés au Baccalauréat (Sorbonne et Province)
suivis de conseils, plans, développements, sujets analogues
et d'un lexique de philosophie

PAR

J.-B. CASTEL & V. VATTIER

PROFESSEURS DE L'UNIVERSITÉ

PARIS
LIBRAIRIE CH. DELAGRAVE
15, RUE SOUFFLOT, 15

—

1896

MONTBÉLIARD (DOUBS), IMP. P. HOFFMANN.

PRÉFACE

Bien que venant après l'excellent ouvrage de M. E. Boirac, le *Recueil de dissertations philosophiques* que nous publions aujourd'hui sera, nous l'espérons, de quelque utilité.

On ne trouve guère en effet dans le recueil, si justement estimé, de M. E. Boirac, que les sujets donnés aux candidats de l'Académie de Paris. Or ceux qui ont eu, comme nous, la curiosité de parcourir la liste des textes dictés ces dernières années dans les Facultés de province aux épreuves du baccalauréat, ont pu s'apercevoir que la majorité de ces textes diffère profondément, par le fond et par l'énoncé, des textes de Sorbonne. Il nous a donc paru que nous comblerions une lacune en nous attachant à traiter les deux séries de textes.

Notre *Recueil* comprend tous les sujets donnés au baccalauréat classique et la plupart des sujets donnés au baccalauréat moderne depuis l'année 1880. On y trouvera en outre un certain nombre de sujets plus anciens, d'une importance générale, qui, peut-être pour cette raison, ne sont plus proposés aussi fréquemment qu'autrefois, mais qu'il serait dangereux de négliger.

Voici la marche uniforme que nous avons suivie dans la rédaction de nos plans.

1° Quelques réflexions préliminaires, sous le titre de *conseils*, de *préparation* ou *méditation du sujet*, nous permettent d'amener l'élève à se rendre compte du sens exact, de la nature et des limites précises de la question posée. Bien des termes équivoques ou vagues du langage philosophique, mal fixé jusqu'ici, rendent cette précaution obligatoire.

2° Nous donnons ensuite *le plan* lui-même, plus ou moins étendu, et même, de temps en temps, un développement *in extenso*. Mais dans tous les cas nous avons, par une disposition typographique spéciale, pris soin de dégager nettement et de rendre visibles au premier coup d'œil les différentes parties et les grandes lignes du sujet.

3° Le plan à son tour est suivi d'une *liste de sujets analogues* disposés par Facultés. On y retrouve la question principale présentée sous les formes les plus diverses et les énoncés les plus variés. Cette liste, à laquelle nous attachons une très grande importance, est destinée à offrir aux maîtres une riche mine d'exercices, — écrits ou oraux —, par lesquels ils habitueront leurs élèves à saisir les multiples aspects d'une question, à passer en revue les énoncés les plus intéressants d'un problème. Elle leur facilitera encore l'interprétation si délicate des programmes, en mettant en relief soit les points sur lesquels insistent ou reviennent le plus volontiers les examinateurs, soit les orientations nouvelles que ces derniers impriment parfois aux questions philosophiques. Les élèves studieux sauront, de leur côté, y trouver matière à de longues méditations personnelles, et, la veille des examens, s'en servir de mémento et comme de guide dans la revision de leur cours.

Nous nous sommes fait un scrupule d'indiquer toujours soigneusement les sources de nos textes, c'est-à-dire les Facultés où ils furent donnés et les dates des sessions. Quant aux sujets que nous proposons nous-mêmes, nous les faisons précéder d'un astérisque. Le même signe accompagne les questions qui, figurant aux anciens programmes, ne font pas explicitement partie des programmes actuels, mais peuvent reparaître au premier jour avec les récents programmes du 8 août 1895, applicables dès 1896-97.

Trois tables terminent l'ouvrage. Présentant les sujets rangés tour à tour dans l'ordre de la pagination, par Facultés et suivant les parties du cours classique, elles contribueront grandement à faciliter les recherches. Elles auront aussi l'avantage de réparer le désordre inévitable dans lequel le hasard des examens nous a forcés de traiter les questions.

Le prochain volume comprendra, en plus, un *lexique philosophique*. Nous n'avons certes pas, en le publiant, l'intention de remplacer l'admirable *Lexique* de A. Bertrand ni le *Dictionnaire philosophique* de Franck. Notre ambition est infiniment plus modeste. Convaincus qu'il est bon et indispensable pour les élèves, surtout pour ceux de philosophie, d'avoir constamment à leur disposition, de la première à la dernière leçon, un vocabulaire très succinct, très simple et très exact des termes philosophiques, nous avons voulu dans notre *Recueil* leur donner ce vocabulaire. Ils y trouveront le sens précis des vocables usuels et les définitions les plus courantes. Si l'on n'était quelque peu prévenus aujourd'hui contre les exercices de mémoire, contre un prétendu et très hyperbolique *surmenage mnémonique*, nous oserions même, de par l'expérience de plus de vingt-cinq années d'enseignement, recommander discrètement aux candidats, soucieux du succès, de se fixer comme tâche quotidienne quelques-unes de ces définitions à apprendre par cœur. Le plus souvent en effet, l'interrogation orale n'est guère que le commentaire d'une définition initiale, et c'est du degré d'exactitude de cette définition que dépendent l'assurance ou le trouble, partant la réussite ou l'insuccès du candidat.

Un certain nombre de professeurs de l'Université ou de l'enseignement libre ont daigné encourager la publication de notre ouvrage ; quelques-uns nous ont prêté l'appui de leurs conseils et même leur collaboration. Nous espérons ainsi être utiles à tous ceux qui, à un titre quelconque, préparent des examens ou à des examens comportant des matières philosophiques. Les diverses catégories d'élèves de l'enseignement classique, de l'enseignement moderne et de l'enseignement primaire supérieur (garçons et filles) trouveront, croyons-nous, dans notre *Recueil*, de quoi guider, soutenir ou faciliter leur travail personnel, dont aucun livre ne saurait les dispenser. C'est à eux que nous le destinons.

LES AUTEURS

15 Novembre 1895.

ERRATA

Page	Ligne	Au lieu de	Lire
41	27	Prétentions de la psychologie	Prétention de la physiologie
43	12	instruments d'observation	instruments d'observation :
43	14	dans l'espace, non mesurables	dans l'espace, mesurables
44	28	Méthode en psychologie	Méthode d'observation, etc.
49	11	ἀσθνοις	ἀισθησις.
49	29	erreurs de	erreurs des
54	15	du Biram	de Biram
64	9	Waldrop	Waldrope
67	12	A)	(supprimez)
69	14	des trois groupes	de trois groupes
71	20	Est-elle	La société est-elle
73	31	(26 octobre 1885)	(Sorbonne, 26 octobre 1885).
78	21	doit-être	doit être
86	30	laissons passer	faisons passer
88	1	parec	parce
103	12	sur l'histoire	sur l'histoire, page 107
105	21	Relations organiques	Corrélations etc.
106	3	Burdeau	Bourdeau.
112	12	activité morale	activité vitale
128	22	différement	différemment
129	22	Barke	Burke
141	6	La science	La conscience
145	27	Harthmann	Hartmann
149	28	Shopenhauer	Schopenhauer.
151	8		compléter ainsi le titre : *Discuter cette opinion.*
153	13	page	page 722.
159	22	phryginé	phrygien.
174	38	les affections	les affections bienveillantes
176	13	toutes passions	toutes les passions
190	26	. . . . . et le	et le . . . . .
191	9	produit du sol	supprimez *du sol*
193	34	du principe ui	du principe qui
199	1	qu'es-ce	qu'est-ce
210	18	connaisent-ils	connaissent-ils

RECUEIL
de
Dissertations Philosophiques

I

Qu'est-ce que la science et quelles sont les qualités de l'esprit scientifique ? (Aix, 10 Juillet 1888, professeur M. Joyau).

DÉVELOPPEMENT

I. — Qu'est-ce que la science ? — La première réponse qui se présente à l'esprit est celle-ci : « La science est l'ensemble des connaissances humaines ». Mais toute connaissance n'est pas scientifique. L'animal, l'enfant ont des connaissances (le chien, par exemple sait retrouver la piste du gibier) ; peut-être ne savent-ils pas qu'ils connaissent, ne se doutent-ils pas de ce qu'ils savent et de ce qu'ils ignorent. Il manque à ces *connaissances* d'être conscientes, *réfléchies*, et la première condition pour être savant, c'est de savoir qu'on sait. Le sauvage, le paysan grossier ont aussi des connaissances nombreuses : ils savent que le froid congèle l'eau ; ils peuvent même prévoir le temps ; ils ont de nombreuses recettes et ont conscience de savoir tout cela. Mais souvent ces connaissances ne sont pas suffisamment vérifiées, *contrôlées* ; elles sont purement empiriques. De ce qu'on a observé un certain nombre de fois qu'une chose s'est passée de telle façon, on conclut qu'elle se passera toujours ainsi ; et pourtant il peut n'y avoir là qu'une coïncidence fortuite. Chez le sauvage et le paysan les préjugés sont aussi nombreux que les vérités. L'ignorant se croit aussi certain, par exemple, de l'influence du nombre 13 que de tout le reste. Il manque à ses connaissances d'être contrôlées, *suffisamment certaines* ; il leur manque aussi d'être *abstraites et générales*. L'homme inculte sait prévoir le temps, mais seulement pour le lieu qu'il habite et pour le temps où il a fait ses observations. Or il est clair que si une connaissance n'est scientifique qu'à condition d'être réfléchie et certaine, elle n'est également scientifique qu'à condition d'être vraie partout et toujours, autrement dit générale. La science ne saurait être une simple collection de faits particuliers, momentanés, locaux. Outre qu'il serait impossible de faire la collection de tous les faits, cette collection serait sans cesse à refaire, puisque les faits sont momentanés et cèdent la place à d'autres non moins fugitifs.

Enfin, il arrive que chez des esprits incultes, on rencontre des connaissances suffisamment générales, par exemple celle-ci que le froid congèle l'eau. Mais ces connaissances ont le défaut de n'être ni *ordonnées* entre elles ni *systématisées*. Or la science n'est pas un recueil de connaissances isolées, sans lien les unes avec les autres. De même que, dans la réalité, toutes choses se tiennent et se déterminent réciproquement, de même il doit en être dans la science, cette expression de la réalité dans l'esprit et dans la pensée. Sans cette condition, la science serait incomplète : elle ne présenterait pas un tableau fidèle des choses.

Que doit se proposer *la science* pour former un *ensemble de connaissances réfléchies, certaines, générales, systématisées ?* Doit-elle se proposer la connaissance des faits ? Il est incontestable que l'observation des faits doit venir en premier lieu et précéder toute autre recherche, mais la science ne peut s'y tenir. Les faits ou phénomènes sont, nous l'avons dit, passagers, temporaires, locaux ; il serait impossible de les recueillir tous ; chaque individu n'en perçoit qu'un nombre restreint ; l'humanité même, prise dans son ensemble, n'en constate qu'une infime partie ; en outre, la collection, en fût-elle possible, serait constamment à refaire. On ne pourrait jamais dire : je sais.

La Science n'est donc *pas la connaissance des faits.* « La Science, a dit Aristote, est née de l'étonnement. » On s'étonne, lorsqu'on ne comprend pas ; mais l'étonnement cesse, dès que la curiosité est satisfaite, dès que la chose est expliquée. L'objet de la science est non de connaître, mais d'expliquer les faits, c'est-à-dire d'en connaître les raisons. Les *raisons des faits*, voilà l'*objet de la science*. Expliquer un fait, c'est lui assigner une cause, c'est montrer qu'il est l'effet d'un autre fait. Mais cela ne suffit pas encore. Pourquoi tel fait a-t-il produit tel autre fait ? Pourquoi ce feu a-t-il fait bouillir cette eau ? On répond en constatant qu'il existe entre les deux faits un rapport constant, général, nécessaire : c'est parce que la chaleur, en général, fait bouillir l'eau. Ce rapport constant et nécessaire de deux faits, s'appelle une loi. L'action des *causes* s'explique donc elle-même par les *lois*. Les causes et les lois, voilà quelles sont les raisons des faits. Cela est vrai de toutes les sciences qui ont pour objet des faits, des phénomènes. Mais il y a d'autres sciences, à savoir les sciences abstraites ou mathématiques, qui n'ont pas pour objet d'expliquer des faits, mais de déduire de certains principes donnés les conséquences qui s'y trouvent contenues. Il n'y a pas ici, à vrai dire, des causes, il y a des principes et des conséquences. La conséquence est unie au principe par un lien nécessaire également appelé loi ; mais en mathématiques les lois sont des *rapports de coexistence* et non pas des *rapports de succession*, comme dans les sciences de faits. La conséquence en effet n'est pas postérieure au principe : elle existe en même temps que lui.

On comprend aisément que la science, se proposant pour objet les raisons des choses, puisse être un ensemble de connaissances réfléchies, certaines, générales et systématiques, car, si les faits sont visibles, les raisons des faits ne le sont pas et n'apparaissent qu'à la raison : la réflexion seule peut les percevoir. Un fait devient certain, dès qu'on peut se l'expliquer, dès qu'on aperçoit qu'il est nécessairement produit par tel ou tel autre fait. Quand je ne fais que constater que tel évènement a suivi tel autre évènement, je ne suis pas bien sûr qu'il le suivra toujours ; j'en deviens sûr si je connais la raison pour laquelle le second a suivi le premier, car je sais par là-même que la coïncidence des deux n'est pas fortuite. Les connaissances deviennent du même coup générales et abstraites, car si le fait est particulier, momentané, local, la loi est universelle. Enfin, quand on connaît les raisons des choses, on les relie les unes aux autres ; un fait est rattaché à sa cause ; celle-ci à son tour, à une autre cause et ainsi de suite. Les faits s'expliquent par leurs lois, les lois particulières par des lois moyennes, les lois moyennes par des lois générales. Tous les faits se trouvent ainsi liés entre eux, systématisés. Nous pouvons donner maintenant une définition de la science : elle est un *ensemble de connaissances vérifiées, abstraites, coordonnées entre elles, systématisées.* Comme elle ne peut avoir ces divers caractères qu'à la condition de se proposer la connaissance des raisons des choses, on peut la définir encore : *l'explication des choses.*

Il résulte de cette définition de la science des *conséquences importantes.* Quand on connaît les causes, les conditions d'un phénomène, *on peut prévoir* l'apparition de ce phénomène, et, quand on prévoit, *on peut pourvoir.* De là cette devise : « Savoir, afin de prévoir et de pourvoir ». Dans cette formule sont comprises toutes les applications pratiques de la science. C'est parce qu'on connaît les causes qui produisent la vapeur et parce qu'on a constaté les effets de la vapeur qu'on a pu construire des machines. Ce serait pourtant un tort de croire que la science a uniquement pour fin de prévoir et de pourvoir. Sa véritable devise doit être : « Savoir afin de savoir ». La science, en effet, est née du besoin de comprendre ; son but essentiel est de satisfaire ce besoin, sa fin propre est l'explication des choses, la vérité.

Le vrai savant ne doit donc pas se proposer de tirer de ses découvertes des applications plus ou moins utiles, mais de trouver la vérité, et il est savant quand il l'a découverte. Savoir est un besoin pour l'esprit, comme se nourrir est un besoin pour le corps, et il est tout aussi légitime d'étudier que de manger. C'est pourquoi il n'y a pas à se demander à quoi sert telle ou telle science qui semble n'avoir que peu ou point d'applications ; autant vaudrait se demander : A quoi sert de manger ? Les sciences susceptibles de nombreuses applications industrielles ont une tendance manifeste à se donner pour fin ces applications mêmes et perdent par là quelque chose de leur pureté et de leur caractère essentiel. C'est dans ce sens qu'Aristote a dit : « La science la plus excellente est la plus inutile et la plus *désintéressée*, et cette science, c'est la philosophie. » Elle est la science par excellence parce que, plus que tout autre, elle a pour fin de satisfaire, dans la mesure du possible, ce besoin de comprendre, cette soif de vérité qui est au fond de tout esprit généreux et bien fait.

II. — Telle est la science, tels en sont les caractères. Mais, pour constituer la science, certaines qualités sont requises, qui dérivent des caractères mêmes que nous venons de lui assigner.

Puisque la science est née du besoin de connaître, la première qualité de l'**esprit scientifique** sera une *curiosité exceptionnelle*, une soif insatiable de vérité. Cette curiosité, par cela même qu'elle est grande, ne saurait être satisfaite à peu de frais ; elle sera donc rigoureuse, *amie de l'exactitude*, de la précision, de la clarté ; elle supposera en un mot l'*esprit critique* ; enfin elle impliquera la *recherche des points de vue généraux*, systématiques, car une chose n'est complètement connue que quand on en connaît les tenants et les aboutissants, quand on sait quelle place elle occupe dans l'ensemble des choses, quels sont ses rapports avec le reste, en un mot quand on l'a fait rentrer dans un système. *L'esprit systématique* est la plus haute qualité de l'esprit scientifique. Mais il ne faut pas confondre l'esprit systématique avec l'esprit de système, c'est-à-dire avec cette tournure d'esprit qui consiste à se renfermer dans un point de vue exclusif, dans un système fermé, à accueillir tout ce qui rentre dans ce système, à exclure tout le reste. L'esprit de système ainsi entendu est un des plus grands obstacles que rencontre la science. Le véritable savant saura, tout en conservant le besoin des vues systématiques, des vues d'ensemble, accueillir la critique et renoncer à ses opinions, quelque chères qu'elles lui puissent être, dès qu'on lui en aura prouvé la fausseté.

On voit, par ces caractères, que la science diffère de *l'art*, de *la morale* et *de la religion*. Le savant se propose simplement d'avoir une représentation exacte de ce qui est ; l'artiste conçoit et cherche à réaliser un monde différent du monde réel et plus parfait que le monde réel : la faculté artistique par excellence est l'imagination. La morale est la recherche, non de ce qui est, mais de ce qui doit être ; elle a pour objet de déterminer ce qu'il faut vouloir. La religion enfin, comme l'art, conçoit certaines réalités et un certain monde meilleurs que les réalités présentes et que le monde actuel, et, achevant en quelque sorte la morale et la dépassant, elle réalise dans ses conceptions un certain ordre des choses qui soit la sanction de la conduite terrestre, un règne surnaturel qui domine et complète le règne naturel et moral.

SUJETS ANALOGUES

1. — Que voulait dire Aristote en disant : « *Il n'y a pas de science du particulier* » ? Rapprocher cette formule de celle des philosophes scolastiques : « *Nulla est fluxorum scientia* ». (Sorbonne, 7 août 1873).

2. — Expliquer et apprécier cette proposition de Socrate et de ses successeurs qu' « il n'y a de science que du général ». (Sorbonne, 11 juillet 1878).

3. — Quel est le sens de cet aphorisme de Bacon : « *Vere scire, per causas scire* » ? (Sorbonne, 1ᵉʳ avril 1873).

4. — Quels sont les caractères distinctifs d'une science ? Exposer et juger la classification des sciences donnée par A. Comte. (Aix, octobre 1884).

5. — De la science et de l'esprit scientifique. (Aix, juillet 1889, 2ᵉ série).

6. — Qu'est-ce que la philosophie et quelles sont les qualités de l'esprit philosophique ? (Aix, 7 juillet 1890).

7. — Définition de la science. Classification des sciences. (Aix, Corse, juillet 1892).

8. — Qu'est-ce que la science ? Donner une classification des sciences. (Grenoble, 8 avril 1889, 2ᵉ série).

9. — De la croyance et de la science. (Lyon, 29 juillet 1890).

10. — Distinction des sciences et des arts. — Définition de la science. — Classification des sciences. (Nancy, 4 novembre 1890).

11. — Y a-t-il, au dessus de toutes les sciences particulières, une définition générale de la science, et quelle peut-elle être ? (Dijon, 16 novembre 1891).

11

Autrefois les savants étaient familiers avec toutes les sciences dans les limites jusqu'où elles s'étendaient à leur époque. Aujourd'hui les savants se restreignent chacun à une science spéciale. — Recherchez les causes et les conséquences de ce fait.

PLAN

Début. — A l'origine, la philosophie était l'unique et universelle science. Nulle idée, en dehors de son domaine, de sciences distinctes et indépendantes. Le travail lent et continu de la pensée, une tendance naturelle au progrès font peu à peu sortir toutes les sciences de son sein. Le premier rameau qui se détacha du tronc commun pour vivre de sa vie propre, ce fut la science des nombres (à l'époque de Platon) ; puis la physique (avec Galilée) ; la science du langage (au XVIIe siècle) ; enfin la physiologie, la morale, la psychologie, etc. (de nos jours).

Quelles ont été *les causes* de ce sectionnement, quelles en sont *les conséquences*, heureuses ou funestes ?

1er **point. (Causes).** *1re cause : héritage sans cesse grossissant des connaissances humaines.* L'humanité, suivant le mot de Pascal, est un seul homme apprenant sans interruption.... Au début, l'homme également étonné et attiré par toutes sortes d'objets, les observe tous, mais d'une vue synthétique, par suite incomplète et confuse. Plus tard, l'amas de connaissances acquises et transmises entraîne l'impossibilité pour la mémoire de les embrasser à la fois, étant données les conditions limitées des facultés et de l'existence humaine ; de là, la division du travail rendue nécessaire.

2me cause : la division que produit l'attention dans tout objet d'étude. Chaque partie de l'objet grossit en quelque sorte sous les regards de l'observateur et apparaît multiple. On a dit avec raison que l'attention faisait l'office de microscope. Par suite, distinction et séparation des diverses sciences particulières, qui auparavant se trouvaient fondues en une seule, et, dans chaque science même, multiplicité de subdivisions qui bientôt paraîtront trop vastes à leur tour, de sorte qu'aujourd'hui non seulement il n'y a plus de savant universel, mais il n'y a même plus de physicien, de mathématicien, de zoologiste embrassant le domaine entier de la physique, des mathématiques ou de l'histoire naturelle. Mais, parmi les physiciens, par exemple, l'un s'occupe d'optique, l'autre d'électricité ou de chaleur, etc. C'est que « une science positive ne peut point se borner à des affirmations vagues ; elle doit prouver et vérifier ses assertions, c'est-à-dire peser les plus minutieux détails. Un *chimiste* ne craindra pas de consacrer plusieurs années à l'étude d'un seul corps simple et de ses composés ; un *zoologiste* à celle de quelque humble infusoire, que le microscope seul découvre. Pour le progrès de la science, il faut, comme on le dit de nos jours, se *spécialiser*. Mais, par suite de cette analyse infinie, *toute science particulière devient un monde*. En effet, la grandeur est chose relative. Si la chimie est peu dans la totalité des connaissances humaines, elle est immense, comparée à une simple étude de l'azote et de ses composés. Comment s'étonner dès lors qu'elle suffise à ses nombreux travailleurs et qu'ils ne cherchent rien au-delà de son horizon ? Et il en est de même partout. — *Il y a plus :* ce travail intérieur qui scinde la philosophie en sciences particulières, scinde aussi les sciences particulières en sous-sciences, la physique, par exemple, en thermologie, optique, acoustique, etc. ; la biologie en physiologie, histologie, etc. Dans ce travail de décomposition qui n'a point de limites assignables, chaque pas dans l'analyse éloigne de plus en plus de l'unité primitive. » (1).

3ᵐᵉ *cause*. Cette subdivison tient non seulement au grossissement de l'objet et au progrès de l'analyse, mais à la *découverte de nouveaux instruments*, de nouvelles machines, dont la connaissance est longue à acquérir et dont le maniement exige une habileté pratique que peuvent seuls donner une habitude patiente et un apprentissage quotidien.

4ᵐᵉ *cause : Progrès et difficultés de la méthode* propre à chaque science.

2° point. (Conséquences). — Que résulte-t-il de ce fractionnement de la science en spécialités ? Ce qui résulte de la division du travail, c'est-à-dire des avantages et des inconvénients.

A) *Avantages*. — 1° Chaque savant, parce qu'il s'occupe uniquement d'une partie, laquelle constitue sa spécialité, *connaît mieux* et plus à fond ; ses *découvertes* sont *plus nombreuses* et plus *rapides*. Son habileté professionnelle n'est limitée que par son génie.

2° Le nombre des spécialités croissant toujours, *l'ensemble des progrès* réalisés est *plus considérable*.

3° La vulgarisation se faisant rapidement, grâce à des réunions périodiques, séances, congrès, comptes-rendus de la presse, expositions et concours, la science passe plus vite

(1). Ribot, *Psychol. anglaise*, introduction, § 1ᵉʳ, page 8.

du point de vue théorique au *point de vue pratique*, à l'application.

B) *Inconvénients*. — Mais voici le revers de la médaille.
1° L'analyse rend l'*esprit* du spécialiste un peu *étroit*. Il ne comprend pas ou comprend mal ce qui est en dehors de sa sphère d'observation et d'études, et, s'il se hasarde à en parler, il risque de commettre des bévues.

2° Par suite, *il voit moins bien* que le savant universel d'autrefois *les rapports* qui existent entre les choses, l'harmonie préétablie de l'univers. On pourrait comparer le savant universel à un homme placé sur un observatoire, au sommet d'une haute montagne, qui embrasse tout l'horizon de son regard ; et le spécialiste à un homme enfermé dans une vallée.

Conclusion. — Pour remédier à ces inconvénients inévitables, il est bon, il est nécessaire, — Auguste Comte a le mérite de l'avoir bien vu, — qu'il y ait des savants chargés de faire la synthèse des sciences, qui prennent les résultats derniers et incontestables auxquels chaque science spéciale aboutit pour en opérer la systématisation, pour les réduire, s'il est possible, à des formules de plus en plus larges, de plus en plus générales et compréhensives ; bref, qu'au-dessus des spécialités de chaque genre, il y ait une spécialité de plus, sans autre objet que les conclusions suprêmes des sciences particulières. La philosophie, considérée par son côté non métaphysique mais positif, comme philosophie des sciences, est précisément cette systématisation généralissime, cette vue supérieure de l'ensemble des choses. Elle revient ainsi à son rôle primitif, mais avec plus de sérieux et de profondeur.

A consulter. Th. Jouffroy. *Nouveaux mélanges*, p. 166 (De la distinction de la psychologie et de la physiologie). — Th. Ribot. *La psychologie anglaise contemporaine* (Introduction). — H. Spencer. *Les Premiers Principes*, passim.

III
*Portraits du philosophe et du poète

PLAN

Début. — Il y a une grande affinité entre la philosophie et la poésie. En effet :

D'abord, les premiers philosophes indiens et grecs ont écrit en vers, parce que c'était la langue la plus convenable pour exprimer de grandes pensées, et parce que le vers, avec son rythme et sa cadence, facilite le souvenir.

De plus, la vraie philosophie, la métaphysique n'est, à franchement parler, qu'une poésie, et celui qui viendrait dire, à propos des questions métaphysiques de l'âme, de Dieu, de la vie future, etc. : « J'ai trouvé la vérité absolue », celui-là ferait montre de prétentions singulières.

Il serait donc curieux de tracer les portraits du philosophe et du poète et d'établir entre eux une comparaison. Essayons cette analyse :

Développement. — **Ier trait.** — Le *philosophe* procède surtout par réflexion ; il analyse et creuse jusqu'au fond sa pensée. — Le *poète* est plutôt rêveur ; il dit bien parfois qu'il réfléchit, mais au fond il laisse aller capricieusement sa pensée ; il écoute, comme il le dit, la voix de la Muse ; il se livre à l'inspiration.

IIe trait. — L'attitude, par suite, est différente. Il serait curieux de réunir dans une même salle de musée des portraits de grands philosophes et des portraits de grands poètes. Les bustes offriraient une utile et intéressante comparaison. Le *philosophe* aurait la figure plus tourmentée, il baisserait la tête, contracterait les lèvres et froncerait le front. Cette hypothèse est vérifiée par des expériences personnelles que nous avons faites sur plusieurs professeurs de philosophie. — Le *poète* aurait au contraire l'air ouvert, la figure épanouie, la parole, non plus lente et coupée par les intervalles de la méditation, mais large, harmonieuse, communicative.

IIIe trait. — Différence plus profonde. Le *philosophe* se sert seulement de son esprit, de l'intellect pur ; il travaille sur des abstractions. — Le *poète* se sert de son imagination. Il ne présente pas ses idées en quelque sorte géométriquement, mais sous forme d'images concrètes ; il les colore et les fait vivre. Il fait aussi une part, une large part au sentiment.

IV⁰ trait. — Le premier a une *tendance à la concentration* et à l'isolement. (Platon n'a eu garde d'oublier ce trait caractéristique dans le beau portrait qu'il a tracé du philosophe dans le *Théétète*). Aussi l'œuvre qu'il produit est-elle une œuvre personnelle. (Bacon, dans une comparaison peu révérencieuse, compare le métaphysicien à l'araignée qui tire tout d'elle-même.) — Le second a, au contraire, une tendance à s'épanouir. Aussi la vue du poète est-elle plus large que celle du philosophe. On a dit de lui, avec une pointe d'ironie, qu'il était une sorte d'écho des choses et des hommes de son temps. Il y a du vrai dans cette parole ; c'est ce caractère qui donne à la poésie tant d'intérêt : nous voyons en elle comme le résumé brillant et fidèle de toute une époque et de toute une société.

Conclusion. — Le poète et le philosophe travaillent donc, chacun de son côté, à des œuvres différentes. Mais la scission entre eux, qui n'existait pas tout d'abord, qui ne s'est produite que grâce au besoin qu'éprouve l'esprit humain de se spécialiser, n'est pas devenue, même de nos jours, absolue. Les *philosophes*, d'une part, reviennent toujours à la poésie, comme à la source primitive de leurs pensées ; et la stérilité des philosophes du moyen-âge vient en grande partie de ce qu'ils se sont trop constamment maintenus dans leurs spéculations abstraites, de ce qu'ils n'ont pas été assez poètes. Il serait intéressant (et ce serait un nouveau sujet à traiter) de rechercher quelle est la poésie des philosophes : il n'y aurait pour cela qu'à prendre les passages qui, chez eux, ont une forme imagée ou symbolique. Par exemple, dans Platon, les mythes nombreux de ses dialogues et l'allégorie de la Caverne ; dans Plotin, un grand nombre de conceptions exprimées dans le plus sublime langage ; Kant même, le plus froid et le plus abstrait des métaphysiciens, fait de la poésie à ses heures (sa fameuse comparaison de la Colombe).

D'autre part, les *poètes* font aussi de la philosophie, et c'est bon et utile : en réfléchissant pour leur propre compte, sur les grands problèmes de la métaphysique, ils retrempent leur âme et empêchent leur art de dégénérer. (D'après des notes prises au cours de M. P. Souriau sur *La philosophie des poètes*, le 8 décembre 1886.)

IV

Discuter l'opinion suivant laquelle la psychologie n'est qu'une branche de la physiologie. (Sorbonne, 18 mars 1893).

PRÉPARATION DU SUJET

On aura, pour développer cette question, le choix entre deux marches différentes : l'une plus élémentaire, plus facile, plus superficielle ; l'autre plus sérieuse et approfondie. La première, classique depuis Jouffroy et quelque peu banale, consistera à combattre la thèse et l'argumentation de ceux qui veulent absorber la psychologie dans la physiologie, en établissant directement la distinction des faits psychologiques et des faits physiologiques. Il suffira pour cela de montrer que ces faits diffèrent en nature, par la manière dont on les connaît, par leur fin et par leur portée. — La seconde marche, plus originale et plus hardie, consisterait à ne s'attacher qu'à un seul point, capital, il est vrai : faire ressortir la différence fondamentale et dernière qui sépare le psychique du physiologique ; opposer *la conscience*, caractéristique de tout fait psychique, au *mouvement*, caractéristique de tout fait physique ou organique, et montrer, par une discussion approfondie des arguments et des doctrines, l'irréductibilité radicale de celle-là à celui-ci. Nous indiquons ces deux marches, en insistant davantage sur la seconde. L'une est plutôt d'un *nouveau*, l'autre d'un *vétéran* de philosophie.

1ᵉʳ PLAN

1ᵉʳ point. — (Tentative de réduction de la psychologie à la physiologie. — Les faits psychologiques et les faits physiologiques sont en réalité inséparables : pas de pensée sans organes ; — toute altération du système nerveux est accompagnée d'une altération des fonctions mentales ; — la zoologie et l'anatomie comparées prouvent qu'il existe un parallélisme constant entre le développement de l'organisme et le progrès de la vie psychique : la conscience n'apparaît que chez l'animal pourvu d'un centre nerveux supérieur, d'un cerveau (argumentation matérialiste).

Donc, c'est le cerveau qui crée la pensée ; les faits psychologiques ne sont que la face interne des faits physiologiques ; la psychologie n'est qu'une branche, un chapitre de la physiologie (thèse matérialiste).

2e point. — (Illégitimité de cette réduction.) — 1° *Critique de l'argumentation.* — A) Tout ce qu'on allègue est vrai, mais on a le tort d'omettre les faits contraires à la thèse qu'on soutient : la pensée a sur le corps une influence non moins considérable que le corps sur la pensée.

B) On confond la condition d'un fait avec sa cause. Oui, le cerveau est la condition de la pensée. Est-ce à dire qu'il est la cause productrice de la pensée ? autant vaudrait soutenir que, sans l'intervention du musicien, le piano lui-même crée et joue un opéra.

C) Les deux ordres de faits sont en *réalité* inséparables ; s'ensuit-il qu'ils le soient *essentiellement ?* On pourrait le contester, relativement aux faits psychiques les plus élevés.

2° *Critique de la thèse.* — De ce que deux groupes de faits sont intimement liés entre eux, il n'en saurait logiquement résulter qu'ils se confondent, si d'autre part ces faits ont entre eux des différences essentielles. Or, tel est ici le cas. En effet :

A) Les faits physiologiques se produisent dans l'espace et appartiennent à la catégorie de la quantité : à ce titre, ils peuvent se figurer, se mesurer, se localiser : ils consistent dans des déplacements et des transports de molécules organiques (ex. digestion, circulation, etc.). — Il n'en est pas de même des faits psychologiques, qui appartiennent à la catégorie de la qualité. La localisation des sensations, qu'on pourrait nous objecter, n'est pas un fait primitif. En croyant saisir et soumettre à la mesure et au calcul les faits internes eux-mêmes, la psycho-physique ne saisit et n'y soumet que leurs antécédents physiologiques.

B) Les uns s'observent par les sens et au moyen d'instruments, c'est-à-dire du dehors ; ils sont mieux connus chez autrui que de celui en qui ils se produisent ; — les autres sont immédiatement connus par une simple inspection de l'esprit ; d'une façon plus exacte, ils n'existent que par la conscience qu'ils enveloppent et impliquent ; la conscience est leur forme inaliénable et commune. L'être seul qui les éprouve peut les connaître directement ; les consciences sont fermées les unes aux autres ; c'est par analogie que nous interprétons l'âme de nos semblables et des animaux : l'accès nous en est interdit. Il en résulte que le fait psychique est toujours tel qu'il nous apparaît, et que la certitude que nous en avons est inattaquable et absolue.

c) Les premiers ont pour fin évidente la vie physique : l'animal digère et respire pour vivre ; — les seconds ont une fin morale : possession du vrai, contemplation du beau, poursuite de l'idéal. Ces fins sont souvent en conflit et opposées (santé du savant épuisée par de laborieuses veilles ; cas le dévouement suprême, etc.).

D) Enfin, le physiologiste ne saisit que des faits et leurs lois ; — le psychologue atteint, sinon l'âme même, du moins la cause substantielle à laquelle viennent aboutir et d'où naissent les phénomènes internes, et qui est le moi (Maine de Biran a nettement fait ressortir cette portée de la réflexion).

Conclusion. — Si ces faits diffèrent si profondément, ils ont droit à être étudiés par deux sciences distinctes et irréductibles, quels que soient les liens qui existent entre eux, quels que soient les services mutuels que ces deux sciences peuvent se rendre.

2me PLAN

Début. — La psychologie est la science des faits psychiques et de leurs lois ; elle a pour méthode l'introspection, la réflexion de l'esprit sur lui-même, l'observation intime. Malheureusement l'emploi de cette méthode n'a qu'une portée individuelle, et, réduite à elle seule, la psychologie pourrait produire d'intéressantes monographies, mais non mériter le nom de science : il n'y a de science que du général. Pour atteindre le général, la psychologie doit élargir sa méthode et passer du point de vue subjectif au point de vue objectif. Tout fait psychique est lié à un concomitant physique, à des manifestations et à des signes extérieurs. Saisir les rapports constants et invariables de ce parallélisme, tel est le moyen pour la psychologie de devenir une science positive. Mais procéder ainsi, n'est-ce pas mettre la psychologie sous la dépendance de la physiologie, n'est-ce pas même faire de celle-là une simple branche de celle-ci ? plusieurs savants l'ont soutenu. Voici comment ils raisonnent :

Le fait psychique, disent-ils, ne se distingue du fait physiologique que par la conscience. Or la conscience ne fait pas partie intégrante de ce fait, elle n'en est pas la forme essentielle, inséparable. Les faits conscients sont en bien petit nombre, relativement au nombre total des faits psychiques. La partie obscure et nocturne de l'âme embrasse un domaine bien plus étendu que la partie lumineuse et éclairée. La conscience est un surcroît accidentel de quelques faits internes seulement, un phénomène qui vient se surajouter aux autres, un *épiphénomène*. Elle n'est que le reflet, clair ou obscur, des mouvements organiques, que l'ombre projetée qui accompagne les pas du voyageur.

Si cette théorie du fait psychique et de la conscience est vraie, le fait psychique se ramène nécessairement au fait physiologique et est sous sa dépendance. Mais cette thèse est fausse. En effet :

I. (**La conscience et le mouvement**). Le fait physiologique n'est jamais qu'un mouvement, et le fait psychique ne peut être confondu avec un mouvement que par métaphore. C'est d'une façon figurée que nous disons d'une pensée qu'elle est mobile, lente ou rapide, basse ou élevée. Confirmons cette assertion par une analyse approfondie du mouvement.

a) Le phénomène du *mouvement* nous apparaît toujours comme une *multiplicité pure*, comme un pur devenir. Il suppose un avant et un après, il est et il n'est pas. L'origine en est dans la mémoire. Le fait de *conscience* au contraire est, dès le début, une *unité*, un tout, une synthèse, ce qui met entre ce fait et le fait du mouvement une profonde opposition de nature.

b) En outre, si le fait conscient est dans bien des cas conditionné par le fait physiologique, il en est souvent aussi l'indispensable condition : il est, par exemple, impossible de nier sérieusement l'influence des sentiments sur les déterminations et sur les réactions motrices. Par suite, des raisons très fortes nous portent à croire que, loin d'être le résultat de l'action réflexe plus ou moins compliquée, comme le veut

Spencer, *la conscience* est, à l'origine, le *principe de toute action réflexe*. Qui nous empêche de généraliser ce fait d'expérience quotidienne : le passage du volontaire au réflexe (l'habitude) ? Non seulement, rien ne nous en empêche, mais la philosophie vient confirmer cette induction fort légitime de la psychologie scientifique et décide la question. Elle nous apprend, par la critique des qualités primaires et de la notion d'espace, que le phénomène du mouvement, objet final des sciences physiques et physiologiques, dépend des lois de notre sensibilité, de notre constitution mentale ; qu'il suppose ces lois, et avec ces lois, la conscience ; que par conséquent *la conscience* est bien le *phénomène essentiel, conditionnant et déterminant le fond de la réalité*, et qu'il est parfaitement absurde d'en faire le résultat de ce qui ne peut exister que relativement à elle, par elle et pour elle.

La conscience est donc l'essentiel du fait psychique et non un simple phénomène qui s'y ajoute dans certains cas. Il le constitue et l'accompagne nécessairement, puisqu'il le fait être tel ou tel. A plus forte raison n'est-elle pas un reflet physiologique.

II. (**Le mouvement et la tendance**). Au lieu de considérer la conscience, nous pourrions aussi considérer l'élément psychique fondamental : la *tendance*, le désir. L'analyse nous montrerait encore que cette tendance est le *principe* de toutes les inclinations, de tous les instincts, *de tous les mouvements* ; qu'elle se détermine et se diversifie, en ses applications, à la suite des impressions reçues du dehors, mais qu'elle préexiste à ces impressions et comme caractère général de l'espèce et comme caractère particulier de l'individu.

CONCLUSION. Cette considération et cette opposition d'une part du mouvement, d'autre part de la conscience et de la tendance nous amène à conclure que, bien loin de se réduire au physiologique, le psychique est la condition d'existence et de connaissance du physiologique. Supprimez la conscience, le fait physiologique est comme s'il n'était pas ; plus exactement il n'est réellement plus. Si donc une réduction était à faire, c'est à la psychologie que devrait se ramener la physiologie. Mais n'allons pas si loin, ne pénétrons pas dans le domaine réservé de la métaphysique, de l'être. Il nous suffit, en restant strictement dans le point de vue scientifique, d'avoir établi la réalité primordiale et indépendante du fait psychologique, et fondé la légitimité de la psychologie. Nous pouvons maintenant, sans danger, maintenir la liaison des deux ordres de faits et même reconnaître les services que la science du corps est susceptible de rendre à la science de l'esprit.

A consulter : 1° Rabier, *Psychologie*, I, chap. 3-7 et *passim* ; 2° Arthur Hennequin, *Introduction à l'étude de la psychologie*, chap. I et II (in-12, chez Masson) ; 3° Pillon, *Année philosophique* 1890, p. 253. Analyse critique du précédent ouvrage. Nous nous en sommes largement inspiré ; 4° Jouffroy, *Nouveaux mélanges* : De la légitimité de la distinction de la psychologie et de la physiologie.

SUJETS ANALOGUES

12. — Par quels caractères se distinguent les phénomènes psychologiques des phénomènes physiologiques ? (Sorbonne, 4 novembre 1868).

13. — Distinction des faits physiologiques et des faits psychologiques. (Sorbonne, 2 avril 1881).

14. — Discuter l'opinion suivant laquelle la psychologie n'est pas une science distincte de la physiologie. (Sorbonne, 8 avril 1889).

15. — Marquer par des traits précis et des exemples la distinction des faits psychologiques, des faits physiologiques et des faits physiques. (Sorbonne, 16 novembre 1871).

16. — Établir la légitimité de la distinction entre la psychologie et la physiologie. (Sorbonne, 4 juillet 1878).

17. — De la distinction de la psychologie et de la physiologie. En quoi cependant ces deux sciences peuvent-elles se rendre de mutuels services ? (Sorbonne, 23 juillet 1873).

18. — Quelles sont les différences et quels sont les rapports qui existent entre la vie organique et la vie intellectuelle, et par suite entre la physiologie et la psychologie ? (Aix, 25 août 1875).

19. — Les faits psychologiques et les faits physiologiques sont-ils les mêmes sous deux aspects différents ? ou réducti-

bles les uns aux autres ? ou explicables les uns par les autres ? sont-ils d'un même sujet ou de deux sujets distincts ? Quelle serait, dans ce dernier cas, la nature propre du sujet des faits psychologiques ? (Alger, novembre 1889).

20. — Définir la substance et le phénomène. Distinguer les phénomènes physiques et les phénomènes psychiques. Qu'ont pensé de la substance Descartes, Spinoza, Berkeley, Hume ? (Nancy, 10 novembre 1891).

21. — Quelles raisons a-t-on de croire que la pensée n'est pas tout simplement une fonction du cerveau ? (Poitiers, avril 1886).

22. — Rapports et différences de la physiologie et de la psychologie. (Poitiers, 18 mars 1893).

V

De la nécessité et de l'utilité d'une psychologie scientifique.

DÉVELOPPEMENT

DÉBUT. — **Insuffisance de la psychologie spontanée** : *deux raisons principales*. La psychologie est la science de l'âme, de l'âme humaine spécialement ; le psychologue est celui qui, à l'aide des procédés de la méthode expérimentale, étudie les faits intérieurs, en cherche les lois et détermine l'activité, une et multiple tout ensemble, d'où sortent et par laquelle se produisent les faits de cet ordre.

Tout le monde est donc naturellement plus ou moins psychologue : pas un de nous qui ne se connaisse lui-même. Interrogeons le premier venu sur ce qui passe, à un moment donné, dans le domaine de sa conscience : il dira sans hésiter à quoi il est en train de penser, quels sentiments l'agitent, s'il éprouve du plaisir ou de la douleur. C'est donc, semble-t-il, s'imposer une tâche inutile que de vouloir étudier l'âme d'une façon abstraite et méthodique. Pourquoi ne pas se contenter de cette connaissance immédiate, en quelque sorte instinctive, que chacun possède de soi et de ce qui se passe en soi ? La réponse est simple : c'est que cette connaissance a deux grands défauts : la psychologie spontanée ne se compose guère que d'idées qui, outre l'inconvénient d'être superficielles et confuses, manquent encore de suite et de cohésion.

1er point. — Nécessité d'une psychologie scientifique. — Tout d'abord, elle est *confuse et vague,* sans netteté, sans précision. L'homme en effet qui ne s'est pas étudié avec une attention profonde et persévérante connaît bien, de quelque façon et dans une certaine mesure, l'état actuel de son âme, les opérations qu'il exécute et les modifications passagères qu'il subit. A-t-on, par exemple, perdu un ami ; on a conscience d'une secrète souffrance morale, mais on ne saura dire au juste en quoi cette souffrance consiste. Demande-t-on à quelqu'un s'il aime ses parents, ses concitoyens, sa patrie ; il répondra sans doute d'une façon affirmative. Mais qu'on le mette en demeure d'indiquer la nature, les traits essentiels, les éléments constitutifs de chacun des sentiments en question, il balbutiera à coup sûr des réponses hésitantes.

Autre défaut non moins considérable : les notions spontanées sont *mal liées entre elles.* Celui qui n'a point réfléchi sur soi n'a qu'une idée confuse des événements qui se sont accomplis ou s'accomplissent actuellement en lui. Capable de raconter avec exactitude et sans trop de difficulté l'histoire des faits extérieurs qui composent sa biographie physique, il aura beaucoup de peine à exposer l'enchaînement de ses états intérieurs, à faire ressortir les rapports et différences, les chocs mutuels et les actions réciproques des faits moraux. Il se sent agréablement ou péniblement affecté, intelligent et libre, mais il ne sait que fort imparfaitement les liens qui unissent entres elles ses facultés : sa sensibilité, son intelligence, sa liberté ; il ignore ou connaît mal leurs points de contact, leurs limites respectives, leur sphère précise d'action. Ce n'est pas au vulgaire qu'on peut demander la solution exacte et nette de ces sortes de problèmes et de bien d'autres du même genre.

2e point. — Utilité de la psychologie scientifique. — La psychologie spontanée veut donc être étendue, complétée, systématisée par une étude attentive, méthodique, vraiment scientifique des phénomènes intérieurs. Il est besoin d'effort et de tension d'esprit pour passer d'une connaissance commune et superficielle à une connaissance savante et approfondie de l'âme. A l'introspection, à l'observation directe du sujet par lui-même, à l'intuition purement subjective il faut ajouter la méthode indirecte, externe, objective avec la riche variété de ses procédés (les passer rapidement en revue. Voir E. Rabier).

L'étude scientifique de nous-même est donc nécessaire, indispensable. Elle est, en outre, d'une grande utilité, soit qu'on considère la psychologie à part, soit qu'on examine les rapports que la psychologie soutient tant avec les autres sciences qu'avec les arts.

(A). — *Elle est utile en elle-même*. — Si l'esprit trouve un plaisir si vif à rechercher les lois de la nature, à saisir et à comprendre l'ordre des choses, n'est-ce pas que, dans l'harmonie des phénomènes physiques, il aperçoit comme un reflet de sa propre pensée ? Or, combien plus intense et plus profond sera, pour lui, le plaisir de se scruter directement lui-même, de pénétrer son essence, d'analyser cette foule innombrable de faits délicats qui constituent la trame de son existence, de connaître les principes qui le dirigent, les influences qu'il subit et la réaction qu'il est capable d'y opposer !

(B. *Elle est utile aux autres sciences :* mathématiques, — physiques et naturelles, — morales, — métaphysiques.

(a). Sans insister sur les *mathématiques*, signaler les services qu'elles retirent de l'analyse de la perception (notions d'étendue, de forme, de figure), de l'étude de la conscience (notion de force), de celle de l'imagination (l'infini, les hypothèses), de la raison (lois formelles d'identité, de contradiction, axiomes, etc).

(b). *La physique* (au sens le plus large) est aussi tributaire de la psychologie. Les notions de force, de lumière, de son, de chaleur, par exemple, viennent de la conscience et des sens. — Rapport plus intime encore de la psychologie avec la science qui traite de la vie, de ses conditions, de ses manifestations (physiologie). Rien d'étonnant à cela, puisque le corps et l'âme sont inséparables et forment, suivant l'heureuse expression de Bossuet, « un tout naturel ».

(c). *Les sciences morales*, s'occupant de près ou de loin des manifestations de l'âme humaine, présupposent à leur tour la psychologie expérimentale. Ainsi *l'histoire* explique les grands évènements du passé par les idées, les passions et le caractère soit des races, soit des individus. Dans ce groupe de sciences, *la logique et la morale* dépendent plus étroitement de la science de l'âme. Pour apprendre à trouver le vrai, à éviter l'erreur, il faut avoir analysé les procédés que suit l'esprit sain dans la conception, le jugement et le raisonnement ; il faut avoir, d'autre part, surpris l'action des causes perturbatrices de la pensée. De même, pour déterminer la conduite, pour fixer des règles à la volonté, il importe tout d'abord de savoir ce qu'est l'homme et ce qu'il peut.

(d). *La métaphysique* elle-même, malgré son air d'indépendance et de libre allure, ne saurait s'édifier sans l'aide de la psychologie. L'esprit phénoménal conduit seul à concevoir l'esprit nouménal (*psychologie rationnelle*) et l'essence dernière du monde (*cosmologie rationnelle*). Pour atteindre à l'absolu lui-même, une seule voie nous est ouverte : l'analyse du relatif. Bossuet a dit fort justement : « La connaissance de nous-même nous élève à la connaissance de Dieu » (*Théodicée*).

(e). *Elle est enfin utile aux Beaux-Arts.* L'esthétique traite du beau, de ses caractères, de ses effets sur l'âme, des facultés qui le sentent, le conçoivent et le créent, de l'essence et du rôle de l'art. Or la nature du plaisir et de ses espèces, le rôle esthétique des sens, les procédés de l'imagination, l'essence de la raison, du génie, du goût, la distinction de l'activité sérieuse et de l'activité de jeu, sont autant de questions psychologiques dont la solution sert à comprendre les divers problèmes de la science du beau. L'esthétique n'est guère qu'un chapitre détaché de la psychologie.

CONCLUSION. — La psychologie se trouve donc être la base et le fondement radical des autres sciences. C'est pourquoi l'on s'accorde aujourd'hui à la mettre au début des spéculations les plus élevées de la science et de la philosophie. Celles-ci forment, peut-on dire, un édifice dont la psychologie est comme le vestibule commun.

VI

Influence de l'habitude et de l'association des idées sur les jugements que l'on attribue aux sens. — Insister particulièrement sur le sens de la vue (Aix, 27 juillet 1881).

CONSEILS

La question, psychologique ou métaphysique, de la perception extérieure est d'une telle importance en philosophie, elle revient si souvent aux examens, sous les énoncés les plus divers, qu'il est indispensable aux candidats de la connaître à fond.

Le texte ci-dessus en particulier exige une attention sérieuse et une méditation approfondie, si l'on ne veut pas s'exposer à le mal comprendre et à l'interpréter à contre-sens. La plupart de nos jeunes philosophes sont portés à s'arrêter au premier mot du texte (habitude et association des idées) et, trouvant là un sujet connu, un sujet de cours, comme ils le disent, ils s'empressent de prendre la plume et d'écrire un développement à côté de la véritable question. Ce serait un grand tort, en effet, que de voir, dans la dissertation proposée, une théorie de l'habitude et de l'association. Les mots vraiment importants du texte sont : *jugements que l'on attribue aux sens* ; ajoutez tout de suite : *et qu'on a tort de leur attribuer*. De la sorte, le premier énoncé se transforme aisément en cet autre plus précis et plus exact : *Des perceptions acquises et du rôle que jouent, dans leur formation, l'habitude et l'association des idées*. Voici le plan à suivre avec de nombreux exemples. Les exemples, essentiels dans toute analyse psychologique, le sont encore plus, si c'est possible, dans l'exposé de la théorie expérimentale de la perception.

ESQUISSE D'UN DÉVELOPPEMENT

DÉBUT. — Définition de la perception externe. Opération multiple effectuée par cinq sens. — *Données propres et primitives de chaque sens* pris à part et considéré isolément, par une analyse idéale analogue à l'analyse ingénieuse de Condillac ou de Diderot. Nous font connaître : 1° le goût, les saveurs ; 2° l'odorat, les odeurs ; 3° l'ouïe, le son et ses qualités ; 4° la vue, la lumière, les couleurs (qualités de la lumière), et l'ombre inégalement distribuées sur une surface à deux dimensions, ainsi que la forme plane et le mouvement ; par conséquent, l'individu qui serait réduit à ce dernier sens n'aurait aucune idée de l'épaisseur, de la solidité et du relief, c'est-à-dire de la véritable forme des corps ; il se représenterait un cercle, une ellipse, un carré, mais non une sphère, un ellipsoïde ou un cube (Berkeley, *Théorie de la vision*) ; 5° le tact ou toucher actif, auquel nous joindrons le sens d'exercice musculaire, nous fait distinguer notre corps des corps étrangers, et, de plus, nous donne la connaissance des trois dimensions de l'étendue, c'est-à-dire des véritables formes des corps : le volume, la solidité, la grandeur et la distance. Réduits à ce sens, on pourrait connaître par exemple une sphère ou une pyramide, mais d'une façon toute géométrique, sans couleurs, sans modes concrets.

1ᵉʳ point. — (Ce que nous donnent les sens, en combinant leurs données.) — Voilà en quoi chaque sens contribue par lui-même à la connaissance du monde extérieur. Mais il est rare que nos sens s'exercent ainsi à part, indépendamment l'un de l'autre. A peine peut-on concevoir cet exercice isolé, au début de la vie intellectuelle. En tout cas, ils en arrivent de bonne heure à s'entr'aider, à se compléter l'un par l'autre et même à se *substituer l'un à l'autre*. Ce transfert d'une représentation d'un sens à un autre sens constitue ce qu'on appelle, depuis les Écossais, une perception acquise. De plus, nos perceptions actuelles se compliquent de perceptions passées et représentées. A ce propos interviennent la mémoire, l'association des idées, ainsi que l'habitude. De simples, propres, actuelles sinon immédiates, nos perceptions deviennent complexes, communes, inductives, ou, pour parler avec précision, ce ne sont plus des perceptions que nous avons, mais des jugements et des raisonnements que nous construisons ; il n'y a plus d'opérations des sens, mais des conclusions, des inductions de l'intelligence. Étudions ce phénomène de substitution en nous attachant spécialement au sens de la vue. Ce que nous en dirons pourra théoriquement s'appliquer aux autres sens, *mutatis mutandis*.

En effet, la saveur nous rappelle la forme des corps ; le son plus ou moins intense devient pour nous représentatif d'une distance variable ; la voix d'une personne aimée nous en rappelle les traits ; en présence d'une barre de fer portée au rouge, la vue me fait voir le fer chaud, etc. Dans tous ces cas, il y a éducation des sens les uns par les autres, surtout par le tact, et substitution des données absentes aux données actuelles. Mais revenons à la vue et voyons comment elle arrive à nous donner *la forme, la grandeur* et la *distance* des corps.

2ᵐᵉ point. — Ce que nous donne la vue, par substitution, transfert et raisonnement. — A) *La forme.* — Supposons un enfant placé pour la première fois devant une boule d'une certaine grandeur. Il ne voit qu'un cercle. S'il s'approche de cet objet et le prend entre ses mains, il reconnaît que la boule est ronde dans tous les sens, c'est-à-dire partout résistante et solide. Les images de surface circulaire (donnée de la vue) et de rondeur solide (donnée du toucher et du sens musculaire), s'unissent chez lui dans un même état de conscience. Que maintenant, cette association une fois formée dans son esprit, on mette à nouveau l'enfant devant une sphère semblable à la première ou différente, il reconnaîtra immédiatement l'objet pour un solide, sans avoir besoin de le toucher de nouveau. Le même travail inconscient se fait en la pensée de chacun de nous. Comme je constate en fait que les sensations d'exercice musculaire correspondent à certains jeux de lumière et d'ombre à la surface des corps ou varient en même temps qu'eux, je prends l'habitude de me représenter mentalement les formes, les épaisseurs et, d'une façon générale, les propriétés de la troisième dimension, en voyant apparaître les sensations de lumière et d'ombre qui s'y trouvent associées. Nous obtenons ainsi, par le sens de la vue, la perception des formes, du relief et de la solidité. (Le stéréoscope).

B) Pour *la grandeur*, mêmes opérations mentales. C'est le toucher seul qui nous fait connaître la grandeur réelle, grâce à la main (ce compas à cinq branches) et au mouvement des bras et des pieds ; la vue ne nous donne qu'une grandeur apparente. Cette grandeur apparente, qui diminue à mesure qu'on s'éloigne des objets, est mesurée par l'angle que forment les rayons visuels partis de notre œil, en aboutissant à la base et au sommet de l'objet. Supposons un objet

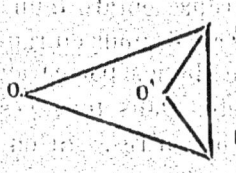

AB. Si je suis placé en O, je mesure sa grandeur par l'angle AOB ; si je suis placé en O', je la mesure par l'angle AO'B. Cette grandeur visuelle prête à des illusions. Ainsi la même page, imprimée sur un papier à grandes marges paraît beaucoup plus grande que lorsque les marges sont étroites. Quand nous avons une fois constaté *par le toucher* la grandeur réelle d'un corps, nous concevons sans peine cette grandeur au moyen de la grandeur oculaire apparente.

C) *La distance*. Nous mesurons de même très facilement l'éloignement ou la proximité d'un corps par les changements que subit l'image visuelle ; j'affirme, par exemple, à première vue, qu'un corps est éloigné de cinq ou de dix mètres, que les bancs de cette salle s'échelonnent en gradins. L'expérience du médecin Cheselden est décisive en ce point. On sait que Cheselden avait opéré un aveugle atteint de cataracte congénitale. Cet aveugle voyait d'abord tous les objets sur un même plan, tangent à l'orbite de ses yeux. Pour lui, pas de distance, pas de relief. Un cube lui apparaissait comme un carré ; une sphère, comme un cercle (cf. Em. Charles, *Lectures philosophiques*.) Il eût été incapable de distinguer une peinture de la réalité.

C'est que la perception de la distance, fournie par le sens de la locomotion, ne nous est donnée qu'ultérieurement par la vue, au moyen d'un phénomène de transfert. En effet, dire qu'une chose est distante, c'est se représenter par le souvenir l'effort locomoteur à faire pour l'atteindre. La vue, comme l'a démontré l'expérience de Cheselden, ne saurait nous donner autre chose que la sensation de couleur et de lumière. S'il nous semble, aujourd'hui, que nous voyons les choses avec leur degré d'éloignement et de proximité, c'est que nous avons associé les sensations de distance dues à la locomotion aux variations concomitantes de la grandeur apparente des objets. Cette théorie a été démontrée pour la première fois d'une manière scientifique par Berkeley. On sait aussi que les enfants ne se rendent pas bien compte des distances. Rien de plus fréquent que les illusions d'optique dues à cette loi de perspective (tableaux, diorama, panorama.)

A la grandeur apparente, il faut ajouter, comme moyens d'appréciation visuelle de la distance, d'autres signes que nous fournissent la couleur, le milieu et la position. Enveloppés de brume, les objets nous paraissent plus éloignés ; la lune, vue de derrière un mur, nous semble plus près de l'horizon, etc.

3e point. — (Ce sont là, non des perceptions, mais des raisonnements). — Ce ne sont pas là des jugement naturels et immédiats de la vue ; bien que je les porte aujourd'hui d'emblée, il n'en a pas toujours été ainsi : ils sont tous le résultat d'une *association* de sensations ou d'images que *l'habitude* a rendue indissoluble. Ce sont des milliers d'expériences, plus ou moins conscientes, qui m'ont appris à juger, de la forme véritable des corps par la répartition de la couleur et des ombres sur une surface plane, de la grandeur réelle par la grandeur apparente et de la distance par les variations de cette même grandeur apparente.

a) Les divers et nombreux *moyens* par lesquels se forment les perceptions acquises de la vue sont : l'angle de grandeur apparente, — l'adaptation musculaire de l'œil au fur et à mesure que les objets se rapprochent ou s'éloignent, — la grandeur de l'image rétinienne, — la force de l'impression que les objets produisent sur nos yeux, — la distinction plus ou moins nette des images, les sensations musculaires, si bien étudiées par l'école anglaise contemporaine, etc.

b) C'est dans le phénomène si curieux de la substitution d'une sensation à une autre, grâce à l'association et à l'habitude, que consistent les perceptions acquises. Marquons bien les *différences de ces perceptions* (en réalité, nous le répétons, ce sont des raisonnements souvent fort compliqués) *et des perceptions naturelles*. 1° *Les perceptions naturelles* consistent dans un mécanisme purement physiologique : elles dépendent de la structure des organes des sens et des nerfs, structure admirable et parfaite (anatomie de l'oreille et de l'œil) ; — elles sont peu nombreuses pour chaque sens ; — fatales ; — invariables ou uniformes chez tous les hommes; — et infaillibles. — 2° *Les perceptions acquises* constituent au contraire un mécanisme psychologique très compliqué. Ce sont des conclusions plus ou moins lointaines de raisonnements inductifs que l'on attribue aux sens, mais à tort ; — elles sont fort nombreuses ; — d'abord volontaires, à un certain degré, elle finissent par devenir inconscientes ; — elles sont plus développées chez les uns que chez les autres ; un géomètre, par exemple, est plus apte que le premier venu à juger de l'aire d'un terrain ; — par suite, elles peuvent être faillibles et trompeuses. A elles doit être rapporté ce qu'on appelle encore, à tort, les *illusions sensorielles*.

c) *Avantages des perceptions acquises.* Ce mécanisme des perceptions acquises est d'une immense utilité. S'il nous fallait, pour juger de la nature, de la forme, de la grandeur et de la distance des objets, faire chaque fois appel au toucher ; ou si, partant des perceptions primitives de la vue, il nous fallait chaque fois effectuer un calcul géométrique sur les données tactiles que la mémoire a conservées, un jour entier ne nous suffirait pas pour obtenir la moindre connaissance et nous décider à la plus petite démarche. Que deviendraient alors la science et l'action ?

d) Leurs inconvénients : erreurs des sens. Malheureusement ce mécanisme, aussi utile et mille fois plus étendu que le mécanisme naturel, est moins infaillible que ce dernier ; l'erreur en résulte, soit parce que au même signe ne correspond pas le même objet, soit parce que les conditions de l'expérience actuelle sont autres que celles de la primitive expérience et de l'association qui s'en est suivie ; exemples : illusions de la peinture, du stéréoscope, des panoramas, des miroirs, du bâton brisé, de la tour carrée qui de loin paraît ronde, etc.

Dans tous ces cas, *l'erreur ne vient pas des sens.* Les organes des sens font leur office en nous transmettant les impressions, telles qu'elles leur sont données, conformément aux lois physiques et physiologiques qui président à cette transmission. Subjectivement, la sensation qui me représente un bâton brisé dans l'eau est bien réelle ; l'erreur commence lorsque j'affirme que le bâton est effectivement brisé. Elle vient du jugement qui s'ajoute à la sensation.

e) Le moyen d'éviter ou de corriger l'erreur sensorielle est en général, bien simple. Il faut : 1° ne juger qu'avec précaution et en tenant compte de toutes les informations que nous fournit la connaissance des diverses lois scientifiques ; 2° quand l'erreur existe, se replacer dans les conditions où l'association des données des divers sens s'est produite : — briser en quelque sorte, par un effort mental, cette association et, renonçant momentanément à toute substitution d'un sens à un autre, faire rectifier la donnée par le sens auquel elle appartient en propre ; par exemple, dans le cas du bâton brisé, retirer le bâton de l'eau, puisque l'association des données de la vue et du toucher s'est produite dans le milieu homogène de l'air ; et, la forme solide appartenant au toucher, le palper pour s'assurer qu'il est toujours droit.

A consulter. — 1° Berkeley : *Théorie de la Vision ;* 2° Bossuet : *Traité de la connaissance de Dieu ;* 3° Malebranche : *Recherche de la Vérité*, L. I ; 4° Reid : *Traité des*

Facultés intellectuelles; 5° Bain : *les Sens et l'Intelligence*; p. 347 ; 6° Janet : *Cours élémentaire de Philosophie*; 7° Stuart Mill : *Examen de la Phil. de Hamilton*; 8° Taine : *de l'Intelligence* ; 9° James Sully : *Les Illusions des sens*.

SUJETS ANALOGUES.

23. — En quoi consiste la différence des perceptions naturelles et des perceptions acquises ? — De l'éducation des sens par l'esprit. (Sorbonne, 10 novembre 1868.)

24. — Des cinq sens. Des notions que nous devons à chacun d'eux en particulier. Des notions que nous devons à deux ou à plusieurs sens. (Sorbonne, 10 novembre 1867).

25. — Des erreurs des sens. Que faut-il entendre par ce principe que « l'erreur n'est jamais dans le sens lui-même, mais dans le jugement » ? (Sorbonne, 19 août 1869.)

26. — Énumérer et classer les sens sous le double rapport de l'utilité pratique et de la dignité morale. (Sorbonne, 27 novembre 1869.)

27. — Qu'appelle-t-on les erreurs des sens ? Expliquer comment il est vrai de dire que les sens ne nous trompent pas, mais que c'est l'esprit qui se trompe en interprétant mal les données des sens. Donner des exemples. (Sorbonne, 8 août 1872.)

28. — Des perceptions acquises et de l'éducation des sens. Multiplier les exemples. (Sorbonne, 28 mars 1890.)

29. — Comment se forment les perceptions de la vue ? (Sorbonne, 21 octobre 1873.)

30. — De la vue. Quelle est la part de l'habitude et de l'expérience dans les perceptions de ce sens ? (Sorbonne, 5 avril 1876.)

31. — Des perceptions de la vue. Part de l'expérience et de l'habitude dans ces perceptions. (Sorbonne, 22 mars 1875. — 7 décembre 1877.)

32. — Quelle est la part de la mémoire, de l'imagination et de l'induction dans la connaissance que nous avons du monde extérieur ? (Sorbonne, 12 juillet 1878. — 16 juillet 1886.)

33. — Conditions de la perception extérieure. (Sorbonne, 31 octobre 1892).

34. — Que faut-il penser des « prétendues » erreurs des sens ? (Sorbonne, 8 novembre 1894.)

35. — De la perception. Différences des perceptions primi-

tives et des perceptions acquises. Différence entre la perception naturelle de la vue et la perception naturelle du toucher. (Aix, 4 mars 1876).

36. — De la perception extérieure. Discuter la théorie de l'École Écossaise sur la perception. (Aix, concours académique, 1877).

37. — La perception extérieure. (Aix, juillet 1894, 4e série).

38. — De la perception extérieure; différence entre les perceptions immédiates et les perceptions acquises. — Exposer et juger la théorie de l'École Écossaise sur la perception. (Aix, 4 juillet 1879).

39. — Comment pouvons-nous juger, par le sens de la vue, de la véritable forme, de la grandeur et de la distance des objets ? — Erreurs dans lesquelles on tombe à ce sujet ; explication de ces erreurs. (Aix, 27 juillet 1882).

40. — Différence entre les perceptions primitives et les perceptions acquises. Montrer l'origine de ces dernières et leur importance dans la connaissance que nous prenons du monde extérieur. (Aix, 15 avril 1885).

41. — Que faut-il entendre par l'éducation des sens et à l'aide de quels procédés se fait-elle ? (Besançon, avril 1889).

42. — Des sensations musculaires et de leur rôle dans la perception. (Besançon, 29 juillet 1891).

43. — Des perceptions du toucher et des connaissances qu'elles nous donnent. (Besançon, 4 avril 1892).

44. — Des perceptions acquises. (Besançon, avril 1895).

45. — Énumérer et classer les données des différents sens. (Bordeaux, avril 1894).

46. — Que pensez-vous de cette formule connue : « Les sens ne jugent pas » ? (Bordeaux, novembre 1894).

47. — Comment connaissons-nous le monde extérieur ? (Caen, 3 novembre 1890).

48. — Quel rapport y a-t-il entre la perception interne ou externe et la mémoire ? (Caen, 16 juillet 1881).

49. — Que veut dire M. Taine lorsqu'il affirme que la perception extérieure est une hallucination vraie ? (Caen, novembre 1892).

50. — Déterminer le rôle de l'imagination dans la perception. (Clermont, 18 novembre 1891).

51. — Définir le sens du tact. Peut-on dire avec un philo-

sophe moderne : « Le tact ignore les apparences ; c'est le sens propre des réalités, le sens des substances, le sens vérificateur par excellence » ? (Dijon, juillet 1885).

52. — Analyse psychologique de la perception extérieure. Peut-on la définir une hallucination vraie ? (Dijon, 18 juillet 1891).

53. — Analyser ce qu'il peut y avoir de naturel et d'acquis dans les perceptions de chaque sens. (Dijon, 23 juillet 1894).

54. — Analyser les éléments d'une perception vraie, d'une erreur des sens, d'une hallucination. (Dijon, 24 juillet 1894).

55. — Théorie sommaire de la perception extérieure. Etude spéciale des perceptions visuelles. (Lille, 6 novembre 1888).

56. — Les perceptions acquises. Quel est le rôle dans la connaissance de cette sorte de phénomènes ? (Lille, 18 juillet 1892.)

57. — Les perceptions naturelles et les perceptions acquises de la vue et du toucher. (Lille, 23 juillet 1894).

58. — Les erreurs et l'éducation des sens. (Lyon, juillet 1889).

59. — Théorie générale de la perception extérieure. (Lyon, juillet 1893).

60. — Justifier cette pensée de Voltaire : « Les jugements soudains, presque uniformes, que toutes nos âmes, à un certain âge, portent des distances, des grandeurs, des situations, nous font penser qu'il n'y a qu'à ouvrir les yeux pour voir de la manière dont nous voyons. On se trompe : il y faut le secours des autres sens ». *(Eléments de la philosophie newtonnienne,* ch. VII). — (Montpellier, 25 octobre 1888)

61. — Que faut-il penser des erreurs des sens ? (Montpellier, 8 avril 1889).

62. — Influence de l'imagination sur la perception. (Montpellier, 18 novembre 1890 — Aix, 23 mars 1887).

63. — Le sentiment de l'effort. (Nancy, 18 juillet 1892).

64. — Enumérer et classer les données des sens. (Nancy, juillet 1893).

65. — Du rôle normal de l'imagination dans la perception extérieure. (Nancy, juillet 1894).

66. — Du rôle des sens et de la raison dans la connaissance du monde extérieur. (Poitiers, 18 mars 1891).

67. — Dans ce qu'on appelle les erreurs des sens, est-ce à proprement parler, le sens qui se trompe, ou bien ces erreurs ont-elles une autre origine ? En tous cas, le scepticisme n'a-t-il pas gain de cause? (Rennes, juillet 1894).

68. — Les perceptions extérieures ne sont-elles que des « rêves bien liés », selon l'expression de Leibnitz ? (Alger-Oran, juillet 1894).

VII

La Justice et la Charité. (Sorbonne, 8 novembre 1894). — **Justice et Bienfaisance.** (Aix, 23 juillet 1879). — **Justice et Charité.** (Lille, avril 1895.)

PLAN

DÉBUT. — L'homme est fait pour vivre en société, c'est un devoir pour lui d'entrer en relation avec ses semblables. Ses relations elles-mêmes sont réglées par le devoir. Quel est ce devoir ? il est double : 1° devoirs de justice ; 2° devoirs de charité.

Il s'agit d'indiquer brièvement ces deux catégories de devoirs (leur nature, leur fondement...) puis de montrer leurs rapports et leurs différences.

I. **Devoirs de justice.** — Leur formule : « Ne faites pas aux autres ce que vous ne voudriez pas qu'on vous fît à vous-même ? ». — La justice est le respect du droit. — Marquer ce qu'est le droit, comment il se distingue de la force, du besoin, de l'intérêt, comment il a pour origine et fondement la liberté en tant qu'elle est agent du devoir, c'est-à-dire en dernière analyse le devoir (bien comprendre cette théorie). — Quels sont nos différents droits, c'est-à-dire les différents devoirs de justice ? les énumérer rapidement dans un ordre logique : droit de vivre, droits de liberté individuelle, de liberté de pensée, liberté de conscience, liberté corporelle, droit de propriété.

II. — **Devoirs de charité.** — Établir par le *sentiment* et par la *raison* qu'il existe de pareils devoirs. Ces devoirs ne se fondent pas sur le devoir *personnel* de se perfectionner (nous traiterions nos semblables comme des moyens), ni sur la fraternité humaine (principe vague et contesté), mais sur la loi morale elle-même qui nous commande de réaliser tout le bien possible, en nous et autour de nous, en mettant les autres dans des conditions qui facilitent le bon vouloir. Si la charité est un devoir, ce n'est pas tant parce que les hommes sont unis à l'*origine* par le sang, que parce que tous ont une même fin. Or cette fin, ayant une valeur infinie, confère à chacun des agents une valeur infinie et fait ainsi de chacun d'eux un être digne non seulement de respect, mais encore d'intérêt, de sympathie et d'amour. — Formule de la charité : Fais pour les autres ce que tu dois vouloir pour toi-même.

De là de nombreux devoirs positifs : aider leur intelligence à s'éclairer (livres, écoles, bibliothèques, leçons publiques), leur sensibilité à s'épurer (combattre en autrui les mauvais instincts), leur liberté à s'affranchir (soulager la misère, la souffrance, donner de bons exemples), et surtout les aimer. Critiquer, en passant, la doctrine des stoïciens et de Kant qui exclut le sentiment de la morale, et celle de l'école évolutionniste (H. Spencer, Darwin) qui condamne la charité comme inutile, et même comme funeste, en tant qu'elle empêche la sélection naturelle de se produire et le progrès de s'accomplir.

III. — **Rapports de la justice et de la charité** : 1° Egale obligation des deux parts devant la loi morale ; 2° leur solidarité : en effet, a) pas de justice sans charité : la vraie justice, c'est le respect de l'humanité, incompatible avec l'indifférence ; c'est l'équité ; b) pas de charité sans justice : il faut d'abord respecter la liberté et les droits des autres, avant de leur faire du bien, par exemple payer ses dettes avant de faire l'aumône.

IV. **Leurs différences** : 1° les devoirs de justice, seuls, sont toujours rigoureusement et parfaitement définis, et peuvent être accomplis dans toute leur étendue ; — les devoirs de charité sont imparfaitement déterminés, plus vagues et plus larges ; 2° les premiers seuls sont exigibles par contrainte, tandis que, sauf quelques cas exceptionnels, la loi nous laisse parfaitement libres de ne pas accomplir les devoirs de charité. Pourquoi ? parce que : a) exiger la charité serait violer le droit. — b) Si les devoirs de justice sont exigibles, c'est qu'ils correspondent à des droits en autrui : la charité n'est pas le respect du droit. — c) Inscrire la charité dans les codes, serait la détruire. « La charité, dit Cousin, donne librement ; elle est au-dessus de toute contrainte ; sa beauté est précisément dans sa liberté. »

Conclure. — Supériorité d'une société où règne la justice et la charité, c'est-à-dire où l'égoïsme est contrebalancé par le dévouement et la sympathie.

Sujets analogues

69. — Définir et comparer le généreux, le bienfaisant, le libéral et le charitable (Sorbonne, 25 avril 1854).

70. — Distinguer les devoirs de justice des devoirs de charité (Sorbonne, 12 novembre 1868 — 8 novembre 1871).

71. — Des philosophes contemporains prétendent que *la charité est une fausse vertu, inutile et même funeste* : car, sous prétexte de soulager les misères humaines, elle les perpétue en assurant l'existence d'individus qui, par leurs maladies et leurs vices, arrêtent le progrès de l'humanité (Sorbonne, 24 juillet 1882).

72. — Du dévouement (Sorbonne, 1er avril 1876).

73. — Définir par des analyses et des exemples la justice, l'équité, la charité, la vertu (Sorbonne, 27 juillet 1874).

74. — Comment se fait-il que la morale défende de rendre le mal pour le mal, quand la justice veut qu'il soit fait à chacun selon ses œuvres ? Expliquer pourquoi la loi du talion est réprouvée et au nom de quel principe (Sorbonne, 15 avril 1886).

75. — Expliquer et développer par quelques exemples la maxime latine : *Summum jus, summa injuria.* » (Sorbonne, 23 juillet 1886).

76. — Faire voir que Cicéron a résumé tous les principes moraux dans cette formule tirée du *De Officiis* : *Primum ut ne cui noceatur, deinde ut communi utilitati inserviatur* (Sorbonne, 16 novembre 1892).

77. — La justice et la charité (Sorbonne, 8 novembre 1894).

78. — Des devoirs de justice. Les énumérer. En indiquer le principe et les caractères distinctifs (Aix, 28 octobre 1889).

79. — Quels sont les droits naturels de l'homme ? Quel en est le principe ? Quels sont les principaux devoirs de justice ? (Aix, 3 août 1877).

80. — Chercher quelle est l'origine des idées du *juste* et de l'*injuste*, telles qu'elles se trouvent chez tous les hommes et dans tous les esprits. Déterminer, par suite, la véritable source du droit et de la justice, et exposer les principes les plus essentiels du droit naturel (Aix, 29 octobre 1875).

81. — Expliquer la devise du gouvernement républicain : *Liberté, Egalité, Fraternité* (Aix, 5 novembre 1890).

82. — De la charité. Est-elle, comme le prétendent quelques philosophes contemporains, *une fausse vertu* et même une vertu *funeste ?* (Alger, avril 1894).

83. — L'idée de justice peut-elle se ramener à celle d'utilité sociale ? (Besançon, 6 novembre 1888).

84. — En quoi se ressemblent et en quoi diffèrent les devoirs de justice et les devoirs de charité ? (Caen, 28 mars 1890).

85. — Devoirs de l'homme envers la société (Caen, 9 novembre 1891).

86. — Rôle de la justice et de la charité (Clermont, novembre 1892).

87. — Rapports de la justice et de la charité. La charité n'est-elle qu'une sorte de supplément indispensable à la justice, ou la justice, selon une définition de Leibnitz, serait-elle déjà elle-même « la charité réglée suivant la sagesse » ? (Dijon, 30 juillet 1890).

88. — Des devoirs de justice et des devoirs de charité. Comment ils se complètent (Grenoble, juillet 1889).

89. — Devoirs de justice et devoirs de charité. Leur distinction et leurs rapports (Lyon, 19 mars 1891).

90. — *Abstine et Sustine*. Toute la morale est-elle comprise dans cette maxime ? (Lyon, novembre 1892).

91. — La charité est obligatoire comme la justice. Dire comment et en quelle mesure (Montpellier, 10 avril 1889).

92. — Qu'est-ce que la charité ? Dans quelle mesure est-elle obligatoire ? (Nancy, juillet 1891).

93. — Quels sont les devoirs de justice et de charité ? (Poitiers, avril 1894).

94. — De la charité (Toulouse, mars 1882).

95. — Expliquer comment toutes les vertus sont renfermées dans la justice (Toulouse, 1883).

96. — Des devoirs de justice et de charité (Toulouse, avril 1894).

VIII

Objet de la philosophie. — Ce qu'elle est. — Ce qu'elle était.

PLAN

Début. — Dissentiment sur l'objet propre de la philosophie.
Proposition. — (Indiquée par le sujet.)
1er point. — *Ce qu'est la philosophie* — Elle a pour objet l'homme moral. Elle considère l'homme en lui-même (psychologie) et dans ses rapports physiques avec le monde (psychologie-physiologique). — Elle le dirige dans la recherche de la vérité (logique). — Elle le considère dans ses rapports avec ses semblables (morale), et dans ses rapports avec Dieu (théodicée).
2e point. — *Ce qu'était la philosophie* : la science universelle. — Réforme de Socrate. — Séparation successive des diverses sciences. — Discussion du problème : la philosophie est-elle une science particulière ou une science générale ?
Conclusion. — Elle est une science générale et particulière tout à la fois.

V. Vattier,
Principal du Collège de Bayeux (Calvados).

IX

Expliquer et apprécier cette proposition de Socrate et de ses successeurs, qu'il n'y a de science que du général. (Sorbonne, 11 juillet 1878).

PLAN

Début. — Distinction des êtres concrets et de leurs propriétés, du particulier et du général.
1er point. — *Le particulier ne peut être l'objet de science ;*

1° Parce que l'on ne peut pas connaître tous les cas dont se compose ;

2° Parce que la connaissance d'un seul cas est toujours incomplète ;

3° Parce que le particulier n'est qu'un accident dont l'intelligence ne saisit pas la raison ;

4° Parce que la connaissance du particulier ne peut servir à connaître l'avenir.

2ᵉ point. — *La connaissance du général est vraiment la science*, parce que :

1° Le général peut se définir clairement et est relativement clair ;

2° La connaissance du général équivaut à la connaissance des cas particuliers ;

3° La connaissance du général est rationnelle : sans vérités générales, pas d'enseignement, pas d'explication ;

4° La connaissance du général est féconde en résultats pratiques : savoir, c'est prévoir.

3ᵉ point. — *Les sciences sont d'autant plus parfaites qu'elles ont un objet plus général :*

1° Sciences mathématiques (axiomes, principes mathématiques, notions d'étendue, d'espace, de mouvement, de point, etc.).

2° Sciences physiques et naturelles (forces, cohésion, atomes, propriétés) ;

3° Sciences morales (idées du vrai, du beau, du bien).

Conclusion. — Fausseté de l'empirisme et du matérialisme qui se bornent au particulier. VATTIER.

X

La philosophie est-elle une science particulière ou la science universelle ? — Dans quel sens pourrait-elle être l'une et l'autre ? (Sorbonne, 20 juillet 1874.)

PLAN

Début. — Importance de la question.

Proposition. — La philosophie est une science universelle et une science particulière.

1ᵉʳ point. — *Une science universelle :* rapports de la

philosophie avec toutes les sciences. — Elle a été le tronc commun de toutes les sciences (Historique : Pythagore, Socrate, etc.).

2ᵉ point. — *Une science particulière* :

1° Elle a un *objet* : l'esprit humain, lois de la pensée, lois de la volonté, l'absolu.

2° Elle a *une méthode* (observation interne, réflexion, mémoire ; procédés auxiliaires : histoire, langage, physiologie, psychologie infantile, morbide, animale).

Conclusion. — Avenir de la philosophie.   VATTIER.

XI

Des rapports de la philosophie avec les autres sciences (Sorbonne, 31 juillet 1872).

PLAN

Début. — La philosophie est le tronc commun de toutes les sciences.

Proposition. — 1° Rapports généraux ; 2° rapports particuliers.

1ᵉʳ point. — *Rapports généraux* :

1° Elle donne à toutes les sciences un certain nombre de principes : axiomes, notions de corps, d'espace, de loi, de mouvement, de substance, d'absolu ;

2° Elle établit la possibilité de leur existence en réfutant le scepticisme qui les atteint toutes ;

3° Elle donne à toutes les sciences leur méthode (le *Gnôti séauton* de Socrate ; Bacon : méthode des sciences physiques).

2° point. — *Rapports particuliers* :

a) Avec les sciences morales :

1° Avec le *droit*, la politique, qui s'appuyent sur l'idée de liberté démontrée par la philosophie ;

2° Avec l'*histoire* : connaissance des passions, des règles de la logique, des systèmes qui préparent les révolutions ;

3° Avec l'*éloquence* : connaissance des passions, des moyens de persuader (Démosthène, Périclès, Cicéron) ;

4° Avec la *grammaire* : analyse logique. Les lois du langage sont les lois mêmes de la pensée.

b) Avec les sciences physiques et naturelles :

1° Avec les *sciences naturelles* : rapports de la psychologie et de la physiologie ;

2° Avec la *physique* ; services que les sciences physiques et naturelles peuvent rendre à la théodicée (ordre, finalité ; preuves de l'existence de Dieu).

c) Avec les sciences exactes :

La philosophie est une science abstraite comme les mathématiques. — Les plus grands philosophes ont été mathématiciens.

CONCLUSION. — Résumé.

VATTIER.

XII

Qu'est-ce qu'une faculté ? — La psychologie est-elle possible sans l'étude des facultés de l'âme ? (Sorbonne, 28 novembre 1879).

PLAN

DÉBUT. — Désaccord sur la valeur du mot *Faculté*. — De la valeur de l'idée générale de *Faculté*.

PROPOSITION. — 1° Examen de la théorie des facultés ; 2° part de vérité ; 3° part d'erreur.

1er point. — Assimilation de la psychologie aux sciences physiques et naturelles : autant de groupes de phénomènes constatés, autant de facultés. L'âme n'est qu'une somme de facultés.

2e point. — *Part de vérité* :

1° Les phénomènes psychiques se répartissent naturellement en groupes ;

2° L'idée de puissance ou faculté n'est pas une idée vide ;

3° La conscience saisit directement le moi ou ses puissances.

3e point. — *Part d'erreur* :

1° Danger de prêter une existence indépendante aux facultés et de les trop séparer ;

2° L'assimilation de la psychologie aux sciences naturelles peut être dangereuse : si l'on ne voit que des phénomènes et non l'âme elle-même, on ouvre la porte au phénoménisme.

3º Elle substitue une explication verbale à une explication réelle de l'âme ;

Conclusion. — Ne pas séparer les facultés de l'âme elle-même.

Vattier.

XIII
Comment peut-on classer les faits psychiques ?
(Caen, novembre 1894, 2º partie du Bacc. moderne).

PLAN

Début. — Définition des faits psychiques. — Comment les connait-on ? — Nécessité de les classer.

1ᵉʳ **point**. — Classification : recherche analytique suivant la méthode expérimentale : gerbe psychique.

2ᵉ **point**. — Contre épreuve par la méthode historique Descartes (2), Condillac (1), Jouffroy (6).

Conclusion. — Suivant le système admis.

Vattier.

XIV
Comment l'histoire peut-elle être une source d'informations pour la psychologie ? (Sorbonne, 12 juillet 1881).

PLAN

Début. — Insuffisance de l'observation intérieure. — Procédés auxiliaires de la psychologie.

Proposition. — 1º Utilité de l'histoire pour la psychologie ; 2º son insuffisance.

1ᵉʳ **point**. — *Utilité de l'histoire pour la psychologie :*

1º Il s'agit ici de la philosophie de l'histoire ;

2º L'histoire nous montre les *passions* en jeu, le résultat de certains sentiments (amour de la *patrie*, de la *liberté*, de la *religion*) : caractère national des différents peuples. Exemple : Grecs, Romains, etc. ;

3º Constatation de l'instinct religieux, de l'amour de la famille, du sentiment esthétique et moral, etc. ;

4º Constatation de la loi d'évolution et de progrès (grands progrès et principales inventions).

2ᵉ **point**. — *Insuffisance de l'histoire :*

2º Elle montre trop souvent le mauvais côté de la nature humaine (cruautés des guerres, préjugés, persécutions, coutumes sauvages, excès des monarchies, instabilité des démocraties, etc.);

2° L'histoire ne sert guère pour la psychologie que dans le genre dit : « Histoire de la civilisation ».

Conclusion. — L'histoire n'est qu'une source indirecte, insuffisante ; elle a autant besoin de la psychologie que la psychologie a besoin d'elle.

Vattier.

XV
Que savez-vous sur le plaisir et la douleur ?
(Bordeaux, avril 1894).

PLAN

Début. — Peut-on définir le plaisir et la douleur ? — Définition causale.

Proposition. — Indication des points à discuter.

1er point. — Le plaisir a-t-il son origine dans l'activité ?

2e point. — Le plaisir est-il positif ou négatif ? — Est-il relatif ? — Différentes théories.

Conclusion. — Du rôle du plaisir et de la douleur dans la vie humaine.

Vattier.

XVI
Des passions. (Montpellier, avril 1895).

PLAN

Début. — Définition des passions (sens philosophique).

Proposition. — 1° Genèse des passions ; 2° leur classification.

1er point. — Choix de deux passions : gourmandise et paresse. — Différentes phases pas lesquelles elles passent avant d'être complètement écloses. — Causes des passions (pour expliquer leur genèse).

2e point. — 1° Passions personnelles (voir inclinations);

2° Passions sociales ;

3° Passions supérieures.

Conclusion. — Utilité — et dangers des passions.

Vattier.

XVII

Des cinq sens. — Des notions que nous devons à chacun d'eux en particulier. — Des notions que nous devons à deux ou à plusieurs sens. (Sorbonne, 19 novembre 1867).

DÉBUT. — Différence entre les perceptions naturelles et les perceptions acquises.

PROPOSITION. — 1° Ce que nous devons à *un* sens ; 2° Ce que nous devons à *plusieurs* sens.

1er point. — *Ce que nous devons à un sens ;*

1° A la vue : couleurs ; — 2 dimensions.
2° A l'odorat : odeurs diverses.
3° Au goût : saveurs diverses.
4° A l'ouïe : sons divers.
5° Au toucher : résistance ; — 3e dimension ; — forme ; — température.

2e point. — *Ce que nous devons à plusieurs sens ;*

1° A la vue et au toucher : distance ; 3° dimension ; température ; direction.
2° A l'ouïe et à la vue : direction ; distance.
3° A l'odorat et au goût : nature des objets.

CONCLUSION. — Erreurs des sens.

VATTIER.

XVIII

* **Rapports de la psychologie et de la physiologie.**

Nota. — On pourra traiter le sujet soit en se contentant d'exposer dogmatiquement la thèse spiritualiste, soit en présentant la thèse matérialiste, à laquelle on opposera d'une façon condensée et rapide l'argumentation spiritualiste.

1er PLAN (thèse spiritualiste)

DÉBUT. — Prétentions de la psychologie et du matérialisme : ramener la psychologie à la physiologie.

PROPOSITION. — 1° Distinction des phénomènes psychologiques et des phénomènes physiologiques.

2° Services que les deux sciences peuvent se rendre.

1ᵉʳ point. — *Distinction des deux ordres de faits*

1° Les phénomènes physiologiques connus par les sens ; — les phénomènes psychologiques par la conscience.

2° Les uns attachés à des organes, localisables ; mesurables ; — les autres non.

3° Les uns ont pour fin la conservation du corps ; — les autres le développement intellectuel.

4° Leur principe est différent (corps ; — âme).

5° Les uns s'accomplissent à notre insu ; — les autres n'existent qu'en tant que connus.

2ᵉ point. — *Services que les deux sciences peuvent se rendre.*

1° Union intime du corps et de l'âme (voir Métaphysique).

2° Influence réciproque du physique sur le moral et du moral sur le physique.

3° Le cerveau, organe et condition indispensable de la pensée.

4° Nécessité de la physiologie pour l'étude de la sensation et de la perception.

Conclusion. — La psychologie et la physiologie ne doivent pas être deux sœurs ennemies.

2ᵉ plan (thèse matérialiste)

Début. — Progrès de la physiologie qui ont ramené à l'unité deux principes en apparence différents.

1ᵉʳ point. — *Unité des faits physiologiques et psychologiques.*

1° Influence du physique sur le moral : âge, sexe, tempérament, nourriture, état de santé, etc.

2° Le cerveau est le principe et la cause de la pensée.

3° La pensée ramenée par la science à un mouvement. (Théorie de la transformation des forces).

2ᵉ point. — *Hypothèses bizarres auxquelles donne lieu la distinction de l'âme et du corps ;* voir en Métaphysique les systèmes sur l'union des deux substances spirituelle et corporelle.

Conclusion. — La physiologie arrivera sans doute un jour à localiser les sentiments les plus subtils.

Vattier.

XIX

Comparer l'expérience en physique et en psychologie. Montrer les analogies et les différences. (Sorbonne, 1er mai 1869).

DÉBUT. — La psychologie, comme la physique, est une science de faits.

PROPOSITION. — 2 points : Analogies ; — différences.

1er point. — *Analogies* : 1° Toutes les deux sont positives, certaines.

2° Elles exigent les mêmes qualités d'observation.

3° Elles poursuivent le même but : connaître les causes et les lois.

2e point. — *Différences :* 1° Instruments d'observation sens ; — conscience.

2° Les faits physiques sont situés dans l'espace, non mesurables ; — les faits psychologiques disposés dans le temps, non mesurables.

3° Les causes des faits physiques ne tombent pas sous l'observation directe ; — en psychologie, l'expérience atteint la cause même.

4° L'expérimentation, si fréquemment et si utilement employée en physique, est-elle possible en psychologie ?

CONCLUSION. — Dès l'abord, l'expérience en physique paraît supérieure à l'expérience en psychologie : en réalité, elle est moins sûre : au lieu d'être directe et absolue comme en psychologie, elle est indirecte et relative. L'esprit est plus aisé à connaître que le corps. A la rigueur et en dernière analyse, les phénomènes physiologiques se ramènent à des états de conscience.

VATTIER.

XX

L'expérimentation est-elle possible en psychologie ?
(Sorbonne, 30 octobre 1876).

DÉBUT. — Services rendus par l'expérimentation aux sciences physiques et naturelles.

Proposition. — Circonstances favorables à l'expérimentation. — La psychologie remplit-elle ces conditions d'emploi ?

1er **point**. — *Conditions de l'expérimentation en général :*
1° Possibilité de faire agir à volonté une cause donnée.
2° Connaissance exacte des circonstances et invariabilité de ces circonstances.

2e **point**. — *Difficultés de l'expérimentation en psychologie :*
1° Elle peut rarement susciter une cause, excepté pour les sensations dont la cause est un agent extérieur.
2° Immoralité de certaines expériences psychologiques.

3e **point**. — *Faits d'expérimentation : expériences possibles :*
1° Expériences subjectives (raisonnement suscité).
2° Expériences objectives de la psycho-physique (mesure de la vitesse et de l'intensité des sensations. — Lois des sensations (minimum sensible), lois de Müller, de Kant, de Weber et Fechner [1].
3° Expériences de la psychologie-physiologique (sur les localisations cérébrales), de Mosso (peur).
D. Expériences hypnotiques (leurs inconvénients).

Conclusion. — L'expérimentation n'est possible que pour les phénomènes mixtes, psycho-physiques. — Véritables sources d'informations de la psychologie.

Vattier.

XXI

La psychologie est-elle une science d'observation ou une science de raisonnement ? (Sorbonne, 10 avril 1877).

Début. — Accord de tous les philosophes sur l'emploi de la méthode en psychologie ; — Raisonnement simple auxiliaire.

Proposition. — 1° Conditions pour qu'une science soit de raisonnement.
2° La psychologie ne les remplit pas. — Objections de Spinoza et d'Herbart qui traitent de l'âme déductivement.

---

1. La sensation croît comme le logarithme de l'excitation (Fechner).

1er point. — *Conditions pour qu'une science soit de raisonnement :* Nécessité de constructions idéales sur des éléments très simples (V. Sc. mathém.), de constructions de l'esprit.

2e point. — *La psychologie ne remplit pas ces conditions :*
1° Complexité des faits psychiques.
2° Difficulté d'arriver à des lois.
3° Objections de Spinoza et d'Herbart.

3e point. — *Rôle du raisonnement en psychologie.*
1° L'observation objective n'est qu'une partie du raisonnement.
2° Rôle du raisonnement inductif pour les lois (Sensations. — Plaisir et douleur. — Mémoire. — Association. — Habitude).
3° Rôle de la déduction, quand on part de certaines théories (Sensation transformée de Condillac. — Associationisme).

CONCLUSION. — La psychologie est surtout science d'observation ; le raisonnement y est secondaire.

VATTIER.

XXII

Que peut-on tirer de l'étude du langage pour l'étude de la psychologie ? (Sorbonne, 20 juillet 1881).

DÉBUT. — Unité de la pensée et du langage : Le langage est le miroir de la pensée.

I. — Les langues, comme la pensée, sont d'abord synthétiques, puis analytiques ; c'est ce qui résulte de l'étude comparative des langues.

II. — L'étude des opérations intellectuelles est plus facile dans leurs manifestations par le langage. Le langage est un instrument de généralisation, d'abstraction ; il a un pouvoir mnémonique.

III. — Les langues des peuples contiennent une quantité de termes qui désignent différents états psychologiques ; le langage est une psychologie pétrifiée.

IV. — L'étude de la proposition correspond aux notions

de substance, de qualité, de phénomène, de temps, d'espace. (Ex. Paul est venu me voir hier).

Conclusion. — L'étude du langage est utile, mais rien ne remplace l'étude directe de l'âme par la conscience.

Vattier.

XXIII

Objet et instrument de la perception intérieure. Objet et instrument de la perception extérieure. Comparer ces deux espèces de perceptions. (Sorbonne, 22 novembre 1872).

1er **point**. — *Objet* de la perception extérieure (monde extérieur).
Objet de la perception intérieure (le moi).
Instrument de la perception extérieure (sens).
    »   »   intérieure (conscience).
Caractères des phénomènes de conscience (non localisables, non mesurables).
Caractères des phénomènes des sens (localisables, mesurables).

2e **point**. — *Théorie Ecossaise*, séparant la perception extérieure et la perception interne.

3e **point**. — *Théorie Idéaliste*, qui ramène tout à des faits de conscience. — Courte esquisse du représentationisme : (La perception extérieure n'est qu'un mode de la conscience).

Conclusion motivée en faveur de l'un des deux systèmes.

Vattier.

XXIV

Que pensez-vous de cette proposition de la logique de Port-Royal, que « les choses que l'on connaît par l'esprit sont plus certaines que celles que l'on connaît par les sens ? » (Sorbonne, 7 juillet 1877).

Début. — Préjugé vulgaire : Rien n'est plus certain que ce qui tombe sous les sens.

1er point. — Toute connaissance extérieure se ramène à un fait de conscience ; courte esquisse du représentationisme.

2e point. — L'existence du monde extérieur nous est suggérée en vertu du principe de causalité (certitude de l'esprit ou de la raison).

3e point. — Réfutation des objections faites à l'observation intérieure (Voir *Cours de philosophie*).

CONCLUSION. — Donner raison à Port-Royal.

VATTIER.

XXV

Descartes croyait que l'âme étant une chose pensante, pense toujours. Quel est votre avis sur cette question ?
(Sorbonne, 7 mai 1870).

DÉBUT. — Sens du mot « pensée » dans cette phrase de Descartes : il est synonyme de conscience, d'où cette conclusion : « si l'âme cesse de penser ou d'avoir conscience, elle cesse d'être. »

1er point. — *Objections* à la théorie cartésienne *au point de vue empirique* : sommeil sans rêve, évanouissement, léthargie, faits d'inconscience.

2e point. — *Objections au point de vue métaphysique* (théorie Leibnitzienne de l'activité.)

CONCLUSION en faveur de Leibnitz.

VATTIER.

XXVI

Montrer que la perception extérieure serait impossible sans l'intervention des principes de la raison. (Sorbonne, 28 octobre 1881-16 avril 1886.)

DÉBUT. — Thèse contestable et contestée.

PROPOSITION. — 1° Raisons pour ; 2° raisons contre.

1er point. — 1° Nous ne sommes sûrs de l'existence du monde extérieur que par une inférence basée sur le principe *de causalité ;*

2° Si les objets continuent d'exister, il faut qu'il y ait des *substances*, c'est-à-dire des « noumènes » et non des phénomènes seulement ;

3° La connaissance du monde extérieur nécessite la *notion d'espace* (Kant.)

2º point. — 1° Hypothèse de l'intuitionisme ;

2° L'hypothèse des perceptions acquises de l'empirisme et de l'associationisme.

Vattier.

XXVII

Quelle est la part de la mémoire, de l'imagination et de l'induction dans la connaissance que nous avons du monde extérieur ? (Sorbonne, 12 juillet 1878-16 juillet 1886.)

Début. — Thèse admissible seulement pour les représentationistes.

Proposition. — Indiquée.

1ᵉʳ point. — *Rôle de la mémoire :*

1° Elle conserve les divers éléments de la sensation ;

2° Elle les rappelle ;

3° Courte esquisse du représentationisme.

2ᵉ point. — *Rôle de l'imagination :*

1° La perception rendue plus facile par la représentation imaginée des objets.

3ᵉ point. — *Rôle de l'induction :*

1° Perceptions naturelles et perceptions acquises ;

2° Raisons d'affirmation du monde extérieur basées sur une induction.

Conclusion.

Vattier.

XXVIII

En quel sens est vrai ce mot de Royer-Collard : « On ne se souvient pas des choses, on ne se souvient que de soi-même ? » (Sorbonne, 13 novembre 1873 — 17 juillet 1886.)

Début. — Apparence paradoxale de cette phrase.

1er point. — On ne se souvient pas des choses : Nous n'avons connaissance que de nos états de conscience. Distinction des états primaires et des états secondaires (perception et mémoire).

2e point. — Le fait de reconnaissance dans le souvenir nécessite la notion et l'identité du moi.

CONCLUSION. — Ce fait s'étend à la perception, dont la mémoire n'est que le prolongement dans la durée.

VATTIER.

XXIX

Qu'appelait-on dans la philosophie du XVIIe siècle : le Sensorium commune ? Quel est le rôle attribué à cette faculté dans la philosophie contemporaine ?
(Sorbonne, 2 août 1869).

DÉBUT. — Obscurité des mots : « *Sensorium commune* ».

1er point. — *Théorie d'Aristote* : Il existe un sens général $\varkappa o\iota\nu\grave{\eta}\ \alpha\ddot{\iota}\sigma\vartheta\eta\sigma\iota\varsigma$ — sensus communis) qui compare et coordonne les données des différents sens.

2e point. — *Théorie de Lucrèce* : Toutes les émanations des objets se réunissent dans un point central (sensorium commune).

3e point. — *Théorie de Bossuet* : Faculté spéciale ou sens général qui rapporte au même objet les sensations diverses.

4e point. — *Théorie de Descartes* : Il y a dans le cerveau un point central (glande pinéale), siège de la sensibilité.

5e point. — *Hypothèse contemporaine* : La conscience n'est qu'un composé d'éléments divers ; Chaque cellule a sa conscience propre.

6e point. — Dans l'*hypothèse spiritualiste*, l'âme remplace le sensorium commune.

VATTIER.

XXX

Des erreurs de sens. — **Que faut-il entendre par ce principe, que « l'erreur n'est jamais dans le sens lui-même, mais dans le jugement » ?** (Sorbonne, 19 août 1869)

1er point. — Erreurs du toucher, de la vue (forme, grandeur, distance, couleur, mouvement apparent). Erreurs de l'ouïe (hallucination) etc.

2ᵉ point. — *Difficulté d'admettre des erreurs dans l'intuitionisme.* Leur explication : perceptions naturelles pas sujettes à erreur, perceptions acquises sujettes à erreur.

3ᵉ point. — *Véritable nature des erreurs :* 1° Elles sont dues à des changements dans les milieux (lumière, réfraction, air, état des organes) ; 2° Causes subjectives (précipitation, habitudes contractées, associations acquises dans la perception extérieure).

Conclusion. — L'erreur est une représentation des choses construite faussement par l'esprit sur des données de la sensation et de la mémoire. C'est l'intelligence et non la volonté (Descartes) qui est ici fautive.

Vattier.

XXXI

La mémoire est-elle une faculté unique, ou se compose-t-elle de plusieurs facultés ? Des différentes espèces de mémoire. (Sorbonne, 25 novembre 1885).

Début. — Ce qu'il faut entendre par : Facultés.

1ᵉʳ point. — Elles ne sont autre chose que l'esprit lui-même ; or il est un.

2ᵉ point. — Ce qui a fait croire à la diversité des mémoires, c'est qu'il y a :

1° Mémoires heureuses et mémoires malheureuses ;
2° Mémoire sensible et mémoire intellectuelle ;
3° Mémoire des dates, des chiffres, des sons, etc.

3ᵉ point — Au point de vue physiologique, il doit y avoir autant de mémoires que d'organes qui donnent naissance au souvenir (Phrénologistes, Phénoménistes).

Conclusion. — Le moi est un : toutes les mémoires viennent se fondre dans l'unité de l'esprit.

Vattier.

XXXII

Rapports de la mémoire et de l'association des idées.
(Sorbonne, 8 juillet 1885).

Début. — Distinction des deux facultés (Ecole Ecossaise).

1er point. — Courte explication du fait de mémoire, ou analyse du souvenir.

Définition et division de l'association.

2e point. — La suggestion des idées par les idées est due à la mémoire et lui est intimement liée.

L'association proprement dite diffère de la mémoire.

3e point. — Lois communes de la mémoire et de l'association.

CONCLUSION. — L'association est-elle une faculté primitive ou une opération ?

VATTIER.

XXXIII

L'association des idées est-elle une faculté ? Montrez-en la nature et l'importance en psychologie. (Sorbonne, 17 novembre 1887).

DÉBUT. — Danger de séparer les facultés du moi, du principe pensant : Sens actif des terminaisons en : « tion ».

PROPOSITION. — L'association est-elle toujours active, toujours passive ou l'un et l'autre ?

1er point. — De l'*association volontaire*, ou liaison des idées par l'esprit.

Rôle de la comparaison et du jugement dans cette sorte d'association.

2e point. — De l'*association passive*, ou suggestion des idées par les idées.

1° Rôle de l'habitude dans l'association comme dans les autres facultés : Passivité de l'esprit succédant à son activité.

2° Rôle de la mémoire dans cette sorte d'association : Rapports d'association ramenés au rapport de contiguïté dans la conscience ; ex. de rapports.

3e point. — L'association est *toujours active* dans un certain sens, mais l'esprit lie plus ou moins fortement les idées formées par la mémoire.

4e point. — *Importance de l'association en psychologie* :

1° Elle constitue la trame suivie, ininterrompue des faits psychiques en général ;

2° Ses rapports avec les autres facultés et opérations intellectuelles : réflexion, perception (perceptions acquises), mémoire (elle en est la loi), etc. ;

3° Néanmoins, ne pas tomber dans les exagérations de l'école associationiste : l'association n'explique ni la raison et ses principes spéculatifs ou pratiques, ni la volonté, ni les inclinations primitives, ni l'habitude, ni le moi lui-même.

Conclusion. — Résumer simplement ou bien dire un mot de son rôle dans la science, l'art et la morale.

Vattier.

XXXIV

Lois de l'association des idées. (Sorbonne, 20 mars 1875).

Début. — Définition de l'association.

1er point. — *Lois primaires :* Énumération des principaux rapports ; les ramener au rapport de contiguïté dans la conscience. Ex.

2e point. — *Lois secondaires* (V. Boirac, p. 76) : Ressemblance, contraste, causalité.

3e point. — *Explication physiologique de l'association* (aussi obscure que celle de la mémoire) : phosphorescence, vibrations, empreintes.

4e point. — *Explication psychologique par l'habitude :* L'esprit repense ce qu'il a une fois pensé.

Conclusion. — L'association des idées est donc, comme la mémoire, une faculté de conservation.

Vattier.

XXXV

Peut-on expliquer par l'association des idées toutes les opérations de l'intelligence ? (Sorbonne, 18 juillet 1879).

Début. — Définition de l'Associationisme qui prétend fournir cette explication. Ses représentants : Hume, James Mill, St. Mill, Bain, Herb. Spencer, etc.

1er point. — Distinction de l'association, de l'abstraction, de la comparaison, de la généralisation, du jugement et du raisonnement.

2e point. — Distinction de l'association et de la raison.
Peut-on ramener les notions et vérités premières à une association indissoluble (Stuart Mill), fût-elle devenue héréditaire ? (H. (Spencer).

VATTIER.

XXXVI
Comment se forment les idées abstraites et les idées générales ?

DÉBUT. — Définition de l'abstraction et de la généralisation.

1er point. — *Formation des idées abstraites* : Perception externe, attention, analyse, mémoire, comparaison, abstraction proprement dite, dénomination. (prendre un exemple).

2e point. — *Formation des idées générales* :
1° Extension de l'abstraction.
2° Compréhension et extension.
3° Élaboration des idées générales (qui sont toujours relatives).

CONCLUSION. — Ce que valent les idées abstraites et les idées générales. (Réalisme, nominalisme, conceptualisme).

XXXVII
Origine psychologique de l'idée de cause. Ses rapports avec le principe de causalité. (Sorbonne, 8 juillet 1778).

DÉBUT. — Définition de la notion de cause et du principe de causalité. — Analyse de l'idée de cause : en dégager les éléments essentiels (notions d'antécédent nécessaire, inconditionnel et de puissance génératrice.

1er point. — *Origine de l'idée de cause* :
1° Théorie de Maine de Biran (Conscience).
2° Théorie de Hume, St-Mill. (Expérience et association).
3° Théorie de Kant (notion à priori de la Raison spéculative).

2e point. — *Origine du principe* :
1° Théorie de Maine de Biran (c'est une extension de la

notion donnée par la conscience). — Objection : il ne serait alors ni universel, ni nécessaire.

2° Théorie de Hume et de St-Mill, (association indissoluble, connexion nécessaire formée par l'habitude et vérifiée par l'expérience entre un antécédent et un conséquent. — Réfutation.

3° Hypothèse de Kant : le principe est rationnel, comme la notion elle-même.

Conclusion. — Prendre parti pour Kant.

Vattier

XXXVIII

De la notion du moi. — Caractères distinctifs de cette notion. — Son importance en psychologie et en morale.
(Sorbonne, 3 août 1874).

Début. — Historique du mot « moi » : 1° dans Descartes = âme. 2° chez les Allemands = le moi, votre moi (substantif).

Proposition. — 1° Caractères distinctifs de cette notion. 2° Son importance.

1ᵉʳ point. — *Caractères distinctifs de cette notion :*
Unité, identité, activité ou causalité, liberté. (Théorie de Maine du Biran).

2ᵉ point. — *Importance de la notion du moi :*
1° Elle permet à l'homme de se distinguer de ses propres sensations, du monde extérieur.

2° La notion du moi est impliquée dans toute pensée *Cogito, ergo sum* (Descartes).

3° La notion du moi, c'est-à-dire d'un être un, identique libre et partant responsable, est indispensable pour la moralité, telle que nous l'entendons.

Conclusion. — Que faut-il penser du phénoménisme, pour qui l'idée du moi est une pensée abstraite ?

Vattier

XXXIX

Que faut-il penser de cette proposition : « Le moi est une collection d'états de conscience. » (Sorbonne, 8 juillet 1882).

Début. — Opinion de Condillac : Le moi n'est qu'une collection de sensations.

1ᵉʳ point. — Théorie phénoméniste greffée sur le système de Condillac.

2ᵉ point. — Réfutation et objections :

1° Le phénoménisme qui reproche aux idéalistes d'employer abusivement des termes généraux, de prêter l'existence à des idées générales, de réaliser des entités, tombe lui-même sous cette accusation ;

2° Une collection suppose un collecteur, qui fera cette collection. Où sera-t-il ici ?

3° Nécessité d'admettre dans tous les êtres et dans tous les objets quelque chose de permanent, d'un, d'identique, d'actif, c'est-à-dire de distinct des phénomènes multiples, changeants, passifs ; autrement dit nécessité de la notion de substance.

3ᵉ point. — Les maladies de la volonté ne prouvent rien : ce sont des cas pathologiques relevant uniquement de la physiologie.

CONCLUSION. — Conclure contre le phénoménisme en faveur de la théorie de Maine de Biran.

VATTIER

XL

Qu'est-ce que la conscience ? Doit-on à cette faculté les idées de cause, de substance, de durée ?

DÉBUT. — Divergence d'opinions sur la *nature de la conscience* :

1° Théorie Écossaise (faculté spéciale et distincte) ;

2° Théorie la plus communément admise aujourd'hui (la conscience ne peut être séparée de l'âme elle-même.)

DÉVELOPPEMENT. — *Origine des idées de cause, de substance, de durée :*

1ʳᵉ théorie. (Hume, Stuart Mill, Empirisme) : La cause se réduit à la succession constante ; c'est l'antécédent inconditionnel et invariable d'un phénomène ;

2ᵉ théorie. (Maine de Biran) : la conscience nous donne la connaissance du moi, qui comprend la première notion de cause, de substance, de force, d'unité, de durée et d'étendue ;

3ᵉ théorie. (Kant) : ces idées sont dues à la raison. Leurs caractères : elles sont absolues, universelles, nécessaires, premières.

CONCLURE en faveur de l'un des trois systèmes.

XLI

Montrer par des analyses que les conditions du souvenir sont l'identité du moi et l'idée de temps. (Sorbonne, 26 novembre 1878).

DÉBUT. — Analyse du souvenir.

1ᵉʳ point. — *Identité du moi.* Origine de cette notion :
1° La conscience (Maine de Biran) ;
2° La mémoire (reconnaissance du moi antérieur et du moi actuel) ; distinction des états primaires et des états secondaires).

2ᵉ point. — *Idée du temps.* Il s'agit du temps concret ou de la durée. Origine de cette idée :
1° La conscience (Maine de Biran) ;
2° La mémoire.

VATTIER.

XLII

Notion de substance. — Son origine.

DÉBUT. — Définition de la substance ; exemple de Descartes (bâton de cire). — Ses éléments constitutifs : unité, identité, permanence, existence.

1ᵉʳ point. — *Origine :*
1° Empirisme, associationisme (Hume, St-Mill) : la substance est une collection de modes ;
2° Innéisme de Kant ;
3° Origine dans la conscience (Maine de Biran).

2ᵉ point. — Objections du *phénoménisme :*
1° La substance est un vain mot, une idée générale ; elle n'est que la collection des phénomènes et des sensations ;
2° Réponse au phénoménisme.

CONCLUSION. — Importance de l'idée de substance pour fonder la réalité du monde extérieur et ne pas tomber dans le scepticisme transcendental de Kant.

VATTIER.

XLIII

L'homme est-il supérieur aux animaux parce qu'il a une main, ou a-t-il une main parce qu'il est supérieur aux animaux ?

PLAN

INTRODUCTION. — Importance de la main comme moyen de connaissance et d'action. Donc la main est cause de notre supériorité.

I. *Donnons à l'animal la main de l'homme*, il n'en saura faire qu'un instrument de la vie matérielle. Preuves par analogie : son œil est aussi bon que le nôtre, et pourtant il ne fait ni géométrie, ni astronomie. — Les singes ont quatre mains et ils restent toujours singes ; les idiots ont des mains et ils n'en sont pas moins idiots. Donc la main toute seule ne peut rien. Il ne suffit pas d'avoir un bon outil, il faut savoir s'en servir.

II. Inversement, *ôtons à l'homme ses mains*, il gardera sa supériorité. Exemple des paralytiques et des manchots. En effet, privé de ses mains, l'homme reste capable :

a) D'attention, de réflexion, de raison, d'imagination, de liberté, de progrès ;

b) De concevoir le beau, de juger des beautés de la nature et même de créer le beau, au moins par l'imagination ;

c) De concevoir le bien, de pratiquer la justice, de poursuivre la vérité ;

d) De concevoir l'infini et d'être un animal religieux ;

e) Dans l'ordre même de la connaissance, il aura l'idée d'une science possible, grâce aux principes de la raison ;

f) Il pourra encore réaliser certaines sciences, par exemple l'arithmétique, l'algèbre, la géométrie, la science morale.

Pour tout cela, la main ne sert de rien.

III. Enfin, lors même que la main intervient, dans les choses que l'homme apprend ou qu'il fait à l'aide de cet instrument, *l'esprit joue le rôle essentiel*. En effet :

a) Dans les choses que l'homme *apprend*, l'esprit doit ajouter quelque chose aux données du tact ; par exemple dans la connaissance du monde extérieur (perceptions acquises, rôle de l'imagination).

b) Dans les choses que l'homme *fait*, l'esprit a l'idée du but et conçoit le plan ; la main n'est que l'outil. Encore est-il besoin que le travail de la main soit surveillé et redressé à chaque instant par l'esprit qui corrige ses fautes et lui apprend son métier. Tout ce qu'on nomme habileté de la main est acquis par un exercice attentif sous l'œil de la raison.

Conclusion. — Le mot d'Aristote est juste : « L'homme n'est pas supérieur aux animaux parce qu'il a une main ; mais il a une main, parce qu'il est supérieur aux animaux. »

J.-B. C.

XLIV

De l'esprit philosophique et de ses caractères. (Aix, Digne, 7 juillet 1890).

Définition. — L'esprit philosophique est celui chez lequel se remarque avant tout une disposition à saisir les choses d'ensemble, à remonter aux causes et aux principes et à diriger son attention sur l'enchaînement des causes et des effets.

1er point. — *(Ses qualités ou caractères)* :

1° Étendue, profondeur et élévation de la pensée ;

2° Indépendance du jugement ;

3° Habitude de réfléchir avec ordre et méthode ;

4° Rigueur et circonspection dans l'emploi des procédés de la pensée ;

5° Foi en la raison unie à une juste défiance de ses forces et à la conscience de ses limites ;

6° Amour pur, ardent et désintéressé de la vérité ; horreur du mensonge ;

7° Dégagement des préjugés ;

8° Force de maîtriser ses passions, mépris des intérêts vulgaires et des grossières jouissances auxquelles le commun des hommes attache le bonheur dans la vie présente ;

9° Curiosité sérieuse, s'attachant non à la surface, mais à ce qui fait le fond des choses ;

10° Sentiment profond du devoir.

2e point. — *(Avantages)* :

1° Découvertes et progrès dans les sciences ;

2° Dans la pratique, cet esprit fortifie et féconde l'expérience.

3⁰ point. — *(Défauts) :*

1° Tendance excessive à la contemplation, qui enlève l'intelligence vraie des choses et nous rend dupes de nos rêveries ;

2° Hardiesse téméraire à agiter des problèmes insolubles, placés au-dessus de la raison humaine ;

3° Penchant au mépris d'autrui, surtout des opinions de sens commun, des traditions, etc. ;

4⁰ L'esprit systématique.

CONCLUSION. — Comparer l'esprit philosophique à l'esprit scientifique. L'un est plus positif, l'autre plus élevé, plus profond.

VITAL BÉRARD
Ancien professeur de philosophie au collège d'Aix.

XLV

Influence de la Volonté sur la mémoire.

1ᵉʳ point. — Influence de la volonté *sur la conservation* des idées :

1° Attention ;

2° Répétition ;

3° Association ;

4° Mnémotechnie.

2ᵉ point. — Influence de la volonté *sur le rappel* :

1° Réviviscence spontanée ;

2° Réviviscence volontaire.

3ᵉ point. — Influence de la volonté *sur la reconnaissance*, surtout pour la localisation dans le passé.

CONCLUSION. — L'influence de la volonté n'est pas toujours positive ; elle est parfois négative et inhibitrice. On ne peut pas toujours chasser un souvenir.

VATTIER.

SUJETS ANALOGUES

96. — Marquer par des analyses et par des exemples l'influence de la volonté sur la mémoire (Sorbonne, 14 août 1868).

97. — Quel est, dans la mémoire, le rôle de l'activité de l'esprit ? (Aix, juillet 1894).

98. — De la localisation des souvenirs dans le passé. (Besançon, avril 1894).

XLVI
Rôle de l'intelligence dans l'acte volontaire.

Début. — Définition de la volonté.

1er point. — *Rôle de l'intelligence :*
1° Analyse de l'acte volontaire (7 éléments) ;
2° Eléments appartenant à l'intelligence.

2e point — *La volonté est-elle absolument subordonnée à l'intelligence ?* Examen rapide du déterminisme psychologique.

Conclusion. — L'intelligence est la « *conseillère* » de la volonté.

Vattier.

Sujets analogues

99. — Du rôle de l'intelligence dans les phénomènes volontaires. — Pourrait-il y avoir volonté sans raison ? (Sorbonne, 3 août 1868).

100. — Faire la part de la pensée, du sentiment et de la volonté dans le fait psychologique de la délibération. (Sorbonne, 11 mars 1880).

101. — Rapports de la sensibilité et de la volonté. (Sorbonne, 25 octobre 1888).

102. — Analyser le fait de la résolution volontaire. (Sorbonne, 25 novembre 1869 — 4 novembre 1871).

103. — Rapports du vouloir avec la pensée et le sentiment (Sorbonne, 14 novembre 1893).

104. — Analyse de la détermination volontaire, (Aix, novembre 1892).

105. — Influence du sentiment sur le jugement. (Montpellier, juillet 1893 et avril 1894).

XLVII
En quoi la psychologie est-elle nécessaire à la logique, à la morale et à la théodicée ?

Début. — Unité de la science. Opinions diverses sur la question proposée.

Proposition. — La logique, la morale et la théodicée étudient à des points de vue différents des questions déjà traitées en psychologie.

1er point. — *La psychologie est nécessaire à la logique.* La psychologie étudie la pensée dans ses éléments, ses facultés et ses opérations, telle qu'elle est. — La logique étudie les opérations, les lois et les principes de la pensée telle qu'elle devrait être. Exemples : théorie du syllogisme, principes de l'induction et de la déduction. La connaissance des passions indispensable pour une théorie des erreurs.

2e point. — *La psychologie est nécessaire à la morale.* La morale implique l'étude psychologique de la volonté et la démonstration de la liberté. L'idée du bien se constate en psychologie. La morale doit faire une place à nos instincts, à nos inclinations et être d'accord avec notre constitution psychique.

3e point. — *La psychologie est nécessaire à la théodicée.* Il faut connaître l'effet avant de connaître la cause : de la connaissance de l'homme on s'élève à la connaissance de Dieu (Bossuet) : preuves rationnelles de l'existence de Dieu tirées des idées de l'infini, du parfait, etc. — Les attributs de Dieu sont ceux de l'homme élevés à l'infini.

Conclusion. — Résumé.

Vattier

XLVIII
Analyser la notion de l'identité personnelle. Montrer comment elle se forme en nous et quelles conséquences elle comporte. (Sorbonne, 25 novembre 1881.)

Début. — Définition de l'identité. Les diverses sortes d'identité.

Proposition. — Analyse, formation et conséquences de la notion d'identité.

1er point. — *Son analyse :* Variété et succession de phénomènes, permanence de l'être substantiel.

2e point. — *Sa formation* ; Divers systèmes :
1° Par la conscience (thèse de Maine de Biran) ;
2° Par la mémoire ;
3° Par le témoignage concordant de nos semblables ;
4° Cette identité ne peut résider dans le corps (voir Métaphysique, le spiritualisme.

3e point — *Ses conséquences :*
1° Au point de vue moral, la responsabilité ;
2° Au point de vue métaphysique, la personnalité et la spiritualité de l'âme.

Conclusion. — Importance de cette notion.

VATTIER

XLIX

De la théorie des idées-images. — Discuter cette théorie. — En indiquer les conséquences. (Sorbonne, 10 août 1874).

Début. — Ce qu'on entend par idées-images. — Partisans de la théorie des idées-images (Démocrite, Epicure, Lucrèce, bref tous les adversaires de l'intuitionisme, suivant Reid).

1er point. — *Exposé de la théorie :*
1° Système de Démocrite et d'Epicure : espèces-expresses ;
2° Aristote, Stoïciens, scolastiques : espèces-impresses ;
3° Doctrine de Locke : idées représentatives.

2e point. — *Argumentation de Reid contre cette théorie :*
1° La connaissance du monde extérieur est intuitive ;
2° Cette théorie conduit au scepticisme (notre représentation répond-elle aux choses elles-mêmes ?) ;
3° Elle conduit au matérialisme (selon que l'on suppose la nature de ces idées matérielle ou immatérielle) ;
4° Elle est en contradiction avec le sens commun, le seul juge philosophique.

3e point. — *Objections à la théorie de Reid :*
1° Insuffisance de la philosophie du sens commun ;
2° Relativité ou subjectivité de la connaissance ;
3° Définition de l'idée. — Difficultés : passage de la sensa-

tion, purement subjective, à la perception essentiellement objective.

CONCLUSION. — La solution de la difficulté ne peut être donnée que par la métaphysique.

VATTIER.

L

Comparer le principe de causalité et le principe de finalité. (Sorbonne, 13 juillet 1877).

DÉBUT. — Formules des deux principes.
1er point. — *Ressemblances :*
1° Ils impliquent tous deux le principe de raison d'être ;
2° Ils ont tous deux leur origine dans la conscience. (Maine de Biran).
3° Tous les deux ont le caractère d'une croyance primitive, innée.
2e point. — *Différences :*
1° Le principe de causalité explique le présent par le passé; celui de finalité explique le présent par l'avenir ;
2° Le principe de causalité intervient à propos de tout phénomène, dans toutes les sciences ; le second à propos de séries de phénomènes, surtout dans les sciences naturelles ;
3° La science a conservé intact le premier de ces principes; elle a rejeté ou discuté le second ;
4° Le principe de causalité est vérifié par l'expérience ; le principe de finalité ne peut l'être.
CONCLUSION. — Au point de vue métaphysique, ils ont la même valeur absolue en tant qu'ils impliquent tous deux le principe de raison.

VATTIER

LI

Des perceptions de la vue. Part de l'expérience et de l'habitude dans ces perceptions. (Sorbonne, 22 mars 1875 — 7 décembre 1877).

DÉBUT. — Distinction des perceptions naturelles et des perceptions acquises.

1er point. — *Données primitives* de la vue : lumière, couleurs (claires, obscures ; faibles, intenses, etc), longueur et largeur.

2e point. — *Perceptions acquises :* étendue (?), relief, volume, distance des corps, redressement des images, unification de la vision binoculaire.

3e point. — *Problèmes spéciaux* auxquels donne lieu le phénomène de la vision : problème de Molineux (cube et sphère), aveugles opérés de la cataracte (Cheselden, Waldrop).

VATTIER

LII

Comment peut-on dire que l'idée de Dieu résume en elle tous les principes directeurs de l'entendement humain ? (Sorbonne, 10 juillet 1882).

DÉBUT. — Qu'entend-on par l'idée de Dieu, d'absolu ? — Sa formule.

1er point. — *L'idée d'absolu se manifeste sous la triple forme du vrai, du beau et du bien.* Il résume et fonde les principes de causalité (idée de cause première), de substance, de finalité, de raison d'être, d'identité, de contradiction, etc.

2e point. — *Origine de l'idée d'absolu :*
1° Est-elle innée ?
2° Est-elle due à la conscience ou à l'expérience sensible ?
CONCLURE, en lui donnant une origine à la fois expérimentale et rationnelle.

V. VATTIER.

LIII

Faire la part de l'expérience et de la raison dans l'induction. (Sorbonne, 24 août 1867-24 novembre 1871).

DÉBUT. — Définition de l'induction : procédé de raisonnement qui consiste à étendre à tous les temps et à tous les lieux ce qui a été observé d'une manière constante dans un temps et dans un lieu.

PROPOSITION. — 1° Part de l'expérience ; 2° part de la raison.

1er point. — *Rôle de l'expérience :*
1° Procédés préliminaires (observation, expérimentation).

2º Détermination de l.. cause :

1º Tables de Bacon ;

2º Méthodes de Stuart Mill.

2ᵉ point. — *Rôle de la Raison* :

1º Nécessité d'un principe rationnel (principe de causalité, de finalité, de stabilité des lois naturelles) qui justifie le passage de *quelques* à *tous*, du particulier au général ;

2º Peut-elle être remplacée par l'association des idées ?

Conclusion. — L'expérience donne la matière des faits ; la raison imprime à cette matière la forme de la causalité et de la loi, c'est-à-dire de l'universalité, de la nécessité, etc.

Vattier.

LIV

Fondement de la déduction et de l'induction.

Début. — Importance de la question ; c'est la valeur de toutes les sciences qui est en jeu.

1ᵉʳ point. — *Fondement de la déduction* : principe d'identité. Objections de St-Mill : 1º la déduction ne peut rien découvrir ; 2º elle ne peut rien prouver. — Réponse à ces objections.

2ᵉ point. — *Fondement de l'induction*. — Diverses théories : 1º L'induction n'est qu'une sorte de déduction (Aristote, Hamilton).

2º Elle repose sur la stabilité et l'uniformité des lois de la nature (École écossaise, Royer-Collard).

3º A la fois sur les principes de causalité et de finalité (F. Ravaisson et Lachelier).

4º Sur la coïncidence constante (Janet).

5º Sur l'association des idées et la vérification expérimentale constante (Stuart-Mill).

6º Sur un postulat.

Conclusion. — Valeur exacte du raisonnement inductif.

Vattier.

Sujets analogues.

106. — De l'induction. Son principe. Donne-t-elle la certitude ou seulement la probabilité ? (Sorbonne, 22 juillet 1882).

107. — Du fondement de l'induction. (Sorbonne, 3 août 1878).

108. — Quel est le fondement de la certitude dans nos raisonnements inductifs ? (Sorbonne, 30 juillet 1874).

109. — Comment peut-on légitimement conclure du particulier au général, comme le fait la méthode inductive ? (Sorbonne, 26 novembre 1877).

110. — L'induction est-elle réductible à l'expérience ? Ne suppose-t-elle pas un principe rationnel, et quel est ce principe ? (Sorbonne, 6 août 1868).

111. — Expliquer cette pensée de Leibnitz : « Nos raisonnements sont fondés sur deux grands principes : celui de contradiction et celui de raison suffisante. » (Caen, novembre 1892).

112. — De l'induction. En quoi consiste ce raisonnement et dans quelle mesure pouvons-nous en accepter les conclusions ? (Lille, 4 novembre 1890).

113. — A quelles conditions et jusqu'à quel point pouvons-nous nous fier à l'induction ? (Lille, 2 avril 1892).

114. — Le raisonnement inductif ou induction. Son origine psychologique. Sa valeur logique (Nancy, 8 avril 1889).

LV
Analyse de la proposition.

Début. — Qu'entend-on par proposition ?

1er **point**. — *Analyse de la proposition* : 1° Sujet (simple, composé, complexe, incomplexe, etc.).

2° Verbe (verbe être, verbe d'action).

3° Attribut ou prédicat.

2e **point**. — *De la quantification du prédicat*. 1° Théorie d'Hamilton.

2° Objections de Stuart Mill : inconvénients du point de vue de la quantification du prédicat.

Conclusion. — Rapide énumération des principales propositions.

Vattier.

LVI

Que doivent les sciences mathématiques à l'expérience ?

Début. — Objet des sciences mathématiques.

1er point. — *Les sciences mathématiques doivent-elles quelque chose à l'expérience ?* Elles lui doivent leur matière, leur point de départ.

1° En arithmétique, les nombres concrets donnant lieu à la numération.

2° En géométrie, les figures perçues par les sens servant à concevoir les figures purement intelligibles.

2e point. — *Les mathématiques doivent-elles tout à l'expérience ?*

A) Les axiomes dérivent-ils de l'expérience, comme le soutient l'associationisme ? Associations inséparables et habitudes invincibles de S. Mill ; — habitudes héréditaires de H. Spencer.

Conclusion. — Les propositions mathématiques expriment les lois non du réel, mais du possible.

Vattier.

LVII

Quels sont les différents sens des mots si souvent employés d'analyse et de synthèse ? (Sorbonne, 25 août 1869).

Début. — Etymologie des mots : Analyse et synthèse.

1er point. — Analyse et synthèse dans les *sciences mathématiques*. Exemples (voir un cours de logique).

2e point. — Analyse et synthèse dans les *sciences physiques*. Exemples. — Leurs règles.

3e point. — Analyse et synthèse dans les *sciences morales* (littérature, grammaire, histoire, philosophie).

Conclusion. — Peut-on ramener à l'unité l'analyse et la synthèse ?

Vattier.

LVIII

De l'hypothèse. De l'emploi des hypothèses dans les sciences positives. (Sorbonne, 17 août 1870).

Début. — Qu'entend-on par sciences positives ? — Définition de l'hypothèse.

1er point. — *L'hypothèse existe-t-elle dans les sciences positives ?*

1° Sa nécessité pour toute expérimentation (cf. Cl. Bernard, *Introduction à la Médecine exp.*).

2° Exemples d'hypothèses scientifiques : Théorie de Laplace ; théorie des ondulations ; principes de l'indestructibilité de la matière, de la transformation et de l'équivalence des forces ; mécanisme universel ; corrélations organiques ; darwinisme ; évolutionisme ; hypothèse du feu central, des marées ; Franklin et la foudre ; Leverrier supposant la planète Neptune comme cause des perturbations d'Uranus.

2e point. — *Règles de l'hypothèse :*
1° N'admettre que des faits possibles ;
2° l'hypothèse ne doit pas être contredite ;
3° Elle doit être contrôlée ;
4° et être considérée comme provisoire.

CONCLUSION. — Ses dangers : elle peut arrêter pour un temps les progrès de la science, si elle est fausse. Exemples : théorie des 4 éléments ; doctrine anthropocentrique ; l'horreur du Vide ; les Tourbillons ; les esprits animaux ; hypothèse de l'émission.

VATTIER.

LIX

Expliquer par des exemples et des analyses la différence de ces deux termes : « *à priori* » et « *à posteriori* ».

DÉBUT. — Double procédé de la connaissance : 1° intuition (= *à priori*) ; 2° démonstration (= *à posteriori*).

1er point. — Le terme *à priori* désigne les principes antérieurs ou premiers, absolus, universels, nécessaires, évidents. Le terme *à posteriori* sert pour désigner la connaissance et la démonstration expérimentales.

2e point. — Différence des deux méthodes :
1° La méthode *mathématique, à priori ;*
2° La méthode des sciences *expérimentales, à posteriori ;*
3° Jugements *à priori* ou primitifs. Ce terme d'*à priori*, adopté par Kant, plus clair que celui d'*inné* en usage dans l'école cartésienne.

3ᵉ point. — Nécessité de ne pas séparer les deux procédés, danger de n'en admettre qu'un seul :

1° Le nativisme ou idéalisme ; 2° L'empirisme.

CONCLUSION sur cette dernière remarque.

VATTIER.

LX

Montrer que les vérités de l'ordre moral ne sont pas susceptibles du même genre de démonstration que les vérités mathématiques et que les vérités de l'ordre physique. (Sorbonne, 7 août 1869 — 24 juillet 1886).

DÉBUT. — Ce que l'on peut entendre par vérités de l'ordre moral (propositions des sciences morales en général ou vérités de morale pure).

PROPOSITION. — Position de la question (1ᵉʳ sens admis).

1ᵉʳ point. — *Distinction des trois groupes de vérités* par :

1° Leur objet (immatériel, — matériel).

2° Leurs conceptions fondamentales (beau, bien par opposition à étendue, quantité).

3° Leur point de départ ; exemples.

2ᵉ point. — *Comment on obtient une vérité mathématique* (ex. : cas d'égalité des triangles). Montrer ici le rôle de la définition et des axiomes et le mécanisme de la démonstration.

3ᵉ point. — *Comment on obtient une vérité physique* (ex. : la chute des corps, la loi de Mariotte ou tout autre). Montrer ici le rôle de l'observation, de l'expérimentation, de l'analogie, de l'hypothèse et de l'induction.

4ᵉ point. — *Comment on obtient une vérité morale* (ex. : théorie de la liberté ou analyse des facultés). Montrer ici le rôle de l'observation interne, de la mémoire, du raisonnement et des principaux procédés auxiliaires d'information qui constituent la méthode objective.

CONCLUSION. — La démonstration n'étant pas et ne pouvant jamais être absolue dans les sciences morales, les vérités morales impliquent un acte de croyance fondée sur le devoir : on y croit, parce qu'on doit y croire.

VATTIER

LXI

L'erreur est-elle un fait de l'entendement ou de la volonté ? (Sorbonne, 4 décembre 1888).

Début. — Définition de l'erreur.

1er point. — *L'erreur est-elle un fait de l'entendement ?* (Degrés dans l'intelligence : elle est intuitive et discursive).

1° L'intelligence intuitive peut-elle tromper ? son objet : faits et principes indiscutables;

2° L'intelligence discursive peut-elle tromper ? son objet : conclusions portées sur les données de la perception externe ou intime ;

3° Analyse d'un acte volontaire pour y montrer le rôle de l'intelligence et celui de la volonté.

2e point. — *L'erreur vient-elle de la volonté?* Théorie de Descartes :

Exposition : l'erreur vient de la volonté ;

Discussion : l'erreur est un jugement faux : ce n'est pas la volonté qui juge.

3e point. — *Causes de l'erreur venant de l'entendement* (examen rapide).

1° Défaut de méthode ;

2° Perceptions fausses ;

3° Précipitation dans le jugement ;

4° Préjugés, habitudes, coutumes ;

5° Passions.

Conclusion. — L'erreur est produite par l'entendement, mais elle a sa cause dans des phénomènes extérieurs sur lesquels peut agir à quelque degré la volonté.

VATTIER.

LXII

Des erreurs qui ont leur origine dans le langage. — Des moyens d'y remédier. (Sorbonne, 18 novembre 1867).

Début. — Impossibilité d'une langue parfaite.

1er point. — *Erreurs qui ont leur origine dans le langage.* Sources de ces erreurs :

1° Idées générales qui sont obscures, abstraites.

2° Ambiguïté des mots : ex. : chaleur, sensation, bien.

3° Passage du sens composé au sens divisé (ex. : Les aveugles voient) et inversement.

4° Introduction de mots nouveaux.

5° Emploi de termes figurés.

6° Sophismes de l'abstraction : (La nature a horreur du Vide ; l'héliotropisme ; l'opium fait dormir, etc.

2° point. — *Remèdes à ces erreurs.*

1° Clarté, précision, choix de termes propres.

2° Réflexion personnelle.

3° Contrôler nos idées par l'expérience et le raisonnement.

4° Amour de la vérité.

Conclusion. — Avec le 2ᵉ ou le 4ᵉ § du dernier point.

LXIII

De l'origine de la société. Par quels arguments peut-on démontrer que l'origine de la société est un fait naturel et nécessaire, non un fait arbitraire et accidentel, comme on l'a quelquefois prétendu ? (Sorbonne, 23 août 1867).

Début. — Qu'entend-on par société ?

Proposition. — 1° Est-elle un fait arbitraire et accidentel ?

2° Est-elle un fait naturel et nécessaire ?

1ᵉʳ point. — *Est-elle un fait arbitraire et accidentel ?* C'est la thèse commune de Hobbes et de J.-J. Rousseau.

1° Homo homini lupus ; l'intérêt personnel seul guide (Hobbes).

2° L'homme est dépravé par la société et la civilisation (Rousseau).

2° point. — *Est-elle un fait naturel et nécessaire ?*

(a) La société est *nécessaire* :

1° Pour la vie physique (enfance, vieillesse) ;

2° Pour la vie intellectuelle, le développement des facultés.

3° Pour la vie morale (sentiments du cœur, culture esthétique).

(b) Elle est un *fait naturel* ; preuves : 1° par l'histoire : l'homme n'apparaît jamais isolé ; 2° par le langage, qui serait inutile pour l'homme séparé de l'homme.

Conclusion. — Résumé. Vattier.

LXIV

Qu'entend-on par devoirs *positifs* et par devoirs *négatifs* ? En donner des exemples, soit dans la morale individuelle, soit dans la morale sociale, soit dans la morale religieuse (Sorbonne, 19 novembre 1868 — 11 avril 1877).

Début. — Qu'entend-on par devoirs positifs et devoirs négatifs ?
1er point. — *Dans la morale individuelle* :
Devoirs positifs. — 1° Développer toutes ses facultés.
                    2° Dire la vérité.
                    3° Acquérir les 4 vertus cardinales des anciens.
Devoirs négatifs. — 1° Ne pas se tuer.
                    2° Ne pas se mutiler volontairement.
2me point. — *Dans la morale sociale.*
Devoirs positifs. — 1° Charité.
                    2° Justice : respecter liberté, croyances, honneur, biens.
Devoirs négatifs. — 1° Défense de l'homicide.
                    2° Défense du duel.
3me point. — *Dans la morale religieuse.*
Devoirs positifs. — 1° Adoration.
                    2° Prière.
                    3° Tolérance.
Devoirs négatifs. — Blasphème condamné.
Conclusion. — De la valeur exacte de cette distinction.

VATTIER

LXV

De la personnalité humaine. (Lyon, 25 mars 1890).

Début. — Définition de la personnalité par la distinction des personnes et des choses.
Proposition. — A étudier : 1° Ses caractères ;
                              2° Ses conséquences ;
                              3° Ses altérations.

I. *Ses caractères.* — 1° Unité (ce qu'il faut entendre par là).
2° Identité (ce qu'il faut entendre par là).
3° Activité spontanée.
4° Conscience réfléchie : être une personne, c'est exister en soi et pour soi.
5° Liberté et Raison.

II. *Ses conséquences.* — 1° En morale : Devoir, responsabilité, mérite et démérite, vertu, sanctions, permanence de la personnalité ou immortalité de l'âme et vie future.

2° En métaphysique : tout se réduit à des personnalités.

III. *Ses altérations.* — Principaux faits connus (voir M. Th. Ribot). — Conséquences de ces altérations pour la liberté.

CONCLUSION. — Ne pas confondre la personnalité opposée aux choses avec la personnalité ou caractère distinctif d'une personne au milieu d'autres personnes.

VATTIER

SUJETS ANALOGUES

115. — De la personnalité humaine (Sorbonne, 16 juillet 1879).

116. — De la personnalité. Caractères essentiels d'une personne (id. 25 octobre 1887).

117. — De la personnalité humaine. Distinction des personnes et des choses. Conséquences morales de cette distinction. (Sorbonne, 26 juillet 1875. — 20 juillet 1880 — 16 mars 1883. — 12 juillet 1883).

118. — En quoi consiste la différence d'une personne et d'une chose ? Analyser l'idée de responsabilité. (Sorbonne, 6 avril 1881).

119. — De la personnalité humaine en psychologie et en morale (26 octobre 1885).

LXVI
Comparer l'Instinct et la Raison.

DÉBUT. — Définitions ordinaires de l'instinct et de la raison.

PROPOSITION. — 1° Caractères opposés de l'instinct et de la raison ?
2° Peut-on ramener l'instinct à la raison ?

1er point. — *Caractères opposés de l'instinct et de la raison.*

1° Instinct pratique, — raison spéculative.

2° Instinct mécanique, inconscient, fatal ; - raison réfléchie, consciente, libre et autonome.

3° Instinct spécial, — raison universelle.

4° Instinct improgressif, — raison progressive.

2e point. — *Peut-on ramener l'instinct à la raison ?*

1° Thèse évolutioniste : l'instinct est une intelligence moindre, atrophiée ou non développée (cf. H. Spencer, 1ers *Principes*.), la raison un instinct développé.

2° Examen de cette thèse : *a)* Opposition des caractères marqués plus haut. — *b)* Peut-on faire sortir le supérieur de l'inférieur ?

CONCLUSION. — Suivant le système admis.

VATTIER.

LXVII

Des idées d'espace et de temps. (Sorbonne, 19 juillet 1878).

DÉBUT. — Origine concrète, chaotique de la connaissance. Nécessité des idées d'espace et de temps pour la rendre distincte et ordonnée.

PROPOSITION. — Divers systèmes sur la nature de l'espace et du temps. — Origine de ces idées.

1er point. — *Nature de l'espace et du temps.*

1° Théorie de Kant : ce sont des formes de la perception, des lois a priori de la sensibilité.

2° Théorie de Cousin : ce sont des réalités.

3° Théorie de Maine de Biran : ce sont des données de la conscience psychologique.

4° Théorie de Leibnitz : ce sont de simples rapports de co-existence ou de succession entre les choses.

2e point. — *Origine de ces idées.*

1° Théorie empirique et associationiste.

2° Théorie rationnelle (Kantienne et Leibnitzienne).

Conclusion. — En faveur de la thèse de Leibnitz ou de celle de Kant, *ad libitum*.

VATTIER.

LXVIII

L'Instinct n'est-il autre chose qu'une habitude héréditaire ? (Sorbonne, 29 novembre 1883).

Début. — Définition générale de l'instinct.

Proposition. — 1° Examen du système qui admet l'innéité de l'instinct.

2° Examen de l'antithèse : l'instinct n'est qu'une habitude héréditaire.

1er point. — 1° Caractères opposés de l'instinct et de l'habitude.

2° L'hérédité n'est qu'une hypothèse.

3° Les premiers hommes n'auraient pu vivre sans l'instinct.

4° Les habitudes variant avec les individus, il y aurait autant d'instincts que d'individus.

2e point. — 1° Tous les systèmes innéistes sont des aveux d'impuissance, des hypothèses, un restant de la croyance au merveilleux.

2° La genèse de l'esprit humain, l'apparition de toutes les croyances s'expliquent naturellement. — Pourquoi n'en serait-il pas de même de l'instinct ?

3° Les caractères de l'instinct sont les mêmes que ceux de l'habitude, si on y ajoute l'hérédité.

4° Les premiers hommes, favorisés par le climat et le milieu, ont pu vivre sans instinct, mais la plupart ont péri, faute de pouvoir s'adapter à ce milieu.

5° Exemples d'instincts acquis cités par Darwin : les abeilles dans le voisinage d'une raffinerie ; les premiers moutons transportés en Australie périrent en partie en broutant des herbes vénéneuses; leurs descendants aujourd'hui évitent ces plantes d'instinct.

Conclusion. — Des instincts secondaires ont pu se créer par habitude et hérédité ; mais l'instinct fondamental a dû être inné.

VATTIER.

LXIX
Tout peut-il se réduire, comme le voulait Descartes, à l'étendue et à la pensée ? (Sorbonne, 7 juillet 1879).

Début. — Distinction de la matière et de l'esprit, du sujet et de l'objet.

1er point. — *La matière peut-elle s'expliquer par la seule étendue ?*

1° Distinction cartésienne des qualités premières et des qualités secondes.

2° Tout est-il plein dans la matière ?

3° Mécanisme de Descartes.

4° Dynamisme de Leibnitz.

2e point. — *La vie peut-elle se ramener aux propriétés de la matière ?*

1° Organicisme ;

2° Vitalisme ;

3° Animisme.

3e point. — *L'âme peut-elle s'expliquer tout entière par la pensée ?*

1° L'âme pense-t-elle toujours ? (Descartes) ;

2° Réunion, dans Descartes, de toutes les fonctions psychiques (sensibilité et volonté comprises) sous le terme général de pensée.

Conclusion. — L'étendue ne serait-elle pas une pure apparence, et ne pourrait-elle point se ramener elle-même à la pensée ? (Leibnitz).

Vattier.

LXX
Le raisonnement est à la fois une marque de grandeur et de faiblesse.

En quoi consiste en somme le raisonnement ? à aller du connu à l'inconnu, c'est-à-dire à saisir des rapports nouveaux.

I. Il est ainsi une *marque de grandeur*. Absorbé dans le particulier, incapable de sortir du cercle étroit de ses sensations, l'animal ne réfléchit point. Il ne sait rapprocher une chose d'une autre, dégager des ressemblances ou des différences, en d'autres termes, abstraire, comparer, généraliser, juger, d'un mot raisonner.

L'homme le peut. Aussi se rend-il compte et crée-t-il la science. Une vérité est-elle dans son esprit : il sait en extraire le contenu, en tirer les conséquences, c'est-à-dire *déduire*. Aperçoit-il des faits : il les rapproche, cherche les rapports qui les unissent, détermine ainsi leurs causes et leurs lois, ce qui est proprement *induire*.

Ce privilège de la pensée élève l'homme au-dessus de tous les êtres qui l'entourent et qui ont souvent sur lui l'avantage de la force physique : Il n'est qu'un roseau, mais un « roseau pensant ».

II. Mais considérée en soi, combien cette pensée raisonnante est imparfaite et *marque de faiblesse !* Combien sont laborieuses et pénibles les opérations qui la constituent ! Que de fois, au lieu d'aboutir au vrai, elle s'égare dans le faux !

Même, quand elle est heureusement conduite, que de tâtonnements et de lenteurs ! Au lieu d'être à la fois et immédiatement présentes à l'esprit, les vérités n'y apparaissent que l'une après l'autre, et souvent isolées, même fragmentées. Combien vaudrait mieux une intelligence intuitive, qui saisirait les choses directement et sans effort, qui d'un seul et même regard embrasserait principes et conséquences, phénomènes et lois, qui, d'une seule et immédiate intuition, d'une simple et lumineuse vue, contemplerait tous les rapports réels et possibles ! Relativement à une pareille pensée (et c'est ainsi que nous concevons la pensée divine), qu'est notre entendement discursif ?

III. Le raisonnement est donc une marque de grandeur, si nous nous comparons à l'animal, si nous considérons les merveilleuses découvertes de la science, dont ce dernier est radicalement incapable ; mais il nous apparaît comme une marque d'originelle et irrémédiable faiblesse, si nous jetons les yeux sur les lenteurs, les incertitudes et les égarements de notre intelligence, si nous comparons notre pensée à la pensée suprême, à l'intelligence parfaite, intuitive, absolument adéquate de Dieu.

J.-B. C.

LXXI
Conditions et conséquences de la responsabilité morale.
(Lille, Mars-Avril 1895).

Début. — Définition de la responsabilité morale : La distinguer de la responsabilité légale.

1er point. — *Ses conditions essentielles* ou *principes*. La responsabilité suppose :

1° Une cause libre et une puissance supérieure de laquelle cette cause dépend ;

2° Une loi morale émanant de cette puissance supérieure, foyer et auteur de la justice absolue.

2e point. — *Ses conditions secondaires*, par suite, sont de *deux sortes :*

1° Conditions *qui regardent la liberté* :

a) Être suffisamment éclairé ;

b) Se posséder.

La liberté est diminuée par l'ignorance, par l'erreur, par la folie, par l'éducation, par la coutume.

La liberté est augmentée par l'instruction, l'intelligence, le talent, le génie.

2° Conditions *qui regardent la loi* :

a) La loi doit-être connue et comprise comme expression de l'ordre et de justice ;

b) Accomplissement possible ;

c) Intention ;

d) Effort volontaire.

3e point. — *Conséquences :* Devoirs et droits ;
>Vertu et vice ;
>Mérite et démérite ;
>Récompenses et peines (sanctions).

V. BÉRARD,
Ancien Professeur de Philosophie au Collège d'Aix.

LXXII

De la Mémoire. — Lois de l'acquisition et de la perte de la Mémoire. (Aix, 10 juillet 1885. — Besançon, 21 juillet 1891. — Professeur, M. *E. Colsenet*.

RÉFLEXIONS

L'étude de la mémoire *peut être faite à deux points de vue :*
1° Au point de vue *statique* (celui d'Aristote et des Ecossais) ;
2° Au point de vue *dynamique* (celui des modernes : Bain, Wundt, Ribot). Ces deux points de vue doivent se compléter et, dans l'œuvre d'édification de la théorie, le premier doit venir après le second, puisqu'il est une synthèse, et que toute synthèse s'appuie sur l'analyse. S'en tenir à l'étude statique, à l'étude de l'âme adulte et tout formée, c'est s'exposer à mal connaître la mémoire, à la considérer comme une faculté fixe, unique et invariable, tandisqu'elle est au fond un véritable *processus*, psychologique et physiologique, et qu'il y a non point une seule mémoire, mais des mémoires multiples, distinctes, indépendantes. Nulle part peut être les informations de la méthode objective ne sont plus précieuses que dans l'étude de la mémoire.

PLAN DÉVELOPPÉ

DÉBUT. — *Définition* de la Mémoire : Reproduction des états de conscience quels qu'ils soient, rapportés au passé. En effet tout revient, non seulement les idées, comme le veut Reid, mais aussi les faits affectifs et volontaires.

1er point. — (*Résumer les résultats d'une Etude statique*). *Analyse du souvenir.* Ses divers *moments* : acquisition, conservation, rappel, reconnaissance, perte et renaissance du souvenir. — Ses *conditions* : association, succession, oubli surtout, pouvoir de la volonté (c'est un pouvoir d'arrêt le plus souvent). — Son *rôle* dans la vie psychologique : notions d'identité et de durée, que la conscience ne peut seule nous donner (Sur tous ces points, voir un cours classique, par exemple celui d'E. Rabier).

2e point. — (*Etude dynamique.*) Il s'agit de remonter

à l'origine de la mémoire et d'en déterminer l'évolution. Nous nous bornerons à étudier les deux phases de cette évolution relatives aux lois d'acquisition et aux lois de perte du souvenir.

A) *Lois d'acquisition*. — La première, la plus importante des *conditions* de la mémoire, c'est l'*association des idées*, spontanée ou réfléchie. Tout ce qui la favorise (intérêt, plaisir, attention, habitude, répétition, intensité de l'impression, contiguïté, ressemblance, contraste, etc.) favorise du même coup la formation des souvenirs. — Exemples à fournir.

Mais *d'après quelle loi les souvenirs s'acquièrent-ils ?* Il faut employer ici à la fois la méthode physiologique et la méthode subjective.

1° Tout d'abord, quand les organes sont flexibles et le pouvoir de réflexion faible, les moindres impressions se fixent dans le système nerveux et donnent naissance à des images. Nous acquérons ainsi, en premier lieu, les notions des *objets individuels* et les *signes propres* dont nous les connotons.

2° Plus tard, les organes s'émoussant de plus en plus par l'habitude, attendu qu'ils sont de pures réceptivités, la vie intellectuelle devient plus active : par l'attention, la comparaison et l'abstraction, les systèmes de sensations ou d'images et les notions individuelles se transforment en idées véritables d'objets ou de qualités, en *concepts généraux* que nous désignons par des *signes* ou *noms communs*.

3° Puis enfin, par le même processus mental, les idées s'associent aux sensations ou aux actes et il en résulte *des sentiments* de plus en plus complexes, que nous arrivons peu à peu à grouper en catégories distinctes et auxquels nous joignons la notion *des expressions et des gestes* qui les accompagnent.

C'est ainsi que se forme, par une lente intégration, l'ensemble de nos souvenirs : la mémoire. De là résultent les *différentes sortes de mémoires*, suivant que les associations sont simultanées et synchroniques (peintre, poète) ou successives (savant). — Cf. Stuart Mill. Log. III. 13 ; VI, 4) ; — de là aussi la facilité plus ou moins grande à se rappeler tel ou tel genre de souvenirs.

B) *Lois de perte*. Dans le *cas de dissolution générale* de la mémoire, la perte des souvenirs suit une marche invariable : disparaissent d'abord les *faits récents*, puis les *idées* en général et enfin les *sentiments*. — Même ordre dans le cas de *dissolution partielle*, et dans le mieux connu de tous, celui de la perte des signes. On oublie d'abord les *noms propres* (correspondant aux notions individuelles) ; puis les *noms communs* ; ensuite les *adjectifs* et les *verbes* ; enfin les *interjections* et les *gestes*. On comprend pourquoi les formes de l'expression survivent jusqu'au bout : c'est qu'elles constituent les modes élémentaires du langage et sont des modifications des actions réflexes ; c'est qu'elles appartiennent moins à la vie psychique qu'à la vie animale et automatique.

En somme, dans les deux cas, la marche est identique : l'*oubli se fait toujours* : Du nouveau à l'ancien,
Du complexe au simple,
Du volontaire à l'automatique,
Du moins organisé au plus organisé,
au mieux intégré.

C'est ce que l'on appelle la *loi de régression*. (M. Th. Ribot).

Contre-épreuve et vérification par la pathologie et par les cas assez rares où la dissolution progressive de la mémoire est suivie de guérison : *les souvenirs reviennent dans l'ordre inverse de leur perte*.

On explique par cette loi la reviviscence extraordinaire de certains souvenirs, sorte de retour de l'esprit en arrière, à des conditions d'existence qui semblaient pour toujours disparues.

Cette loi se rattache à deux principes : l'un *physiologique* : la dégénérescence frappe d'abord ce qui est le plus récemment formé ; l'autre *psychologique* : le complexe disparaît avant le simple, parce qu'il a été moins souvent répété dans l'expérience.

CONCLUSION. — Il n'y a pas *une* seule mémoire, mais *des* mémoires dont l'indépendance est établie par les cas morbides. La mémoire est un processus d'organisation à degrés variables compris entre deux limites extrêmes : l'état nouveau et l'enregistrement organique. La mémoire parfaite est l'état d'équilibre et le concert harmonique plus ou moins durables des diverses mémoires particulières. C'est une résultante dont celles-ci sont les composantes.

A Consulter : l'excellente monographie de M. Th. Ribot : *Les Maladies de la Mémoire.*

Sujets analogues

120. — Des conditions psychologiques de la mémoire. Analyse du souvenir. (Sorbonne, 3 août 1867).

121. — Montrer par des analyses et par des exemples l'influence de la volonté sur la mémoire. (Sorbonne, 14 août 1868).

122. — De la mémoire. Lois de la mémoire. Qualités d'une bonne mémoire. Des divers genres de mémoire. De la mnémotechnie. (Sorbonne, 10 août 1870).

123. — De la mémoire sensible et de la mémoire intellectuelle. Comparer et distinguer ces deux espèces de mémoire. (Sorbonne, 23 juillet 1874).

124. — Montrer par des exemples la différence de la réminiscence et du souvenir, et, à ce propos, analyser les éléments du souvenir. (Sorbonne, 31 octobre 1874).

125. — Des qualités d'une bonne mémoire et des diverses espèces de mémoire. (Sorbonne, 1er décembre 1876).

126. — Analyse de la mémoire. (Sorbonne, 26 mars 1878).

127. — Montrer par des analyses que les conditions du souvenir sont l'identité du moi et l'idée du temps. (Sorbonne, 26 novembre 1878).

128. — Quelles sont les conditions psychologiques de la réminiscence ? quelles sont celles du souvenir ? (Sorbonne, 11 juillet 1879).

129. — Théorie de la mémoire. (Sorbonne, 20 juillet 1883).

130. — Expliquez et appréciez ce mot d'un philosophe : « On ne se souvient que de soi-même. » (Sorbonne, 22 novembre 1883).

131. — La mémoire est-elle une faculté unique, ou se compose-t-elle de plusieurs facultés, de différentes espèces de mémoire ? (Sorbonne, 25 novembre 1885.)

132. — En quel sens est vrai ce mot de Royer-Collard :

« On ne se souvient pas des choses, on ne se souvient que de soi-même ? » (Sorbonne, 13 novembre 1873-17 juillet 1886).

133. — Rapports de la mémoire et de l'association des idées. (Sorbonne, 25 novembre 1891).

134. — Théorie de la mémoire. (Aix, Ajaccio, juillet 1893).

135. — Quel est, dans la mémoire, le rôle de l'activité de l'esprit ? (Aix, juillet 1894).

136. — La mémoire. (Aix, novembre 1894).

137. — Que deviennent nos souvenirs quand nous n'en avons plus conscience ? (Besançon, 1889).

138. — La mémoire suffit-elle à fonder l'identité de la personne ? (Besançon, avril et novembre 1892).

139. — De la localisation des souvenirs dans le passé. (Besançon, avril 1894).

140. — Y a-t-il une mémoire ou plusieurs ? (Bordeaux, novembre 1889).

141. — La mémoire. (Caen, 7 novembre 1888).

142. — Quelles sont les conditions d'un acte de mémoire ? (Caen, 7 novembre 1890).

143. — Quel rapport y a-t-il entre la perception interne ou externe, et la mémoire ? Caen, 16 juillet 1891).

144. — La mémoire d'après les théories les plus récentes. (Caen, juillet 1893).

145. — Rapports de l'habitude, de la mémoire et de l'imagination. (Caen, juillet 1893).

146. — Rôle de la mémoire dans la vie intellectuelle et morale de l'homme. (Clermont, avril 1894).

147. — La mémoire. Théories proposées pour expliquer le souvenir. (Lille, 18 juillet 1891).

148. — Montrer le rôle de la mémoire dans l'exercice de nos diverses facultés de connaître. (Lille, avril 1894).

149. — Les lois et les maladies de la mémoire. (Lyon, 28 octobre 1894).

150. — Expliquer le rôle de l'attention dans la mémoire en commentant cette pensée de Maine de Biran : « Ce que le *moi* a mis du sien dans une impression reçue peut seul revivre en lui sous forme de souvenir. (Lyon, 18 juillet 1892).

151. — Est-il permis de dire que la mémoire est nécessaire

à la connaissance du présent ? (Montpellier, 12 novembre 1889).

152. — Examiner, en s'appuyant sur la théorie de la mémoire et du souvenir, la pensée suivante : « Le meilleur moyen d'apprendre est d'enseigner. (Montpellier, 8 novembre 1888).

153. — De la mémoire. (Clermont 10 novembre 1890 ; — Montpellier, avril 1894).

154. — Que pensez-vous de ce mot de Royer-Collard : « On ne se souvient que de soi-même ? » (Montpellier, novembre 1892).

155. — La mémoire est-elle nécessaire à la connaissance du présent ? Montpellier, juillet 1893).

156. — La mémoire, la réminiscence, le souvenir. (Nancy, 4 novembre 1893).

157. — Du rôle de l'induction dans le rappel des souvenirs. (Nancy, mars 1895).

158. — Conditions du souvenir ; éléments dont il se compose ; hypothèses par lesquelles les philosophes ont cherché à expliquer la conservation et le rappel de la connaissance, les défaillances et les anomalies de la mémoire. (Poitiers, novembre 1885).

159. — Plusieurs philosophes prétendent que la mémoire n'est qu'un cas de l'habitude. On examinera cette théorie en l'appliquant successivement à l'acquisition, à la conservation et au rappel des connaissances, ainsi qu'aux maladies de la mémoire. (Poitiers, 16 juillet 1891).

160. — Comment peut-on ramener la théorie de la mémoire à la théorie de l'habitude ? (Toulouse, 4 novembre 1885).

161. — Indiquer quels rapports existent entre la mémoire et l'association des idées. (Toulouse, 16 mars 1891).

162. — Que faut-il penser de cette idée exprimée par un philosophe : « On ne se souvient pas des choses, on ne se souvient que de soi-même » ? (Toulouse, 19 juillet 1892).

163. * — Comment arrivons-nous à localiser nos souvenirs ?

164. * — Quelles lumières apportent les expériences physiologiques à la détermination de la vraie nature de la mémoire ?

165. * — Rôle de la mémoire.

166. * — Rôle de la mémoire dans la conscience réfléchie.

167. * — Rôle de la mémoire dans la perception.

168. * — Rôle de la mémoire dans les opérations intellectuelles.
169. * — Rôle de la mémoire dans le désir.
170. * — Rôle de la mémoire dans la formation des inclinations.
171. * — Rapports de la mémoire et de l'imagination.
172. * — Pourquoi les Anciens faisaient-ils de Mnémosyne la mère des Muses ?
173. * — Rapports de la mémoire et de l'organisme.
174. * — Rapports de la mémoire et du jugement.
175. * — Faits d'où résulte la parenté de la mémoire et de l'habitude.
176. * — Mémoire sensible et mémoire intellectuelle.
177. * — Mémoire de l'artiste et mémoire du savant.
178. * — Mémoire abstraite et mémoire concrète.
179. * — « La mémoire, partout et toujours, c'est de l'actuel, que la mémoire soit intellectuelle ou affective. » (Th. Ribot).
180. * — « Il y a, pour la conscience, du présent-présent, du présent-passé, du présent-futur ». (Th. Ribot).
181. * — « Le passé n'existe pour nous qu'à condition de redevenir du présent, de l'actuel ». (Th. Ribot).
182. * — Influence de la mémoire affective sur la pratique (Th. Ribot, *Revue des Cours et Conférences*, 1894, page 398).
183. * — Montrer qu'il existe une mémoire affective. (id. page 396).
184. * — Tous les sens sont-ils également capables d'alimenter la mémoire ?
185. * — Classer les esprits d'après les diverses sortes de mémoire.
186. * — Appliquer la loi de régression à l'art de se souvenir (ex.: rattacher des faits récents à des faits personnels anciens).
187. * — Quelle différence doit-il exister entre les souvenirs de l'homme et les souvenirs de l'animal ?
188. * — Montrer qu'aucune faculté ne dépend à un plus haut degré que la mémoire des conditions physiologiques. Faits à l'appui.
189. * — Mémoire spontanée et mémoire réfléchie.
190. * — Rôle de l'hérédité dans la mémoire.

191. * Comment la mémoire est-elle une condition du progrès intellectuel ?

192. * — Les lois de l'oubli. Diverses théories de l'oubli.

193. * — Influence de l'oubli pour le souvenir.

194. * — Rôle de l'inconscient dans la mémoire.

195. * — Habitudes intellectuelles.

196. * — Avantages et inconvénients de la mémoire pour les productions de l'esprit.

197. * — De la certitude de la mémoire.

198. * — Des phénomènes de la mémoire : réminiscence, souvenirs spontanés, souvenirs réfléchis.

199. * — Des moyens naturels et des moyens artificiels de perfectionner la mémoire.

200. * — De la mnémotechnie. En quoi elle consiste. Ses avantages et ses dangers.

201. * — Montrer qu'il n'y a pas d'art d'apprendre facilement les choses difficiles.

202. * — Insuffisance logique ou inconvénients pratiques de tout procédé artificiel de culture de la mémoire.

LXXIII

Lois et fondement de l'induction. (Aix, mars-avril 1895).

Début. — *(Définition de l'induction et de la loi).* L'induction est aux faits, dans la méthode expérimentale, ce que la classification est aux êtres. De même que par la classification on fait rentrer la multiplicité des individus dans des espèces et des genres, de même, par l'induction, on ramène les faits particuliers à des faits généraux ou *lois*. Précisons : qu'est-ce qu'une induction ? une inférence d'un cas ou de quelques cas donnés à d'autres cas en nombre indéfini qui ne sont pas donnés. C'est un acte de l'intelligence par lequel nous faisons passer *(ducere in)* à tous les points de l'espace et du temps ce que nous observons en un point déterminé de l'espace et du temps. — Mais ce qu'on peut ainsi généraliser, ce n'est point un fait isolé, mais la relation, *la liaison, la loi de deux faits* (par ex. : rapport entre angle d'incidence et angle de réflexion) ; et une loi, c'est un *rapport* de *succession universel, constant, nécessaire,* par suite un rapport de *causalité* entre deux faits (développer et expliquer chacun de ces caractères). La nécessité est la raison de l'universalité, et la causalité le fondement de la nécessité.

1er point. — *Lois de l'induction : à quelles conditions peut-on poser une loi, c'est-à-dire faire une induction légitime ?* problème capital de la philosophie des sciences ? — Ce grand problème se subdivise en deux problèmes particuliers : 1° Quelle est, au moment de notre observation, la cause d'un phénomène présent déterminé ? 2° cette cause découverte, comment ériger l'observation particulière en loi générale ? de ces deux problèmes, c'est par l'expérience qu'on résout le premier (*lois* ou *règles* de l'induction); c'est par la raison qu'on résout le second (*fondement* de l'induction).

1er moment de l'induction : *Détermination de la cause.* Parmi l'infinité des rapports qui existent entre des antécédents très complexes et des conséquents également complexes, il s'agit de démêler un rapport constant à la fois de succession et de causalité, d'isoler de la série infinie des antécédents l'antécédent particulier qui est cause du phénomène en question, ou inversement. — Or, la difficulté vient ici de ce que la causalité n'est pas une chose perceptible aux sens. Si l'on pouvait supprimer tous les phénomènes antécédents pour les réaliser ensuite, on découvrirait la cause. Malheureusement cette méthode est impraticable. Il s'agit d'en trouver une qui s'en rapproche, autant qu'il se pourra. Ne pouvant isoler réellement les phénomènes les uns des autres, il faut les isoler d'une manière approchée, en quelque sorte idéale. Comment y parvient-on ? Au moyen des 4 procédés que St. Mill a exposés dans sa *Logique*, et qui sont simplement des méthodes d'*exclusion*, à savoir :

a) La méthode d'accord ou de concordance, (donner des exemples abstraits et concrets, — le Canon, — le Fondement de cette méthode).
b) La méthode de différence (id. — id. — id.).
c) La méthode des variations concomitantes (id. — id. — id.).
d) La méthode des résidus ou des restes (id. — id. — id.).

} Correspondant aux tables de présence, d'absence et de degré de Bacon.

Cependant, *la preuve ainsi obtenue est insuffisante*, parce qu'on n'est jamais absolument sûr d'avoir éliminé tous les antécédents, sauf un. Il peut exister des coïncidences fortuites qui trompent sur la véritable cause, des antécédents cachés qui se trouvent par hasard coïncider avec des causes apparentes, ou introduits par l'expérimentateur sans s'en douter. — *Remèdes :* habileté de l'expérimentateur — élimination du hasard par la multiplication des expériences.

Et pourtant le hasard est si grand ! la *certitude physique et inductive* n'est *jamais absolue* ou mathématique. Un doute restera toujours possible.

2ᵉ point. — (2ᵉ moment de l'induction): *Généralisation de l'expérience ou position de la loi (= fondement de l'induction).* Admettons que, par l'emploi des méthodes précédentes, nous ayons découvert la cause d'un certain fait. L'induction proprement dite consistera à généraliser ce résultat et à dire : le même fait, dans tous les temps et dans tous les lieux, aura toujours la même cause, ou inversement, la même cause produira toujours le même fait. — Eh bien, qu'est-ce qui nous donne le droit de faire cette généralisation ? *Comment d'un certain nombre de cas observés passer logiquement à tous les cas ?* Plusieurs explications ont été proposées :

1º Par *D. Hume.* (*Ess. sur l'Ent.* V). Toute induction se fonde sur l'*habitude et l'association des idées.* — Exemples. — critique : Hume confond l'induction véritable avec ce que Leibnitz appelle consécution machinale des animaux, connexion d'imaginations, ou avec les préjugés vulgaires qui reposent sur le sophisme *post hoc, ergo propter hoc.*

2º Par *Hamilton.* L'induction est un résumé, un total des expériences, Ex. : tels et tels sont morts ; donc, en résumé, les hommes meurent. Ainsi, il n'y a pas à chercher un principe quelconque de la légitimité de l'induction. — Critique : a) en fait, il n'y a pas toujours addition ; il est des cas où *un seul fait* observé paraît assez décisif au physicien, pour qu'il pose la loi ; b) de plus, ce procédé n'est pas valable en droit : on ne peut jamais constater qu'un nombre restreint de faits, et pourtant les lois s'étendent à tous les cas possibles.

3º Par l'*Ecole Ecossaise* et *Royer-Collard.* L'induction repose sur l'uniformité, la stabilité des lois de la nature. (Voir sur ce point le Cours de P. Janet).

4° Par *Stuart-Mill*. Il faut un principe général à l'induction ; seulement ce principe ne peut venir que de l'accumulation des expériences antérieures : c'est la constatation séculaire du cours normal des choses, du *Natura non facit saltus*. — Critique : a) explication ingénieuse ; mais, *en fait*, il est faux qu'il faille ainsi, pour induire, faire appel à l'expérience des siècles passés ; *en droit*, ce principe ne vaudrait que pour le passé, et les lois sont cependant tenues comme valables pour l'avenir.

5° Nous sommes ainsi conduits à la *véritable théorie*. A l'induction *il faut un principe*, ce que n'ont pas vu Hume et Hamilton ; mais comme il faut que ce principe universel soit valable pour l'avenir comme pour le présent, *il ne peut être tiré de l'expérience*, et c'est ce qu'a méconnu St.-Mill. L'induction a pour fondement ce principe : *qu'il y a des lois dans la nature*, ou, que tout phénomène se produit invariablement quand certaines conditions sont réalisées. Avec plus de précision ce principe des lois s'exprimera sous les deux formes suivantes, selon les cas : les **mêmes causes produisent les mêmes effets** ; — **Les mêmes effets sont produits par les mêmes causes. (Newton)**

Reste à savoir si ce principe lui-même peut-être justifié et réduit, comme le demande Leibnitz. — Eh bien, on peut démontrer que le principe des lois est une conséquence immédiate du principe *de causalité*.

Conclusion. — *Utilité de l'induction* : A) *avantages d'ordre intellectuel* : 1° Elle soulage l'esprit et la mémoire ; 2° donne au savoir une portée universelle ; 3° dévoile l'unité du monde (κόσμος = monde et beauté) ; 4° explique la nature.

B) *avantages pratiques* : 1° savoir, c'est pouvoir ; 2° c'est prévoir. C) profit à en retirer *pour la philosophie* : 1° croire à la science, c'est croire à la causalité dans l'intelligence et la nature ; 2° l'expérience confirme cette croyance ; 3° la raison de cette harmonie de la pensée et du monde ne peut être cherchée ni dans l'esprit (Kant), ni dans le monde (empiristes,

H. Spencer), mais dans leur cause commune. (Cf. le *Cours lithographié* de M. E. Rabier, que nous avons résumé).

J.-B. Castel

Sujets analogues

203. — Préciser le sens scientifique du mot *loi*, et montrer ce qu'est la loi : 1° dans le monde physique ; 2° dans le monde moral. (Sorbonne, 11 août 1866).

204. — L'induction est-elle réductible à l'expérience ? Ne suppose-t-elle pas un principe rationnel, et quel est ce principe ? (Sorbonne, 6 août 1868).

205. — Faire la part de l'expérience et de la raison dans l'induction. (Sorbonne, 24 août 1867-24 novembre 1871).

206. — Comment s'élève-t-on à l'idée de *loi* dans les sciences de la nature ? Qu'est-ce qu'une *loi physique* ? En quoi les lois physiques diffèrent-elles de la *loi morale* ? (Sorbonne, 5 mai 1869-26 juillet 1872).

207. — Quel est le fondement de la certitude dans nos raisonnements inductifs ? (Sorbonne, 30 juillet 1874).

208. — Comment peut-on légitimement conclure du particulier au général, comme le fait la méthode inductive ? (Sorbonne, 26 novembre 1877).

209. — Les lois de la nature sont-elles contingentes ou nécessaires ? (Sorbonne, 16 juillet 1878).

210. — Du fondement de l'induction. (Sorbonne, 3 août 1878).

211. — De l'induction. Son principe. Donne-t-elle la certitude ou seulement la probabilité ? (Sorbonne, 22 juillet 1882).

212. — Des lois de la nature. Montrer avec des exemples en quoi elles consistent, l'intérêt qu'il y a à les connaître, comment on les découvre et on les vérifie. (Sorbonne, 25 juillet 1887).

213. — Du raisonnement inductif. Donner par des exemples une idée nette de cette opération. Du genre de certitude qu'elle comporte. Des conditions requises pour qu'elle soit scientifiquement correcte. (Sorbonne, 18 novembre 1887).

214. — Montrer les différences de l'induction vulgaire et de l'induction savante. Indiquer les règles de cette dernière. (Sorbonne, 5 juillet 1890).

215. — Comparer la théorie de l'induction dans Bacon et dans Stuart-Mill. (Sorbonne, 15 novembre 1892).

216. — Peut-on réduire, à une seule forme, comme l'ont proposé quelques logiciens anglais, les deux formes du raisonnement : l'induction et la déduction ? (Sorbonne, licence, octobre 1883).

217. — De l'induction. Son principe et ses règles. (Aix, 21 juillet 1879).

218. — Exposer et comparer les théories les plus célèbres sur l'induction. (Concours académique, Aix, 1881).

219. — Exposer les procédés et les règles de l'induction, en les expliquant par des exemples pris dans les sciences physiques et naturelles. (Aix, session de Nice, 9 juillet 1883).

220. — Part de l'expérience et de la raison dans l'induction. (Aix, juillet 1892).

221. — Comparer les règles de l'induction données par Bacon et par Stuart-Mill. (Besançon, juillet 1889).

222. — Comparer la certitude des sciences inductives et déductives. (Caen, 10 novembre 1890).

223. — De l'induction considérée comme procédé scientifique. (Clermont, juillet 1889).

224. — Qu'est-ce que la loi : dans la législation, dans la morale et dans la science ? Donner des exemples. (Dijon, 10 novembre 1890).

225. — Méthode des sciences physiques et naturelles. (Dijon, novembre 1892).

226. — De l'induction. En quoi consiste ce raisonnement et dans quelle mesure pouvons-nous en accepter les conclusions ? (Lille, 4 novembre 1890).

227. — A quelles conditions et jusqu'à quel point pouvons-nous nous fier à l'induction ? (Lille, 2 avril 1892).

228. — De l'induction. (Lille, novembre 1892).

229. — La méthode est-elle tout à fait la même dans les sciences physiques et dans les sciences naturelles ? (Lille, novembre 1892).

230. — Décrire la procédure que, logiquement, doit suivre l'investigateur dans son laboratoire pour arriver à la déter-

mination d'une loi physique. (Lyon, juillet 1888, baccal. de l'enseignement spécial).

231. — Place de l'hypothèse dans le raisonnement inductif et rôle de l'hypothèse dans les sciences expérimentales. (Lyon, 17 mars 1891).

232. — Fondement de l'induction. (Poitiers, Licence, 1894).

233. — Le raisonnement inductif ou induction. Son origine psychologique. Sa valeur logique. (Nancy, 8 avril 1889).

234. — Montrer la part faite à l'activité de l'esprit dans la méthode des sciences physiques. — François Bacon a-t-il compris ce caractère actif de la méthode scientifique, ce rôle de la pensée dans l'étude de la nature? (Rennes, juillet 1889).

235. — Usage et abus de l'induction. (Toulouse, 1881).

236. — Distinguer d'une manière précise la méthode inductive de la méthode déductive. (Toulouse, 1882).

237. — Exposer et discuter la méthode de Bacon. (Toulouse, 1883).

238. * — Du danger de l'analogie et de l'induction dans les sciences morales et dans les jugements ordinaires des hommes.

LXXIV

Du bonheur. Quels sont les principaux éléments du bonheur dans la vie présente ? (Aix, Concours Académique, 24 juillet 1882).

PLAN

DÉBUT. — On convient généralement que le bonheur fait toute la valeur de l'existence. Mais s'agit-il de définir exactement le bonheur, d'en déterminer les conditions et les éléments essentiels, le désaccord commence et les philosophes ne s'entendent plus.

1er point. — *(Définition du bonheur)*. Le bonheur varie pour chaque espèce d'êtres, et, pour le même être, suivant son degré de développement intellectuel. Le bonheur du fou diffère de celui de l'homme sensé ; le bonheur de l'enfant n'est pas celui de l'homme mûr ou du vieillard. Pour l'homme normal, le bonheur consiste dans le développement harmonieux, hiérarchique et complet de toutes les tendances, de tous les besoins, de toutes les aspirations de sa nature. C'est dire qu'il est une fonction de deux facteurs : sa constitution originelle et le milieu. Toutes les sciences qui s'occupent de ce double objet, la nature humaine et le monde, se trouvent donc appelées à fournir des données pour la solution du problème du bonheur. Encore faudrait-il opérer une synthèse de ces multiples et fort complexes renseignements, dégager les actions directes et indirectes du milieu sur l'homme et de l'homme sur le milieu pour édifier une théorie du bonheur. On voit de quelle difficulté est le problème, combien divers et nombreux sont les éléments au moyen desquels il serait possible de le résoudre.

Pour nous, qu'il nous suffise d'indiquer sommairement les conditions les plus essentielles que semble impliquer la notion du bonheur. Nous les distinguerons en deux groupes, suivant qu'elles tiennent à la nature intime de l'homme ou semblent dépendre du dehors.

2º point. — *(Éléments subjectifs)*. Pour le soustraire aux circonstances extérieures et le mettre constamment au pouvoir de l'homme, les Stoïciens avaient identifié le bonheur avec le bien moral. Il consistait uniquement, d'après eux, dans la perfection de la nature humaine, dans la vertu. Développer en soi le jugement, affranchir la volonté, suivre toujours la droite et saine raison, ne donner son assentiment aux choses qu'à bon escient, en distinguant celles qui dépendent de nous de celles qui n'en dépendent pas, voilà la méthode infaillible d'atteindre à la sagesse, d'obtenir la vie heureuse. (cf. Sénèque, *De Vita beata*, et Épictète : début du *Manuel*). On sait les paradoxes étranges qu'ils ont émis à ce sujet : le sage est seul riche, seul savant, seul roi ; seul, il peut disputer de félicité avec les dieux ; il est toujours infailliblement heureux, même au sein de la plus misérable pauvreté, même dans la plus lamentable fortune, même dans le taureau de Phalaris.

Grande et belle conception sans doute, dont la valeur et la vérité sont incontestables pour qui se place au point de vue moral le plus élevé ! Mais quelle évidente exagération, pour qui reste au point de vue d'une morale strictement humaine et tient compte de l'humaine faiblesse ! Oui, la vertu est un bien, le plus grand de tous assurément, puisqu'elle est le bien de la volonté et le résultat de l'effort moral ; mais on peut reconnaître son prix, sans traiter tous les autres biens d'indifférents. Les *affections* domestiques, les douceurs de l'*amitié*, les joies qui résultent de l'*amour* et du commerce avec nos semblables, les satisfactions délicates qui nous viennent des *sentiments sympathiques*, de nobles *facultés*, les pures jouissances de la *science* et de l'*art*, ne sont-ce pas là de nouveaux éléments internes du bonheur, d'une importance considérable ? ajoutons-y *l'imagination*, dont nous parlerons tout à l'heure et qui est peut-être le facteur capital de la félicité ou du malheur de l'existence par sa tendance à enfanter des illusions, à exagérer le bien ou le mal.

3ᵉ point. — (*Éléments externes ou objectifs*). Si nous considérons maintenant dans le bonheur la part des circonstances extérieures, plus ou moins indépendantes du sujet, il est facile de reconnaître que la *santé*, une *vigoureuse constitution* physique, les dons de la fortune (*l'aurea mediocritas* tant prisée du Poëte latin), une honnête et saine origine, de *bons parents*, l'estime et la *considération* de nos concitoyens, le calme d'une *existence tranquille*, contribuent puissamment à rendre le bonheur plus vif, plus intense et plus plein. L'homme en effet n'est ni corps pur ni âme pure, mais corps et âme tout ensemble. Il est individu sans doute, mais il est aussi et surtout membre d'une association. S'il n'est satisfait que dans une partie de son être, la vie perd pour lui quelque chose de son charme, de sa valeur, de son prix ; elle lui paraît moins digne d'être vécue.

Ajoutons avec Aristote, le premier et le plus profond théoricien de l'idée du bonheur, que le bonheur ne réside point uniquement dans la simple possession des biens ci-dessus énumérés ; — on pourrait les posséder et ne point s'en servir ; — il réside dans l'usage actuel, dans la pleine conscience de ces biens, dans l'acte, comme le dit énergiquement le philosophe grec. En outre, le bonheur ne doit point se concevoir comme un état d'équilibre absolu, voisin de l'inconscience et de la torpeur qui accompagne l'habitude. Un pareil état serait semblable à l'ataraxie épicurienne ; il équivaudrait à une sorte de mort de l'activité. Le bonheur doit être comme une *activité sans cesse en éveil*, un déployement toujours facile et de plus en plus étendu de notre multiple énergie. En effet, pour emprunter encore l'expression d'Aristote, l'acte ici n'est jamais parfait, jamais achevé. Autrement dit, le bonheur est une *évolution*, un *progrès vers le mieux*, d'abord simplement conçu par l'imagination, puis devancé par l'espérance, et enfin créé et réalisé en nous partiellement par le concours de nos efforts et des circonstances. C'est *un idéal*, une possibilité, un devenir plutôt qu'une actuelle réalisation. La façon dont chacun de nous se représente l'avenir, l'idéal différent auquel nous conduisent nos aptitudes morales, l'éducation reçue et les influences subies, tout cela fait que le bonheur n'est pas le même pour tous, et qu'il y en a autant d'espèces et de variétés que de sortes de personnes et d'imagination.

Conclusion. — Ce qui paraît incontestable, c'est que le vrai moyen de rencontrer le bonheur, c'est de ne point le chercher. Celui qui n'agit qu'en vue du plaisir éprouve toujours des déceptions, qu'il obtienne ou qu'il n'obtienne pas le plaisir. L'épicurisme aboutit fatalement à l'infélicité. Se contenter des biens que l'on a semble être le seul art d'être heureux, pourvu que l'on ne s'endorme pas dans une vaine et dangereuse inaction. Le désespoir et le pessimisme éclosent uniquement dans les cerveaux inoccupés, aux époques de lassitude et de générale indifférence. Rêver, mais sans cesser d'agir, voilà le bonheur.

J.-B. Castel

Sujets analogues

239. — On n'est jamais si malheureux, ni si heureux qu'on croit l'être. (Sorbonne, 9 août 1856).

240. — Du bonheur en psychologie et en morale. (Sorbonne, 18 juillet 1889).

241. — Du bonheur et des moyens d'y parvenir. (Sorbonne, mars-avril 1895).

242. — Ni l'or, ni la grandeur ne nous rendent heureux. (Aix, 6 août 1856).

243. — Jusqu'à quel point notre bonheur dépend-il de nous-mêmes ? (Aix, 11 novembre 1885).

244. — Développer cette pensée de Pascal : « Nous ne vi-

vons jamais, nous espérons de vivre. (Alger, baccal. de l'Enseig. spécial, juillet 1891).

245. — L'ignorance de l'avenir est un bienfait pour l'homme. (Bordeaux, 1er août 1853).

246. — On peindra le bien être physique et moral que l'homme éprouve au sortir d'une longue et pénible maladie. La nature lui paraît plus belle ; les sentiments les plus purs et les plus doux se réveillent dans son cœur. (Bordeaux, 10 août 1857).

247. — Développer cette maxime de La Fontaine ; « Ni l'or, ni la grandeur, ne nous rendent heureux. (Clermont, baccal. de l'enseignement spécial, avril 1888).

248. — Apprécier l'influence de l'imagination sur le bonheur. (Douai, 7 août 1857).

249. Influence de l'imagination sur le bonheur. Suffit-il de se croire malheureux pour l'être ? (Montpellier, 11 juillet 1883).

250. — Influence du sentiment sur le bonheur. (Montpellier, 12 juillet 1883).

251. — Celui qui ne demande à la vie que l'amélioration de son être, que le perfectionnement moral dans le sens du contentement intérieur…. est moins exposé que personne à manquer la vie (*Amiel*). (Montpellier, baccal. de l'enseignement spécial, juillet 1891).

252. — En quoi la vertu contribue-t-elle au bonheur ? Y suffit-elle ? (Toulouse 1882).

253. — La suppression de l'imagination dans l'âme humaine augmenterait-elle ou diminuerait-elle le bonheur ? (Toulouse 1883).

254. — Que signifie ce mot d'un moraliste que : « le meilleur moyen de manquer le bonheur, c'est de le chercher ? (Toulouse, novembre 1894).

255. * — De l'art d'être heureux.

256. * — De l'accord du bien et du bonheur.

257. * — Montrer ce qu'il y a d'acceptable dans la pensée suivante : « Faire exactement chaque jour la même chose à la même heure, telle est, très probablement, la formule qui se rapproche le plus du bonheur. »

258. * — Des plaisirs et des peines de l'imagination.

259. * — De l'influence de l'imagination sur le caractère et sur le bonheur.

260. * — Expliquer, par l'analyse psychologique et morale de l'homme, cette pensée : « On n'est jamais si heureux, ni si malheureux qu'on croit l'être. »

261. * — Que pensez-vous de ces paroles d'un romancier-moraliste contemporain : « On ne trouve pas son bonheur en cherchant son propre bonheur. — Se dévouer à autrui, au hasard, sans règle, ne le donne pas non plus. — Il ne faut vivre, ni pour soi, ni pour les autres. Il faut vivre pour le devoir. Alors on a le bonheur par surcroît ? » (Henri Ner, *L'Humeur Inquiète*, page 313).

LXXV

Déterminer les effets de la volonté sur les passions
(Aix, session de Nice, 5 juillet 1886. Examinateur : M. E. Colsenet).

PLAN

Début. — *(Étude sommaire et générale de la passion).* Indiquer rapidement : *a)* la nature, *l'essence de la passion*. (Toute passion est au début une inclination prépondérante, c'est-à-dire plus forte que les autres ; elle produit une rupture d'équilibre dans l'âme ; *b) ses causes* physiques (disposition particulière de l'organisme, action de certains stimulants) et psychologiques ou morales (tempérament moral, circonstances particulières, volonté). La volonté est la plus importante et la plus considérable de ces causes. Nous allons étudier *les effets* de cette dernière faculté : 1° sur la passion naissante ; 2° sur la passion née.

1er point. — *Quand la passion va naître.* — A l'origine, la domination de l'inclination qui aspire à prévaloir n'est pas établie solidement et sans conteste. La passion, en d'autres termes, met toujours un certain temps à naître, et ce qu'on appelle « un coup de foudre » n'est au fond qu'une passion qui éclate brusquement après un travail sourd, après une élaboration plus ou moins secrète et longue qui en prépare l'avènement. Dans cette première période, il ne faut qu'un effort relativement peu énergique de la volonté pour qu'elle triomphe de la passion naissante. L'équilibre peut être assez vite rétabli au sein de l'âme, l'anarchie évitée sans trop d'efforts.

2º point. — *Quand la passion est née.* — Mais supposons qu'au lieu de lutter contre l'inclination, la volonté consente à la laisser se développer et prévaloir ; plusieurs effets vont résulter de cette faiblesse de la volonté.

(A) *La volonté l'aidant.* — La volonté d'abord joue un *rôle passif, négatif*, en ce qu'elle renonce à surmonter l'inclination qui tend à dominer, à devenir passion. Elle abdique, elle se nie en quelque sorte elle-même.

De plus, elle joue un *rôle actif et positif*, en servant elle-même dorénavant les intérêts de la passion. Ces intérêts, elle les sert *d'abord*, en dirigeant et en concentrant toutes les facultés intellectuelles sur l'objet désiré, en fixant exclusivement l'attention sur les qualités aimables de cet objet et sur les moyens à prendre pour l'atteindre ; elle les sert *encore* par les démarches qu'elle provoque, par la recherche des circonstances les plus propres à alimenter l'amour. Ainsi la volonté contribue doublement, et par ce qu'elle ne fait pas et par ce qu'elle fait, et par consentement et par complicité, à la victoire définitive et au triomphe absolu d'une inclination bien faible, bien facile à vaincre ou à modérer au début. Les *résultats* de cette conduite de la volonté sont désastreux *pour l'intelligence* (qui s'abuse au sujet du prix de l'objet aimé et des moyens à prendre pour en obtenir la possession) ; — *pour la sensibilité* (dont tous les sentiments prennent désormais la forme de la passion, par une sorte de cristallisation mentale), — et *pour la volonté elle-même* qui, n'ayant pas accompli tout d'abord l'effort relativement faible qu'aurait exigé la lutte contre la passion naissante, ne peut maintenant se résoudre à produire l'effort énergique dont elle aurait besoin pour s'affranchir de la passion grandie, fortifiée, tournée en habitude, passion qui, en définitive, est son œuvre et dont elle va devenir fatalement la victime, après en avoir été la complice. La volonté n'a plus d'autre ressource que de s'adresser à la raison pour trouver un motif qui la justifie, qui excuse sa conduite à ses propres yeux, et elle ne saurait manquer de le faire : si elle n'a pu surmonter la passion, c'est que la passion était sans doute insurmontable ; la faute en est à la fatalité et aux dieux, *nempe retor fatis*. Quand l'homme en est arrivé là, quand il n'a plus le sentiment de sa liberté, qu'il se croit devenu le jouet d'une force étrangère, il est aliéné ; la monomanie, l'hallucination, voilà le dernier terme et le triste couronnement de la passion.

(B) *La volonté la combattant.* — Comment le peut-elle ? — Tels sont les effets de la volonté sur la passion, quand elle abdique. Mais, quand elle reste dans son véritable rôle, quand elle tient son rang de faculté directrice, elle peut empêcher, avons-nous dit, la passion de naître ; elle peut toujours, si elle l'a laissé naître par surprise, lutter contre elle et la combattre. Les moralistes nous indiquent comment elle doit procéder dans l'un et l'autre cas. Vigilance incessante, préoccuppation de l'équilibre interne, lutte énergique au besoin, voilà les moyens de s'opposer à la naissance des passions. — Prendre la passion obliquement et de côté, en détournant, autant que possible, l'esprit sur d'autres objets ; substituer des passions innocentes à des passions criminelles, etc. Voilà les moyens de la combattre une fois née.

Conclusion. — En tout cas, la volonté est toujours responsable de la passion et des troubles qu'elle apporte dans nos facultés.

J.-B. C.

Sujets analogues

262. — Rapports de la sensibilité et de la volonté. (Sorbonne, 25 octobre 1888).

263. — Des caractères d'une volonté saine, et des maladies de la volonté. (Sorbonne, 9 juillet 1894).

264. — Du mode de formation des passions. (Caen, juillet 1885).

265. — De la nature des passions. Du gouvernement des passions. (Grenoble, avril 1894).

266. — La volonté. — Par quels faits de l'âme et sur quel organe du corps son pouvoir s'exerce-t-il ? (Nancy, 6 novembre 1889).

267. — Influence de la volonté sur les sentiments. (Nancy, juillet 1894).

268. — Sommes-nous responsables de nos passions ? (Nancy, mars-avril 1895).

269. — * Du rôle de la volonté considérée comme pouvoir directeur des autres facultés.

LXXVI
De l'induction en psychologie. (Montpellier, 21 mars 1893).

Début. — Une fois qu'on a déterminé la cause d'un phénomène, il reste à en établir la loi, ce qui se fait au moyen de l'induction. L'induction est un procédé de raisonnement qui consiste à étendre à tous les temps et à tous les lieux ce qu'on a observé d'une manière constante dans un temps et dans un lieu, en d'autres termes, à universaliser un rapport de causalité découvert entre deux phénomènes, à affirmer que le phénomène qui, aujourd'hui, dans telle circonstance, a été cause de tel autre phénomène, en sera la cause encore à l'avenir dans tous les cas semblables.

1er point. — Une pareille opération est-elle possible en psychologie ? Sans doute, au point de vue théorique, on est toujours en droit, quand on a découvert le déterminant d'un phénomène, d'affirmer que partout et toujours, dans toutes les circonstances identiques, ce déterminant entraînera le même effet, en vertu de ce principe de la raison que les mêmes causes produisent les mêmes effets et que les mêmes conséquents découlent des mêmes antécédents. Mais, *dans les sciences*, le grand avantage de l'induction est de permettre une précision pratique. Les sciences physiques, par exemple, ont pour devise : « Savoir, afin de prévoir et de pourvoir. » L'explication d'un fait met le savant à même de prévoir où et quand ce fait se reproduira. Ainsi, sachant que tel fait B a pour cause ou antécédent invariable et inconditionnel tel autre fait A, et sachant d'autre part que A se reproduira dans tel ou tel lieu, à un moment et dans des circonstances déterminés, je puis savoir et annoncer où et quand le phénomène conséquent ou effet B se reproduira. Par exemple, sachant que le froid congèle les rivières et sachant en outre que le prochain hiver sera rigoureux, je puis affirmer que les rivières gèleront. Il suffit, pour rendre possible ma prévision, qu'il y ait actuellement certains phénomènes présents de nature telle qu'en vertu d'une loi connue, ils entraînent nécessairement l'effet en question ou les antécédents forcés de cet effet.

2ᵉ point. — *En psychologie*, la précision ne paraît guère possible ; en d'autres termes, l'induction ne semble pas avoir une grande valeur pratique. Voici pour quelles raisons :

1° Quand je dis : telle cause amène tel effet, parce que dans tous les cas que j'ai observés cette cause a toujours amené cet effet, j'emploie une formule abrégée ; au fond je sous-entends : si les circonstances restent les mêmes. Or, en psychologie, je ne puis jamais être absolument sûr d'avoir déterminé toutes les conditions d'un fait de conscience, tellement elles sont nombreuses et complexes. Dès lors, ne connaissant pas exactement quelles circonstances doivent être réalisées pour que tel fait psychique ait lieu, comment pourrai-je affirmer que ces circonstances se reproduiront à tel moment et dans tel lieu, par conséquent que le phénomène sera possible ?

2° Par suite même du très grand nombre et de la complexité des conditions d'un fait psychique, je ne puis jamais être sûr que toutes ces circonstances se reproduiront une seule fois. Étant donné un certain état général de l'âme, telle pensée, tel sentiment, tel désir y naît. Mais l'état d'une âme, à un moment donné, est quelque chose de si compliqué, de si complexe, qui se trouve constitué par tant de combinaisons de faits physiologiques et psychiques, tous variables, que peut-être jamais plus cet état d'âme ne se reproduira chez le même individu, et, par suite, le fait psychique qui en est la conséquence et l'effet.

3° Enfin certains faits psychologiques sont libres ou du moins tout se passe comme s'ils sont libres, autrement dit indéterminés. Ceux-là naturellement échappent à toute prévision, parce qu'ils n'ont pas de loi, pas de déterminant particulier. Sur ceux-là l'induction n'a aucune prise. Mais ces faits-là sont liés à tous les autres, ils influent sur l'âme tout entière. Les résolutions que nous prenons et qui sont ou paraissent libres (peu importe ici) déterminent en nous des pensées, des désirs, des sentiments qui, en eux-mêmes, ne sont peut-être pas libres, mais qui n'en sont pas moins imprévisibles en tant que découlant d'une cause qu'on ne saurait déterminer.

Conclusion. — Ce n'est pas à dire pourtant que les prévisions soient absolument impossibles en psychologie. Elles sont possibles en bloc, pour ainsi dire, tant qu'elles ne portent que sur le général. Connaissant à fond le caractère d'une personne, son degré d'intelligence et d'énergie, on pourra dire d'avance si elle fera ou non ceci ou cela, si elle deviendra ou non tel ou tel personnage. On peut prévoir à coup sûr qu'un homme d'une intelligence au-dessous du médiocre ne parviendra jamais à être membre de l'Académie des sciences. Et encore ! même dans ce cas, les prévisions ne sont jamais que plus ou moins probables, jamais absolument certaines, car un homme qui paraît et qui de fait est médiocrement intelligent peut, à la rigueur, devenir intelligent plus tard. Buffon n'a-t-il pas dit, — et rien ne prouve qu'il n'ait pas quelquefois raison — « Le génie n'est qu'une longue patience ? »

J.-B. C.

Sujets analogues.

270. — De la science psychologique. Rapports et différences de la méthode psychologique et de la méthode des autres sciences. (Sorbonne, 4 mai 1868).

271. — Des idées de loi et de cause. Les appliquer aux phénomènes de conscience. (Bordeaux, 1869).

272. — Définir les idées de loi et de cause, et les appliquer etc... (Bordeaux, novembre 1871).

273. — Exposer et apprécier les efforts faits de nos jours pour donner à la psychologie un caractère scientifique. (Bordeaux, juillet 1894).

274. — A quelles conditions la psychologie peut-elle devenir une science, c'est-à-dire une analyse et une explication des faits de conscience et non pas seulement une description ? Donner des exemples. (Dijon, 4 novembre 1890).

275. — Comparer, au point de vue de la méthode et des résultats, l'observation du monde extérieur par les sens et

celle du monde intérieur par la conscience. (Grenoble, novembre 1893).

275. — Les méthodes de la psychologie. (Nancy, 18 juillet 1892).

276. — Des lois psychologiques. — Les faits psychologiques sont-ils soumis à des lois ? — Les lois psychologiques sont-elles de même nature que les lois logiques et morales ? (Rennes, 18 mars 1891).

LXXVII

* **Montrer que la méthode des sciences physiques et naturelles ne peut s'appliquer aux sciences morales.**

Début. — Définition des sciences morales. — Hypothèse de Taine (V. dissertation sur l'histoire).

Proposition. — I. Impossibilité d'assimilation.
II. Différence de méthode.

I. *Impossibilité d'assimilation.*

1° L'observation objective est impossible dans les sciences morales, qui ont recours à la conscience et au témoignage.

2° Impossibilité du calcul et de la mesure exacte.

3° Les lois de la vie morale ne sont pas fatales, mais soumises à la liberté ; d'où prévision impossible.

4° Les lois du monde physique sont indicatives et inductives ; les lois morales sont impératives.

5° Les sciences physiques et naturelles classent, les sciences morales jugent.

II. *Différence de méthode.*

1° Emploi de la méthode subjective dans les sciences psychologiques; du témoignage en histoire.

2° Difficulté de l'expérimentation.

3° Rôle de la méthode déductive dans les sciences morales d'ordre idéal.

4° De la certitude ou de l'évidence morale.

Conclusion. — Les sciences morales, sans dédaigner la méthode des sciences physiques, doivent employer aussi la méthode déductive.

V. Vattier.

Sujets analogues

278. — Que doit-on entendre par l'expression : *sciences morales*, et en quoi les sciences morales diffèrent-elles des sciences physiques ? (Sorbonne, 1ᵉʳ août 1866).

279. — De la certitude propre aux vérités de l'ordre moral. (Sorbonne, 10 novembre 1871).

280. — Montrer combien la connaissance de l'activité libre est importante pour les sciences morales. (Sorbonne, 20 mars 1872).

281. — Qu'appelle-t-on sciences morales et politiques ? Quelles sont ces sciences ? En quoi se distinguent-elles des sciences physiques et naturelles ? (Sorbonne, 26 octobre 1875).

282. — Que faut-il entendre par cette expression : sciences, morales ? — Quelles sont les principales différences des sciences physiques et des sciences morales ? (Sorbonne, 25 octobre 1882).

283. — Comparer la méthode applicable aux sciences physiques et la méthode dans les sciences morales. (Sorbonne, 23 mars 1885).

284. — Montrer que les vérités de l'ordre moral ne sont pas susceptibles du même genre de démonstration que les vérités mathématiques et que les vérités de l'ordre physique. (Sorbonne, 7 août 1869 — 24 juillet 1886).

285. — En quoi la psychologie est-elle comparable aux sciences physiques ? En quoi en diffère-t-elle ? (Sorbonne, 12 mars 1894).

286. — Qu'est-ce que les sciences morales et quels en sont les caractères distinctifs ? (Aix, novembre 1893).

287. — Que faut-il entendre par cette expression : « Les vérités de l'ordre moral » ? — Sont-elles susceptibles du même genre de démonstration que les vérités mathématiques et les vérités de l'ordre physique ? — Comportent-elles la même certitude ? (Alger, Constantine, juillet 1894).

288. — Des sciences sociales ; leur méthode, leur portée et leur avenir.
(Caen, 2ᵉ partie du Bacc. moderne, nov. 1894. — Baccalauréat classique, novembre 1894).

289. — Les sciences morales. En quoi diffèrent-elles des sciences physiques ? (Clermont, novembre 1894, 1ere série).

290. — Méthode des sciences morales et politiques. (Dijon, novembre 1892, 1re série).

291. — La méthode des sciences morales et sociales peut-elle et doit-elle être la même que celle des sciences physiques et naturelles. (Toulouse, novembre 1894).

292. — Comparer la méthode applicable aux sciences physiques avec la méthode applicable aux sciences morales. (Toulouse, 1882).

LXXVIII

Qu'appelle-t-on système naturel ou scientifique ? — Danger des systèmes et de l'esprit systématique.

Début. — Etymologie du mot *système* (συστέω, entrelacer). Définition analytique : ensemble de parties étroitement liées entre elles, se rapportant toutes à un centre en vertu de rapports d'homogénéité, affinité, analogie, coordination, subordination.

I. *Systèmes naturels, systèmes existant objectivement dans la nature.*

1º Système solaire (Hypothèse de Laplace).
2º Relations organiques.
3º Immutabilité des espèces.
4º Evolution des êtres.

II. *Règles pour les systèmes.*

Règles de l'hypothèse, de l'observation, de l'espérimentation, de l'analogie, de l'induction, de la classification.

III. *Inconvénients de l'esprit systématique.*

Précipitation et partialité.

Conclusion. — Penser ou connaître, c'est systématiser ; l'univers lui-même est un vaste système.

V. V.

LXXIX

L'Histoire est-elle une science positive ?

Début. — Définition ordinaire de l'histoire.

PROPOSITION. — L'Histoire narrative qui conclut d'un fait particulier à un fait particulier peut-elle être une science ?

I. *Thèse de M. Burdeau.*

1° L'histoire n'est pas faite, doit changer son objet, son programme, sa méthode ;

2° Doit substituer la vie nationale à la vie des personnages célèbres ;

3° Doit substituer aux cadres ordinaires de pays et d'époques les diverses fonctions (sciences, art, industrie, politique) ;

4° Doit substituer à la méthode narrative la méthode statistique, qui lui donnera les lois d'ordre, de religion et de rapport.

II. *Thèse des défenseurs de l'histoire actuelle.*

Les statistiques présupposent une analyse préalable de documents.

Règles applicables aux documents historiques (témoignages, monuments, traditions).

CONCLUSION. — Grâce aux deux procédés d'analyse et de méthode statistique, on pourra arriver à formuler quelques lois et à prévoir l'avenir ou plutôt le retour naturel des faits de fonction.

V. V.

SUJETS ANALOGUES

293. — Q'entend-on par sciences positives, et quel est le degré de certitude que comportent de pareilles sciences ? (Caen, novembre 1892).

294. — Y a-t-il une méthode pour étudier l'ethnographie ? La science, qu'on appelle *philosophie de l'histoire*, est-elle une science faite ? (Dijon, licence, nov. 1875).

295. — La méthode expérimentale et la méthode historique. Leurs rapports et leurs différences. (Nancy, 18 juillet 1891.)

296. — Objet, nature, méthode des sciences dites historiques. Par quels caractères se distinguent-elles des sciences proprement dites (mathématiques, physiques, etc.) ? (Nancy, 7 novembre 1891.)

LXXX
Comparaison entre l'histoire politique humaine et l'histoire naturelle.

Début. — Histoire des peuples soumise à des lois fixes comme l'évolution des êtres.

Proposition. — Examen des principales lois qui régissent les êtres et les peuples (connexion, corrélation, sélection naturelle, hérédité, milieu, besoins, développement).

1° Corrélations et connexions organiques en histoire naturelle.

Corrélations en histoire (les inclinations d'une race peuvent amener une altération générale).

2° Tératologie en histoire naturelle (développement exagéré d'un organe amène changement des autres).

Tératologie en histoire (une tendance politique ou religieuse peut amener l'affaiblissement d'autres facultés).

3° Influence des caractères dominateurs sur l'évolution des plantes ou animaux.

Cette influence existe en histoire (certaines conceptions dominatrices donnent une direction au progrès).

4° Sélection naturelle, conservation des espèces les mieux appropriées.

Sélection naturelle au point de vue de l'histoire et qui explique tour à tour le régime des artistes, des philosophes, des réformateurs.

5° L'histoire naturelle et l'histoire humaine portent sur des individus divisés en genres, espèces, familles, religions ou politiques ayant une forme originelle et héréditaire.

6° Le climat et le milieu expliquent la formation des hommes comme la formation des animaux.

Conclusion. — Cette théorie de Taine a rencontré de nombreux contradicteurs.   V. V.

LXXXI
Du bonheur en psychologie — et en morale. (Sorbonne, 18 juillet 1889).

Début. — Universalité de la recherche du bonheur.

PROPOSITION. — Indiquée par le sujet.

I. *Au point de vue psychologique.*

A) Le bonheur n'est pas une simple négation, il ne consiste pas dans l'apathie, il est une activité.

B) Le bonheur n'est pas un plaisir seul, unique, mais tout au moins une succession de plaisirs.

C) Le bonheur n'est pas une succession désordonnée, une « foire de plaisirs »; c'est au moins une succession harmonique.

D) Beaucoup de plaisirs ont des causes extérieures à nous-mêmes, ils ne nous appartiennent pas, et le bonheur réside dans l'action, dans la fin accomplie. *(Aristote, Théorie de l'activité).* Il n'est qu'une résultante, un épiphénomène.

II. *Au point de vue moral.*

A) Ses caractères : incomplet, variable, relatif, imaginaire. — Caractères du plaisir tel que l'entend le vulgaire. —

B) Théorie du souverain bien — Véritable définition du bonheur : conscience d'avoir atteint la vérité de sa propre nature.

C) La vertu et le bonheur.

CONCLUSION. — Impossibilité d'un bonheur complet ici-bas.

V. V.

SUJETS ANALOGUES

297. — Le bonheur est-il, comme l'a prétendu Bentham, la plus grande somme de plaisirs possible ? (Aix, Ajaccio, juillet 1893).

298. — Qu'est-ce qui contribue le plus au bonheur de la vie ? La science ? L'art ? La morale ? (Dijon, 13 novembre 1894.)

LXXXII

Comment l'idée se distingue-t-elle de l'image ? — Y a-t-il idée sans image ? (Sorbonne, 15 juillet 1870.)

DÉBUT. — On appelle image le souvenir de l'impression produite par un objet sur nos sens. L'*image* est donc distincte : 1° de la perception, par l'absence de l'objet : imaginer, c'est sentir un objet absent. 2° de la connaissance ou idée. En effet l'*idée* est la connaissance de l'objet en lui-même, indépendamment de son action sur nos sens.

1er point. — (*Distinction de l'idée et de l'image*).

1° L'idée est objective, tandis que l'image est subjective (simple souvenir.)

2° Les images changeant, l'idée peut rester la même. L'aveugle imagine les corps autrement que nous ; il en a cependant la même idée. Ex. : Sanderson.

3° La connaissance débute par des images et finit par des idées (développement de l'intelligence chez l'enfant)

2me point. — *Nous avons des idées sans image.* Ex. : idées de l'âme, de Dieu, de la pensée, de la volonté. — Autres exemples : nous avons l'idée claire d'un polygone de 2000 côtés ; nous n'en avons pas l'image. Nous concevons nettement les rayons invisibles découverts en dehors du spectre, mais comme ces rayons ne produisent aucun effet sur nos sens, nous en avons la connaissance, l'idée, sans en avoir l'image. De même pour les vibrations trop lentes ou trop rapides.

Conclusion. — On conçoit le général, on imagine le particulier, dit Bossuet. En cela, consiste la différence de l'imagination et de l'entendement. « En fait cependant, et, en dépit de ces différences, ces deux actes de l'esprit, imaginer et entendre, sont à peine séparables ». (Marion).

J.- B.- Castel

Sujets analogues.

299. — Des idées, de leurs caractères et de leurs différentes espèces. (Sorbonne, 25 mars 1873.)

300. — Classification des idées. (Sorbonne, 7 août 1875).

LXXXIII

Établir la distinction de l'âme et du corps d'après les attributs essentiels de ces deux substances. (Bordeaux, 20 août 1869.)

Début. — (a) *Position de la question*). — Distinguons avec soin la question de l'*existence* de l'âme et celle de *la nature* de l'âme, de sa spiritualité. Si nous appelons âme l'être sensible, intelligent et libre, et que nous demandions ensuite si l'âme existe, la réponse est fournie par la question même : le problème une fois posé est résolu. En effet, l'âme qui se pense elle-même, qui se cherche, qui veut se démontrer, existe : *Cogito, ergo sum.*

Donc, il y a en nous quelque chose qui pense, sent et veut ; et l'existence de l'âme est évidente par elle-même. Reste à savoir si ce qui pense, sent et veut est le corps ou autre chose que le corps ; si le moi est matériel ou spirituel. Alors se pose la question de la nature de l'âme et de sa spiritualité.

(b) *Méthode*). Pour résoudre cette question, il faut comparer l'âme, telle que nous la connaissons, avec la matière telle que nous la connaissons. Si les attributs de l'âme et ceux de la matière sont contradictoires, nous devons conclure que l'âme est immatérielle, jusqu'à ce qu'on ait démontré que des attributs contradictoires peuvent subsister en même temps dans un même sujet, c'est-à-dire qu'une même chose peut être à la fois et sous le même rapport de telle manière et de la manière opposée.

1er point. — (*Arguments tirés des attributs essentiels de l'âme*).

1° *Le Moi* pensant et qui a conscience de lui-même comme d'une réalité est *simple* et *un*.

La conscience même le prouve. Si j'ai conscience de penser, de sentir, de vouloir, j'affirme par là même que l'être qui a conscience est identique avec l'être qui sent, pense et veut. — La force même de la proposition exprime l'unité du moi, car le sujet (*je* ou *moi*) reste le même, tandis que les attributs sont multiples. — Les expressions : la moitié, le quart de moi-même, prises à la lettre, sont absurdes. Au contraire le corps et la matière sont étendus et par conséquent divisibles par essence. Donc l'âme est distincte du corps.

2° L'âme est *identique*, c'est-à-dire une dans le temps, comme elle est une dans l'espace. Ses attributs changent, sa substance ne change pas. L'existence de la mémoire, de la responsabilité, du remords et de la satisfaction morale, des peines et des récompenses prouve cette identité de l'âme. — La matière est changeante, le corps humain se renouvelle entièrement au bout d'un certain nombre d'années. Donc cette réalité qui persiste en nous et qui a conscience d'elle-même n'est pas le corps.

2º point. — *(Arguments tirés des facultés de l'âme).* —

1º *Preuve par la sensibilité.* L'âme sent les objets extérieurs et ramène les sensations les plus diverses à l'unité du moi. Ce centre commun, simple et identique qui reçoit les sensations et réagit contre elles ne peut être le corps.

2º *Preuve par les facultés intellectuelles*, et premièrement (a) *par la perception extérieure.* L'âme perçoit les corps et ramène à l'unité ses perceptions. Ce centre commun n'est pas le corps. De plus, bien qu'elle perçoive seulement des phénomènes, des faits, des apparences, elle affirme cependant l'existence de causes extérieures, réelles et substantielles. Il faut pour cela que l'âme soit elle-même une substance active, qui, en même temps qu'elle se pose, pose d'autres forces qui s'opposent à elle. — Donc l'affirmation des corps implique l'affirmation de l'âme elle-même.

(b) Preuve *par la conscience.* L'âme a conscience d'elle-même comme d'une chose réelle et active, substance et cause. Elle a en même temps conscience de sa simplicité et de son identité. — Donc l'âme n'est pas le corps.

(c) Preuve *par la Raison.* L'âme, par la raison, conçoit Dieu comme un être simple, immuable et éternel, par conséquent essentiellement spirituel. Elle ne conçoit Dieu comme un esprit que parce qu'elle est elle-même un esprit. Comment la matière s'élèverait-elle à la connaissance de cet être immatériel, qui est Dieu ?

(d) Preuve *par les opérations intellectuelles.* L'unité et l'identité de l'âme, en même temps que son activité, apparaissent dans toutes les opérations de l'intelligence, et en particulier dans l'*attention* et dans la *comparaison* (argument de Laromiguière), dans le *jugement* qui unit les idées et dans le *raisonnement* qui unit les jugements. Un être multiple ne peut comparer. Si les deux idées à comparer sont dans des parties différentes de cet être, la comparaison est impossible, puisque le rapport ne peut être saisi ; si les deux idées sont dans une même partie simple, celle-là seule compare et est intelligente, à moins de supposer que toutes les autres parties comparent en même temps ; mais alors il y aurait une infinité de comparaisons, ce qui est contraire au témoignage de la conscience.

3° *Preuve par la volonté.* La matière est inerte et soumise à des lois fatales ; l'âme est *active* et *libre* ; donc elle n'est pas matérielle. Maîtresse du corps, on ne peut la confondre avec lui.

Nulle part l'unité et la simplicité de l'âme n'éclatent plus que dans la volonté. La volonté s'efforce de ramener toute chose à l'ordre, à l'harmonie, à l'unité. Elle ne supporte ni la lutte des passions, ni cette lutte des idées qu'on appelle le doute. Elle impose son unité aux facultés de l'âme, aux mouvements du corps, à toute l'existence humaine et jusqu'au monde extérieur.

4° *Preuve accessoire par l'activité morale.* L'existence de la vie prouve qu'il y a en nous un principe immatériel. D'après les Vitalistes (Ecole de Montpellier), le principe vital est distinct de l'âme. D'après les Animistes (Stahl), la vie est un des modes d'activité de l'âme, une de ses manifestations, par laquelle elle imprime au corps, sans en avoir conscience, le mouvement nécessaire de la vie. Mais, dans les deux cas, la vie n'en suppose pas moins un principe distinct du corps, ce qui réfute le matérialisme organiciste de Broussais et de l'école de Paris. En effet, l'activité spontanée des êtres vivants suppose une force centrale supérieure aux forces matérielles.

L'unité, la simplicité et l'identité de cette force régulatrice se trahissent par la simplicité et la régularité des formes du corps.

CONCLUSION. — L'âme n'est pas le corps, puisque le corps est composé et changeant.

Elle n'est pas un phénomène du corps, car elle est une substance.

Elle n'est pas un effet de la matière, car elle est une cause et agit sur la matière qu'elle peut dominer.

Elle n'est pas un rapport de parties, une collection d'unités abstraites, mais une réelle et substantielle unité.

En un mot, elle n'est pas l'harmonie du corps, mais, comme l'a dit Platon, elle est un invisible musicien qui produit l'harmonie.

J. B. C.

Sujets analogues.

301. — Examiner et apprécier les différentes preuves de la spiritualité de l'âme, — et en former une démonstration régulière. (Concours gén. de 1847).

302. — Distinction de l'âme et du corps. — Des rapports que ces deux parties de notre organisation soutiennent et doivent soutenir entre elles. (Concours acad. 1866).

303. — Distinguer par leurs caractères essentiels l'âme et le corps. (Sorbonne, 2 août 1870).

304. — Prouver, par l'analyse des conditions de la pensée et de la responsabilité, que le principe des faits psychologiques doit-être un, simple et identique. (Sorbonne, 26 mars 1874).

305. — Démontrer l'unité et la simplicité du moi par l'analyse des opérations intellectuelles. (Sorbonne, 10 juillet 1878).

306. — La liberté morale peut-elle s'accorder avec le matérialisme ? (Sorbonne, 25 mars 1879).

307. — Que faut-il penser de cette proposition : « Le *moi* est une collection d'états de conscience ? » (Sorbonne, 8 juillet 1882).

308. — Nature et destinée de l'âme. (Sorbonne, 27 octobre 1884).

309. — Est-il vrai, comme on l'a dit, que le *moi* ne soit qu'une collection de sensations ? (Sorbonne, 26 novembre 1884 — 23 novembre 1885).

310. — Etablir la distinction de l'âme et du corps d'après les attributs essentiels de ces deux substances. (Bordeaux, 20 août 1869).

311. — Comment peut-on établir la distinction de l'âme et du corps ? (Dijon, 16 juillet 1894).

312. — Expliquer cette définition de l'âme : *vis sui conscia, sui potens, sui motrix.* (Grenoble, juillet 1893).

313. — Sur quelles raisons se fonde la distinction de l'âme et du corps ? (Nancy, 6 novembre 1890).

314. — Montrer que la question de la nature de l'âme ne peut être résolue qu'avec le concours de la psychologie et de la métaphysique. (Rennes, 25 mars 1890).

315. — Prouver la spiritualité de l'âme par la conscience et le raisonnement. (Toulouse, 22 juillet 1869).

LXXXIV
Exposer et discuter les principaux arguments que le matérialisme oppose à la doctrine de la spiritualité de l'âme. (Rennes, 8 avril 1889.)

Début. — A la thèse spiritualiste de l'âme, le matérialisme oppose les arguments suivants.

1re **objection**. « Nous ne voyons pas l'âme ». — *Réponse* : Nous ne voyons pas non plus les sons, mais nous les entendons ; de même, nous ne voyons pas l'âme, mais nous en avons conscience.

2e **objection**. — « Nous ne savons pas ce qu'est l'âme en elle-même et dans sa nature absolue ». — *Réponse* : Nous connaissons encore beaucoup moins ce qu'est la matière en elle-même. La nature de la matière n'a-t-elle pas donné lieu à des problèmes qui paraissent insolubles ! Est-elle ou n'est-elle pas divisible à l'infini ? Est-elle composée d'atomes indivisibles et étendus, ce qui est contradictoire, ou de forces inétendues, ce qui est plus intelligible, mais fait de la matière un simple phénomène et une apparence ? — Nous ne connaissons de la matière que la surface et les manières d'être ; nous connaissons beaucoup mieux l'âme, qui est nous-même. — D'ailleurs, il n'est pas nécessaire de connaître la nature intime d'une chose pour en affirmer l'existence.

3e **objection**. — « Il est impossible de comprendre comment deux choses aussi différentes que l'âme et le corps peuvent agir l'une sur l'autre. » — *Réponse* : il est encore plus difficile de comprendre comment deux choses aussi différentes peuvent être une même chose.

4e **objection**. — « Le corps exerce une grande influence sur l'âme, donc l'âme est matérielle. » — *Réponse* : L'âme n'exerce pas moins d'influence sur le corps, ce qui ne prouve pas que le corps soit matériel.

5e **objection**. — « Nous avons besoin du cerveau pour sentir, pour penser, pour agir sur le corps ; donc, c'est le cerveau qui sert, pense et agit. etc. » — *Réponse :* On pourrait dire également : nous avons des muscles pour agir ; donc, ce sont les muscles qui agissent. Il ne faut pas confondre l'instrument dont une cause se sert avec la cause elle-même.

6ᵉ objection. — « C'est une loi universelle, attestée par l'expérience, formulée par Aristote et Leibnitz, que la nature procède, par gradation, de l'étendue et des forces physiques à la vie, de la vie à la sensation et à la pensée. C'est la loi de continuité (*natura non facit saltus*). » — *Réponse :* S'ensuit-il que la propriété inférieure soit la cause productrice de la propriété supérieure ? Non ; il s'en suit seulement qu'elle en est la condition préalable, la raison occasionnelle. De là la méprise des matérialistes. Ainsi le cerveau est la condition préalable et l'occasion actuelle du développement de l'âme ; il n'est pas pour cela la cause productrice de la pensée ou de la sensation. L'âme qui a besoin aujourd'hui du cerveau n'en aura probablement plus besoin dans ses développements supérieurs.

J. B. C.

Sujets Analogues

316. — Exposer et discuter les objections du matérialisme contre la distinction de l'âme et du corps. (Sorbonne, 22 novembre 1867).

317. — Qu'est-ce que le spiritualisme ? Quelles sont les principales théories qu'on désigne sous ce nom et quel en est le lien ? (Sorbonne, 17 juillet 1891).

318. — Discuter et réfuter le matérialisme : démontrer en particulier que les faits constatés par les sciences naturelles n'infirment pas les principes établis par les sciences morales et psychologiques. (Aix, Concours académique 1869).

319. — Sensation, perception, pensée. — La pensée est-elle une sensation transformée ? La sensation un mouvement transformé ? Que signifient des expressions telles que celle-ci : transformation du mouvement en chaleur ? Chaleur, lumière, son au sens physique et au sens psychologique de ces mots. Conclure de cette discussion si l'âme peut ou non se ramener au corps. (Alger, 16 mars 1891).

320. — Qu'est-ce que le spiritualisme ? (Bordeaux, 11 avril 1891).

321. — Exposer et réfuter les objections des matérialistes contre la distinction de l'âme et du corps. (Clermont, novembre 1874).

322. — Le matérialisme a-t-il le droit de se dire scientifique ? (Dijon, 16 juillet 1894).

323. — Exposer et discuter les principaux arguments que le matérialisme oppose à la doctrine de la spiritualité de l'âme. (Rennes, 8 avril 1893).

324. — Discuter les arguments matérialistes tirés : 1° des rapports du cerveau et de la pensée ; 2° de la conservation de l'énergie. (Rennes, 17 mars 1893).

* 325. — Etablir, par l'analyse des facultés intellectuelles et morales de l'homme, qu'il a *le droit* de compter sur une destinée future, et *le devoir* de se la préparer.

* 326. — Réfuter le sorite du matérialisme : 1° la *pensée*, les diverses facultés psychologiques, supposent la sensation, sont expliquées par la sensation ;

2° la *sensation*, faculté de sentir, suppose la vie ;

3° la *vie* suppose l'organisation, c'est-à-dire un arrangement, une disposition de molécules matérielles ;

4° l'*organisation* suppose certaines propriétés chimiques et physiques, qui l'expliquent sans qu'il soit besoin de faire intervenir un autre principe, qu'on appelle âme ;

5° donc la pensée, en dernière analyse, n'est qu'une des mille fonctions de la matière ; elle est expliquée par les propriétés physiques et chimiques et ne suppose rien de plus.

LXXXV

De l'immortalité de l'âme. (Clermont, novembre 1892).

DÉBUT. — La destinée de l'homme est le souverain bien, c'est-à-dire la perfection et le bonheur qui en résulte. On le prouve par l'examen de la nature humaine. Mais, dans la vie présente, cette destinée ne peut être accomplie. C'est un des arguments qui prouvent l'immortalité.

L'immortalité est la permanence après la mort, non seulement de *la substance*, mais encore de *la personnalité*. La matière est indestructible, l'âme est immortelle.

I. — *Preuve par la simplicité substantielle de l'âme.* — a) Une substance ne peut périr que par décomposition, si elle est composée, ou par anéantissement, si elle est simple.

Or, l'âme est simple (conscience, mémoire, comparaison, etc.) ; donc elle ne peut périr par décomposition.

D'autre part, l'anéantissement d'une substance suppose un acte incompréhensible d'une puissance infinie. Nous n'avons pas de raison pour admettre cet acte, et l'expérience ne nous en offre pas d'exemples : la nature n'est jamais anéantie. Mais nous avons des raisons pour rejeter l'hypothèse de l'anéantissement. Ce sont les preuves morales.

b) *Portée de cet argument.* L'âme subsistera indéfiniment *comme substance ;* un acte incompréhensible de Dieu pourrait seul l'anéantir.

II. — *Preuve par la sanction de la loi morale.* — a) Toute loi doit avoir une sanction ; or la loi morale n'est point sanctionnée ici bas, sur la terre ; donc elle sera sanctionnée dans une autre vie, s'il est vrai que tout soit conforme à la raison et que Dieu soit bon et juste.

b). — *Portée de l'argument.* Cette preuve fait voir que l'âme subsistera *comme personne* après la mort, jusqu'à ce qu'elle soit punie ou récompensée.

III. — *Preuve par la destinée de l'âme.* — a) L'âme est faite pour la possession infinie ; elle a tout à fois *le désir* du bien infini et *le devoir* de tendre librement vers le bien infini. Si elle en a le devoir, elle en a aussi *le droit.*

b) Donc l'âme a droit à la possession de plus en plus complète du bien infini, *ce qui suppose une existence et un progrès sans fin.* Dieu, en nous enlevant l'existence, nous enlèverait injustement la science et la vertu, qu'il ne nous a pas données.

Conclusion. — Si Dieu ne nous a pas fait connaître scientifiquement ce que sera la vie future, c'est pour laisser une grande part dans notre vie au dévouement et à la foi en la Providence.   J.-B. C.

Sujets analogues.

327. — Etablir les preuves de l'immortalité de l'âme. (Concours gén. de 1843).

328. — Preuves de l'immortalité de l'âme. Distinguer l'argument métaphysique et l'argument moral. (Sorbonne, 28 novembre 1867).

329. — Exposer la preuve métaphysique de l'immortalité de l'âme. Montrer comment cette preuve a besoin d'être complétée par la preuve morale. (Sorbonne, 19 août 1870. — 15 mars 1877. — 26 octobre 1883. — 21 novembre 1884).

330. — Quelle différence y a-t-il entre l'immortalité de *substance* et l'immortalité *personnelle* ? (Sorbonne, 11 août 1873).

331. — Quelles conséquences philosophiques et morales peut-on tirer de ce vers de Lamartine, sur l'homme :
Borné dans sa nature, infini dans ses vœux ?
(Sorbonne, 29 mars 1873. — Alger, Oran, juillet 1894).

332. — Prouver que la destinée de l'homme ne peut s'accomplir entièrement sur la terre. (Sorbonne, 6 août 1874).

333. — Exposer les preuves de l'immortalité de l'âme. (Sorbonne, 27 octobre 1874).

334. — De la nature de l'âme ; ses attributs, sa destinée (Sorbonne, 16 juillet 1875 — 6 décembre 1877).

335. — La croyance à l'immortalité de l'âme enlève-t-elle à la vertu son désintéressement et son mérite ? (Sorbonne, 18 novembre 1886).

336. — De l'immortalité de l'âme. — Exposer les preuves de l'immortalité de l'âme, en faisant connaître les principaux philosophes qui les ont proposées ou développées. (Aix, Concours académique 1875).

337. — Exposer la preuve métaphysique de l'immortalité de l'âme et montrer que cette preuve a besoin d'être complétée par la preuve morale. (Aix, avril 1876).

338. — De l'immortalité de l'âme. (Aix, 14 novembre 1890).

339. — L'âme est-elle immortelle ? (Aix, juillet 1894, 2⁰ série).

340. — Destinée de l'homme. Est-il un être mortel ou immortel ? Suivant qu'il est l'un ou l'autre, en résulte-t-il quelque différence pour la règle de sa conduite ? (Alger, 5 juillet 1890).

341. — L'immortalité d'après Leibnitz. (Besançon, 18 mars 1893).

342. — La destinée de l'homme peut-elle s'accomplir entièrement sur la terre ? (Clermont, 12 novembre 1884).

343. — De l'immortalité de l'âme. (Clermont, novembre 1892, 3ᵉ série).

344. — L'immortalité de l'âme. (Douai, juillet 1885. — Aix, Nice, juillet 1893).

345. — Quelles sont les notions philosophiques par lesquelles on arrive à l'immortalité de l'âme ? (Rennes, 16 avril 1855).

346. — La croyance à l'immortalité de l'âme chez les Grecs et les Romains. Son caractère, son histoire depuis les temps les plus reculés jusqu'au triomphe du Christianisme. — Idées des Gaulois, au temps de César, sur l'immortalité de l'âme. (Rennes, 17 juillet 1891).

347. — Exposer les preuves les plus décisives de l'immortalité de l'âme. (Rennes, 4 avril 1892).

LXXXVI

La Providence. (Aix, mars 1895).

Début. — L'acte par lequel Dieu crée et conserve le monde est indivisible, mais on désigne spécialement par le mot Providence l'acte de conservation. La Providence est la sagesse, la bonté et la puissance divine dans leurs rapports avec le monde.

1ᵉʳ point. — *Preuves de la Providence :* 1° à priori, par les attributs moraux de Dieu ; 2° par l'identité de l'acte créateur et de l'acte conservateur ; 3° à postériori, par l'ordre de l'univers, par les causes finales, par la consta... nce des lois, des phénomènes et des types des êtres.

2ᵉ point. — *Nature de l'acte providentiel.* — Dieu gouverne le monde, non par des actes particuliers, mais par des lois universelles. La sagesse immuable ne peut s'exercer que par des volontés générales.

3ᵉ point. — *Objections tirées du mal.* — Le mal *physique* est la douleur (sentiment d'une imperfection) ; le mal *moral* est la faute (imperfection volontaire) ; le mal *métaphysique* est l'imperfection générale du monde, des êtres. Tout mal se résume dans le mal métaphysique et s'y ramène.

1re question : « Pourquoi Dieu a-t-il créé le monde imparfait ? » — *Réponse :* le monde ne pouvait être absolument parfait, car il eût été Dieu.

2e question : « Mais pourquoi le monde n'est-il pas plus parfait et même parfait en son genre, aussi parfait que possible ? » *Réponse :* En droit, Dieu devait créer le monde aussi parfait que possible ou il ne serait pas infiniment bon. Mais qu'est-ce qu'un monde aussi parfait que possible ? Ce ne peut être un monde absolument parfait ; et pourtant, si le monde n'est pas absolument parfait, on pourra toujours le supposer meilleur, il ne sera jamais aussi parfait que possible. Il faut distinguer ici la perfection en acte et la perfection en puissance. La perfection actuelle ne peut appartenir qu'à Dieu, mais la perfection en puissance, c'est-à-dire le progrès indéfini peut appartenir au monde. Le meilleur des mondes est celui qui acquiert successivement dans le temps toutes les perfections qui sont simultanées dans l'éternité divine.

L'imperfection actuelle du monde peut être un moyen nécessaire pour atteindre à la perfection à venir. On ne peut donc prouver que le monde ne soit pas actuellement aussi parfait que possible, car nous ne voyons ni le passé, ni l'avenir, et nous ne connaissons même qu'une très petite partie du présent. De plus, le progrès est un fait vérifié par l'expérience (progrès physique, progrès intellectuel, progrès moral dans l'homme et dans l'humanité). La *douleur* est la principale condition du progrès, tantôt avertissement, tantôt excitation, tantôt expiation. Quant au *mal moral*, qui est le seul mal véritable, il résulte de la liberté. La liberté est, elle-même, condition du mérite et de la vertu : elle fait la grandeur de la personne humaine. En outre, le mal moral diminue ou peut diminuer dans l'humanité.

Conclusion. — Le mal ne donnerait lieu à une objection insoluble contre la Providence que s'il était irréparable.

J.-B. Castel.

Sujets analogues

348. — Réunir les preuves les plus solides sur lesquelles les plus grands philosophes ont établi l'existence de la divine Providence. (Concours général de 1846).

349. — Qu'entend-on par le mal physique et par le mal

moral. Répondre aux objections que l'on en a tirées contre la providence. (Sorbonne, 16 novembre 1866).

350. — La connaissance scientifique du monde diminue-t-elle ou augmente-t-elle notre admiration pour son auteur ? (Sorbonne, 9 août 1867).

351. — De la providence divine. Comment se manifeste-t-elle dans la nature et dans l'histoire ? (Sorbonne, 26 août 1867).

352. — Quelle différence fait-on, en théodicée, entre le mal physique et le mal moral ? Réfuter les objections que l'on tire de l'un et de l'autre contre la Providence. (Sorbonne, 20 novembre 1868 — 17 novembre 1871).

353. — De la Providence. Quelles sont les objections élevées contre la providence, et comment peut-on y répondre ? (Sorbonne, 3 mai 1870).

354. — De la douleur. Peut-on la concilier avec la providence divine ? (Sorbonne, 9 août 1870).

355. — Expliquer et développer ce dilemme célèbre : « *Si Deus est, unde malum ? Si non est, unde bonum ?* (Sorbonne, 6 août 1871).

356. — Expliquer et développer cette maxime scolastique : « *Malum habet causam deficientem, non efficientem.* » (Sorbonne, 24 juillet 1874).

357. — Expliquer la distinction du mal physique et du mal moral, et la part de l'homme dans la production de l'un et de l'autre. (Sorbonne, 6 mars 1880 — 30 novembre 1880).

358 — Définir avec précision le mal physique et le mal moral. Quelle est la part de l'homme . . . id. etc ? (Sorbonne, 11 août 1881).

359. — Comment se pose le problème du mal ? Présenter par ordre les principaux points du débat. (Sorbonne, 19 mars 1888).

360. — Exposer la doctrine de Leibnitz sur la Providence et l'origine du mal. (Aix, 25 octobre 1875).

361. — Discuter les objections contre la Providence qui se tirent du mal moral. (Aix, 17 août 1877).

362. — De la Providence divine. — Expliquer la différence qui existe entre la Providence générale et la Providence particulière. (Aix, août 1869. — 27 octobre 1878).

363. — De la Providence. (Aix, 25 novembre 1889).

364. — La Providence. (Aix, mars 1895).

365. — De la réalité et de l'étendue de l'action providentielle. (Grenoble, 8 avril 1889).

366. — De la réalité de la providence. Comment s'exerce l'action providentielle ? (Grenoble, juillet 1889).

367. — Qu'est-ce que le mal physique ? Répondre aux objections qu'on soulève à l'occasion du mal physique contre la Providence divine. (Grenoble, avril 1894).

368. — Comment s'exerce l'action providentielle ? Est-elle seulement générale, ou est-elle à la fois générale et particulière ? (Grenoble, novembre 1894.)

369. — Du mal moral. Quels en sont les caractères ? (ne pas s'attarder à réfuter les objections contre la Providence tirées du mal moral, (Montpellier, novembre 1894).

370. — L'inégalité des richesses a donné lieu à une objection contre l'existence de la Providence. — Réfuter cette objection en examinant : 1° Quelles en sont les causes ; — 2° s'il serait possible de faire disparaître l'inégalité des richesses et si ce serait désirable ; — 3° quels devoirs elles engendrent dans la vie sociale. (Nancy, novembre 1875).

371. — La Providence. (Nancy, juillet 1893).

372. — Leibnitz écrivait ses *Essais de Théodicée* pour répondre aux attaques de Bayle contre la providence. On exposera les objections de Bayle et les réponses de Leibnitz, et on appréciera cette polémique. (Poitiers, 6 novembre 1890).

373. * — Indiquer avec précision les côtés par où la doctrine du déisme laisse le plus à désirer.

374. * — Etablir, d'après la définition de la morale générale et particulière, les rapports de cette science avec les autres parties de la philosophie.

375. * — Réfuter les diverses objections élevées par le fatalisme contre la liberté humaine et la providence divine.

376. * — Etablir les principales preuves de la Providence divine, en montrant comment elle s'exerce d'une façon à la fois générale et particulière.

377. * — Expliquer ces pensées : « L'homme s'agite, Dieu le mène. » — « L'homme propose, Dieu dispose. »

LXXXVII
Rapports de la logique et de la psychologie (Bordeaux, mars 1895).

Début. — Définir la psychologie et la logique. La première a pour objet l'étude des faits de conscience, la détermination de leurs causes immédiates et de leurs lois ; la seconde s'occupe d'analyser les formes de la pensée et de tracer des règles pour la direction de l'esprit.

Proposition. — De là des différences et des rapports.

1er point. — *Différences.* (Les indiquer rapidement).

1º La psychologie étudie l'homme réel et concret ; la logique l'homme abstrait, le mécanisme de la pensée lui important beaucoup plus que la matière à laquelle elle s'applique.

2º La psychologie a pour objet l'homme sensible, intellectuel et moral dans toute l'étendue et la complexité de ses manifestations ; elle doit étudier les phénomènes mentaux et les facultés morales « dans la série entière de leur évolution, dans leurs variations ethnologiques ou autres » (Ribot, *Psych. Angl.* p. 134), tandis que la logique prend l'esprit tout constitué, adulte, et en étudie le mécanisme ; elle ne peut et ne doit s'attacher qu'à son fond invariable, et qu'aux seuls faits de pensée.

3º La psychologie voit la pensée telle qu'elle est, dans sa forme et dans sa matière, avec ses défaillances, ses erreurs, ses anomalies : comment l'esprit pense-t-il ? — La logique voit la pensée telle qu'elle doit être, dans ses lois constitutives, dans ses formes constantes et essentielles : comment l'esprit doit-il penser ?

2e point. — *Rapports.* (Y insister : c'est le cœur de la question).

1º La logique n'est, en un sens, qu'un rameau détaché de la psychologie. « Elle rentre dans la psychologie, comme la partie dans le tout » (Ribot, p. 133).

2º Comment diriger les facultés et les opérations de l'esprit, si on ne les connaît pas ?

3º Comment assigner leurs lois, leur portée, leurs limites, si on n'en a pas étudié le fonctionnement dans la réalité, si on ne les a pas vues à l'œuvre, en exercice ? Des règles logiques qui ne seraient pas tirées de l'examen de la pensée et des lois de l'esprit ne pourraient qu'être arbitraires et fausses, comme le seraient des règles critiques posées *à priori*, indépendamment de l'étude des chefs-d'œuvre de la nature ou de l'art. « Il y a, dit Condillac dans sa *Logique* (1re partie, ch. I), un art pour conduire les facultés de l'esprit, comme il y en a un pour conduire les facultés du corps. Mais on n'apprend à conduire celles-ci que parce qu'on les connaît ; il faut donc connaître celles-là pour apprendre à les conduire ».

Conclusion. — « La logique n'est donc, à tout prendre, qu'une petite partie de la psychologie. Elle constitue cependant une science à part, et à juste titre, puisqu'elle peut être étudiée à part, et que, même en raison de la simplicité de son objet, elle est beaucoup plus avancée que la psychologie ». (T. Ribot, op. cit. p. 134).

J.-B. Castel.

Sujets analogues

378. — En quoi l'histoire de la philosophie peut-elle être utile à la philosophie elle-même ? (Sorbonne, 12 novembre 1886-14 août 1867).

379. — En quoi la psychologie est-elle nécessaire à la logique, à la morale, à la théodicée ? (Sorbonne, 20 novembre 1867).

380. — Des rapports de la morale et de la théodicée. (Sorbonne, 22 août 1868).

381. — Peut-on séparer la morale de la théodicée ? (Sorbonne, 24 juillet 1874).

382. — Analyser les rapports de la philosophie avec les autres sciences, et spécialement avec les sciences physiques et naturelles. (Sorbonne, 10 novembre 1869).

383. — En quoi la morale suppose-t-elle la psychologie ? (Sorbonne, 5 mai 1870).

384. — Pourquoi doit-on commencer l'étude de la philosophie par la psychologie ? Si l'on admet un autre ordre, en donner les raisons. (Sorbonne, 13 août 1872. — Alger, Oran, novembre 1893).

385. — La métaphysique est-elle possible sans la psychologie ? (Sorbonne, 30 novembre 1878).

386. — Objet et divisions de la logique. Marquer la diffé-

rence entre l'étude logique et l'étude psychologique de nos facultés de connaître. (Sorbonne, 9 avril 1879).

387. — Rapports de la psychologie et de la logique. (Sorbonne, 27 mars 1882).

388. — Quels sont les rapports de la philosophie et de l'histoire ? (Sorbonne, 1891).

389. — Discuter l'opinion suivant laquelle la psychologie n'est qu'une branche de la physiologie. (Sorbonne, 18 mars 1893).

390. — Prouver que ce vers de Delille est vrai : « Où Dieu n'existe pas, la morale n'est pas ». (Aix, 1868).

391. — De la logique. — Son but ; son utilité ; ses divisions. (Aix, 5 août 1875).

392. — Pourquoi étudie-t-on la logique après la psychologie ? (Aix, 28 octobre 1889).

393. — La morale est-elle dépendante de la théodicée ? (Bordeaux, novembre 1871).

394. — Des rapports de la morale avec la métaphysique. (Bordeaux, 23 mars 1890).

395. — Rapports de la logique et de la psychologie. (Bordeaux, mars-avril 1895).

396. — Rapports de la religion et de la philosophie. (Clermont, mars 1882).

397. — En quoi la morale suppose-t-elle la psychologie ? (Clermont, 11 novembre 1889).

398. — Des rapports de la philosophie avec les beaux-arts. (Clermont, 16 juillet 1891).

399. — Quels sont, au point de vue métaphysique, les rapports de la morale et de la religion ? (Dijon, 16 mars 1891).

400. — Apprécier cette pensée que, considérer la morale comme indépendante de toute métaphysique, c'est considérer la pratique comme indépendante de toute théorie. (Dijon, 25 juillet 1891).

401. — De l'idée de Dieu dans la morale. De la place qu'elle y occupe. (Dijon, juillet 1893).

402. — La science positive et la métaphysique. (Dijon, 19 juillet 1894).

403. — Des rapports de la logique et de la morale, et des

services que ces deux sciences se rendent l'une à l'autre. (Grenoble, 18 juillet 1894).

404. — Quels services la psychologie et la physiologie peuvent-elles se rendre mutuellement ? (Lille, 9 juillet 1894).

405. — Quelles sont les relations de la morale théorique en général et de la morale pratique en particulier ? (Lille, 17 juillet 1894).

406. — Quels sont les rapports de la morale avec la psychologie et la métaphysique ? (Lyon, 8 avril 1889).

407. — Commenter cette pensée de M. de Bonald : « Il faut croire au bien pour le pouvoir faire ». (Lyon, 26 juillet 1890).

408. — Des rapports de la logique avec la grammaire. (Montpellier, 19 novembre 1888).

409. — Montrer pourquoi la logique doit être étudiée après la psychologie ? (Montpellier, 25 octobre 1889).

410. — Démontrer que la morale, bien qu'elle soit essentiellement une science rationnelle, ne saurait se passer des lumières de la psychologie ? (Montpellier, 3 novembre 1891).

411. — Schelling a dit : « S'il y a un Dieu, il y a un ordre moral ». Développer cette pensée. (Poitiers, novembre 1871.

412 — 21. — Rapports et différences de la physiologie et de la psychologie. (Poitiers, 18 mars 1893).

413. — Quels sont les rapports de la morale et de l'économie politique ? (Poitiers, avril 1894).

414. — Des rapports de la morale et de l'économie politique. (Poitiers, novembre 1894).

415. — Des rapports etc. (Poitiers, baccal. moderne, mars 1895).

416. — Expliquer les rapports de la philosophie et de l'histoire, et montrer l'influence que les idées philosophiques de l'historien exercent nécessairement sur son œuvre. (Rennes, 11 avril 1889).

417. — Prouver par le raisonnement et par l'histoire de la philosophie qu'une psychologie défectueuse conduit à de graves erreurs en morale. (Rennes, 17 juillet 1890).

418. — Influence réciproque de la foi en Dieu et de la moralité. (Toulouse, 1882).

419. — Des rapports de l'histoire avec la philosophie. (Toulouse, 1882).

420. * — Y aurait-il des inconvénients à placer la logique au début des études philosophiques ? (Voir Ch. Bénard, *Précis de philosophie*, édit. 1870, page 29).

421. * — Rapports de la logique et de la grammaire (qui indique les rapports logiques des idées entre elles).

422. * — Rapports de l'art de persuader ou rhétorique avec l'art de prouver (de produire la conviction par le raisonnement) ou logique.

LXXXVIII
L'Art et la Science. —
Quels rapports découvrez-vous entre la science et l'art ?
(Caen, novembre 1894).

Début. — Définition des mots : art ; science.
Proposition. — 1° Ressemblances ;
2° Différences.
I. — *Ressemblances de l'Art et de la Science* :
A) Désintéressés tous les deux ;
B) Double manifestation de l'absolu : l'art a pour objet la production du beau ; — la science a pour objet le vrai.
C) Universalité de l'art et de la science.
II. — *Différences entre l'Art et la Science* :
A) Différence de principe. — *Science* : intelligence et ses facultés ; *Art* : imagination.
B) Différence de moyen. — *Science* : expérience, raisonnement, méthode ; *Art* : imitation, expression, fiction, idéal.
C) Différence de fin. — *Science* : cherche pour le plaisir de découvrir : elle est spéculative ; *Art* : agit, produit, crée.
Conclusion. — L'art et la science sont les deux modes d'activité les plus importants de notre activité intellectuelle.

V. V.

LXXXIX
De la sociologie, ses principes, sa portée, ses méthodes, son avenir.
— Des sciences sociales. — Leur méthode ; leur portée ; leur avenir.
(Caen, novembre 1894).

Début. — Division des sciences morales. Court historique

des principaux sociologistes (Platon, Aristote, Montesquieu, Turgot, J. J. Rousseau, A. Comte, H. Spencer).

PROPOSITION. — Indiquée par le sujet.

I. — *Ses principes*. — Division :

Elle s'appuie : 1° sur la loi de coexistence, sur qui est fondée la statique sociale ;

2° sur la loi de succession, sur qui est fondée la dynamique sociale.

II. — *Sa portée* :

Son *objet* est très complexe : (jurisprudence, politique, économie politique).

Elle traite en général des langues, des mœurs, du progrès, des gouvernements, des religions, des guerres, du commerce, de l'agriculture, etc.

L'histoire du droit, les sciences historiques, la critique religieuse s'y rattachent.

Elle est sujette à bien des *difficultés* :

1° Parce que les faits sociaux viennent de lois psychologiques peu connues qui se combinent et s'entremêlent.

2° Parce qu'elle nécessite une connaissance générale de toutes les sciences.

3° Parce que chaque unité sociale agit différement et produit quelquefois des changements imprévus.

4° Difficultés de l'observation sociale externe : statistiques erronées. Erreurs venant de préjugés.

Malgré ces difficultés, *elle est très possible* :

1° Parce que, faute de lois bien exactes, on peut arriver à des lois partielles.

2° Parce que les sciences mathématiques ne sont pas les seules sciences possibles.

3° Effets modérateurs : avantages de la sociologie.

III. — *Ses méthodes :*

2 Méthodes :

1° Méthode inductive : Comparaison, analyse, analogie, expérimentation, observation, 3 règles de St-Mill. — Etude des statistiques.

2° Méthode déductive : Contre épreuve de la méthode inductive : vérifie les hypothèses posées.

IV. — *Son avenir :*

Avec le socialisme, qui croît, elle tend à jouer un grand rôle et à devenir une science importante.

Les travaux d'A. Comte ont éveillé des idées nouvelles qui donneront lieu à de grand travaux.

Déjà on tend à l'égale répartition des richesses, à ce que demande la sociologie.

Conclusion. — Ce brillant avenir assurément viendra, mais au bout de quelques siècles seulement, après avoir coûté bien des travaux, produit de vives secousses, soulevé de grandes difficultés.
V. V.

XC
De la critique esthétique. — Ses principes et ses règles.
(Caen, novembre 1894).

Début. — Définition verbale et causale de l'esthétique.

Proposition. — I. La science esthétique est-elle possible ? II. Règles concernant le beau. III. Règles concernant l'art.

I. — *La science esthétique est-elle possible ?*
A) Elle n'est qu'une affaire de sentiment.
B) Peut-on imposer des règles au génie ?

II. — *Règles concernant le beau.*
A) Diverses définitions du beau. (Ordre. — Unité, variété. — Théorie sensualiste (Barke). — Théorie intellectualiste (Diderot).
B) Le beau n'est qu'une forme de l'absolu.
C) Distinction du beau, de l'utile, de l'agréable, du sublime.

III. — *Règles concernant l'art.*
A) Expression : son utilité.
B) Fiction.
C) Imitation de la nature.
D) Règles concernant l'idéal. — Différents sens du mot : idéal.
E) Querelle du réalisme et de l'idéalisme esthétiques.

Conclusion. — La science esthétique se développe de plus en plus avec les progrès de la raison, d'où la possibilité de règles fixes. Le génie n'est que la haute conformité aux règles.
V. V.

Sujets analogues.

423. — De la critique esthétique ; ses principes et ses règles.

(Caen, baccalauréat classique, 1re série — 2e partie du Bacc. moderne, novembre 1894).

424. — Rude avait pour maxime que l'artiste doit l'être aussi complètement qu'il est possible, et s'instruire non seulement dans son art, mais aussi dans tous les arts et dans toutes les sciences. Aussi, lorsqu'il était en Belgique, avait-il organisé pour ses élèves des cours de géométrie, d'anatomie, d'histoire des antiquités grecques et latines. Il faisait même chez lui des lectures nombreuses et très variées, et très souvent de la musique. (Alex. Bertrand, *François Rude*).

Vous retiendrez seulement ce qui concerne la littérature et l'histoire des antiquités, et vous apprécierez l'influence qu'elles peuvent avoir sur le talent de l'artiste, peintre ou sculpteur. (Dijon, prép. Licence, 1895).

425. — Y a-t-il une science du beau ? — S'il y en a une, quels doivent en être les caractères et la méthode ? (Toulouse, Cahors, 8 août 1881).

426. * — La foule ne comprend pas la beauté, elle la sent. (Beulé).

427 * — Un excellent critique serait un artiste qui aurait beaucoup de science et de goût, sans préjugés et sans envie. (Voltaire).

428. * — Pour être maître dans un art, il faut être un habile dans son métier. (Alex. Dumas fils).

429. * — On pardonne beaucoup à l'artiste épris de l'idéal: dans le plus humble des dévots, on respecte Dieu. (G.-M. Valtour).

XCI
L'Art et le Jeu.

Début. — Deux modes d'activité : travail (en vue de la satisfaction des besoins) ; — jeu (pour le plaisir d'exercer nos facultés). — L'art est une des formes du jeu.

I. *1er Système* (H. Spencer). L'art a pour but de créer un être fictif, présentant les apparences de la vie ; autrement dit, c'est un jeu.

a) Dans l'art dramatique (exemples de fiction ou de jeu).
b) Dans la peinture.
c) Dans la sculpture.
d) Dans la musique, la poésie, l'architecture.

II. *2e Système* (Kant, Schiller). Le beau est ce qui facilite le libre jeu de nos facultés représentatives.

a) Ressemblances de caractères entre l'art et le jeu.
b) Le sentiment esthétique est en rapport avec le libre jeu de la perception.
c) Le beau est une finalité sans fin extérieure ou utile.
d) Division des arts d'après la perception externe (couleur, formes, sons, mouvement).

CONCLUSION. — L'art progressera à mesure que les besoins de l'homme diminueront et que celui-ci pourra se livrer plus facilement au libre jeu de ses facultés.

V. V.

XCII

Esquisser à grands traits le système de l'Évolution.
(Caen, 2e série, novembre 1894).

DÉBUT. — Définition de l'évolution. — Principaux évolutionnistes.

PROPOSITION. — Loi spencérienne de l'évolution : (Passage de l'homogène à l'hétérogène par différenciation et intégration suivant une loi rythmique). — Indication des systèmes qui composent l'évolutionnisme.

I. *L'évolution dans le monde physique.*

a) Théorie de Laplace (origine des mondes stellaires).
b) Fin du monde actuel.
c) Mécanisme universel ; corrélation et unité des forces ; conservation de l'énergie.
d) Apparition de la vie (génération spontanée admise par quelques évolutionnistes).

II. *L'évolution dans le monde biologique.*

a) Système de Lamarck (transformation des espèces suivant le climat, les habitudes et le milieu).

b) Système de Darwin (Sélection naturelle, artificielle ; — concurrence vitale ; — fixation des caractères par l'hérédité).

c) Transformisme de Hœckel : 1° preuves par la physiologie, l'histoire naturelle, l'embryologie, l'anatomie comparée, la paléontologie, la géologie (V. nos *Éléments de Ph. Métaphysique*) ; 2° arbre généalogique des animaux et des plantes.

III. *L'évolution dans le monde moral.*

a) Invention du langage.

b) Constitution du mariage ; passage du polythéïsme au monothéïsme, de la polygamie à la monogamie ; idée de la propriété, constitution de la sociologie.

c) Théorie de Turgot et de Condorcet (Progrès).

d) Constitution des idées morales (V. morale évolutionniste).

e) Formation de l'intelligence (associationisme et héréditarisme).

Conclusion. — Célébrité et importance de la théorie évolutionniste. V. N.

Sujets analogues

430. — Analyse philosophique de l'idée de civilisation. Quelle est, selon vous, la marque la plus certaine d'une civilisation supérieure ? (Sorbonne, 12 juillet 1894).

431. — Du sens moral, origine de cette faculté ; exposer et réfuter, à cette occasion, la théorie dite de l'évolution. (Besançon, août 1876).

432. — Origine et nature de la volonté d'après la doctrine de l'évolution. (Besançon, 20 juillet 1891).

433. — La morale dans la doctrine évolutionniste (Besançon, juillet 1893 — novembre 1893).

434. — La morale dans la doctrine positiviste. (Besançon, juillet 1893).

435. — Esquisser à grands traits le système de l'Evolution. (Caen, 2e partie du Bac. moderne, — baccalauréat classique, 2e série ; Novembre 1894).

436. — Origine des principes rationnels d'après M. Herbert Spencer. (Caen, 15 juillet 1893).

437. — La raison n'est-elle que de l'expérience condensée, et pour ainsi dire quintessenciée, ou l'expérience elle-même, au contraire, n'a-t-elle été possible que par la raison ? (Dijon, avril 1893).

438. — Changements apportés dans la dispute de l'empirisme et du rationalisme sur l'origine des principes de la connaissance par la théorie de l'évolution. (Dijon, 18 juillet 1894).

439. — Exposer la doctrine de l'évolution, et montrer comment elle s'efforce d'expliquer les principes de la connaissance et les principes de la morale. (Lyon, novembre 1894).

440. — Exposer et critiquer les théories les plus récentes sur l'origine du langage. (Rennes, 4 novembre 1892).

441. — Expliquer ce mot d'un philosophe : « L'âge d'or, que les poètes placent si loin derrière nous, est devant. » (École normale de St-Cloud, concours de 1889, section littéraire).

XCIII

Quelles sont les principales objections que soulève la théorie de l'Évolution ?

DÉBUT. — Définition de l'Évolution.

PROPOSITION. — 1° Court exposé de l'Évolutionnisme ; 2° principales objections.

I. *Court exposé de l'évolutionnisme.* (Voir dissertation précédente).

II. *Principales objections :*

1° L'évolution présuppose une matière diffuse et une force active.

2° L'évolution présuppose une idée directrice dans ses changements.

3° L'évolution n'explique pas le passage de la matière brute à la matière organisée, de l'inconscient au conscient.

4° L'évolution nécessite un premier moteur.

5°   »   incline à admettre la génération spontanée.

6° Conséquences de la morale évolutionniste (V. morale).

7° L'évolution a lieu vers le bien idéal, absolu ; mais un

bien absolu n'a pas de place dans une évolution qui est purement biologique.

8° L'évolution est contraire à la liberté.

9° La sélection artificielle produit des *races*, non des *espèces* différentes.

10° L'hérédité peut conserver des caractères, mais non les modifier.

11° L'évolution supprime toute différence entre l'habitude et l'instinct.

12° L'évolution ne peut s'appliquer à la noologie comme à la mécanique (Renouvier).

13° Les hybrides sont inféconds (Cuvier).

14° Les végétaux descendent plutôt des animaux ; les monères ressemblent plutôt aux plantes qu'aux animaux qui leur sont supérieurs (Périer).

15° Les changements insensibles postulés par l'Evolution sont contraires à l'expérience : toute évolution est subite (Naudin).

16° L'homme primitif est encore à trouver.

17° Les principes directeurs de la science et de la pensée sont antérieurs à l'expérience.

V. V.

XCIV
De l'habitude (Montpellier, mars 1895.)

Début. — L'âme est une force toujours active, mais dont l'activité se manifeste sous différentes formes et produit des résultats divers.

Notre activité est d'abord *spontanée*, c'est-à-dire irréfléchie, inconsciente et volontaire : exemple : l'instinct, activité en quelque sorte synthétique et confuse. Elle devient ensuite *réfléchie*, volontaire, libre ; elle produit alors successivement un certain nombre d'effets prévus et voulus. C'est la période d'analyse, de division, de distinction. Enfin, elle devient *habituelle*. L'habitude est une disposition de l'âme ou du corps engendrée par la répétition d'un même sentiment ou d'un même acte.

1ᵉʳ point. — *Origine* ou *cause de l'habitude*. Cette cause est soit la répétition, soit la continuité, soit l'intensité de l'acte.

2ᵉ point. — *Ses conditions.* Elle suppose l'activité et la conscience, d'un mot la spontanéité.

3ᵉ point. — *Ses lois :* 1° tout sentiment, toute sensation et en général tout ce qui est passif s'émousse et diminue par la répétition (ex.: l'ivrogne).

2° Tout ce qui est actif s'avive (ex.: le dégustateur) : l'habitude fortifie la tendance et l'aptitude.

3° Tout acte devient plus facile par la répétition : l'habitude diminue l'effort.

4ᵉ point. — *Son effet* est de produire, par l'usage même de la volonté et de la réflexion, une activité irréfléchie et involontaire qui offre les mêmes caractères que l'instinct. C'est une nouvelle synthèse qui succède à l'analyse.

5ᵉ point. — *Son but* est d'employer la volonté à rendre la volonté même inutile, de créer en nous des tendances et des puissances nouvelles toutes prêtes à passer à l'acte sans effort, de former ainsi dans l'âme humaine comme une seconde nature (ὥσπερ ἡ φύσις ἔθος).

Conclusion. — L'habitude est ainsi l'auxiliaire et la condition du progrès : elle crée des forces disponibles.

J.-B. Castel.

Sujets analogues

442. — Influence de l'habitude sur le développement intellectuel et moral de l'homme. (Sorbonne, 6 août 1867.)

443. — Qu'est-ce que l'habitude ? Quelles en sont les principales lois ? (12 mai 1870, Sorbonne.)

444. — Distinguer et définir les différentes sortes d'habitudes : les habitudes organiques, instinctives, intellectuelles et morales. (Sorbonne, 29 juillet 1872.)

445. — De l'habitude et de ses lois. (Sorbonne, 14 novembre 1874.)

446. — De l'influence de l'habitude sur la sensibilité et l'intelligence. (Sorbonne, 31 mars 1876.)

447. — Quelle est la part de la liberté et de la responsabilité dans les phénomènes de l'habitude ? (Sorbonne, 5 juillet 1880.)

448. — De l'influence de l'habitude sur le développement des facultés intellectuelles. (Sorbonne, 11 juillet 1881).

449. — Influence de l'habitude sur la sensibilité, l'intelligence et la volonté. (Sorbonne, 25 novembre 1878 — 24 novembre 1885).

450. — Caractères et principaux effets de l'habitude. Montrer le parti qu'on peut en tirer pour la bonne direction de l'esprit. (Sorbonne, 17 juillet 1884).

451. — Caractères et principaux effets de l'habitude. Montrer, en terminant, le parti qu'on peut en tirer pour la bonne direction de l'esprit. (Sorbonne, 31 mars 1887).

452. — L'habitude détruit-elle la liberté ? Rapports de la moralité et de l'habitude. (Sorbonne, 22 novembre 1887).

453. — Dans quels rapports sont entre elles, pratiquement surtout, l'habitude et la raison ? L'éducation doit-elle donner des habitudes ou des principes ? (Sorbonne, licence phil., juillet 1889).

454. — Quelle est l'influence de la volonté sur l'habitude, et quelle est l'influence de l'habitude sur la volonté ? — Y a-t-il, à parler exactement, des habitudes de la volonté ? (Sorbonne, 13 novembre 1894.)

455. — De l'habitude et de son influence sur les diverses facultés de l'homme. — Quels sont les effets de l'habitude sur la sensibilité, l'intelligence et la volonté ? Expliquer comment elle est la condition essentielle du progrès et du développement de toutes nos facultés. (Aix, 26 octobre 1875.)

456. — Quelles sont les principales causes de la diversité qui existe entre les sentiments des hommes ? — Montrer particulièrement quelle est l'influence de l'habitude sur les sentiments. (Aix, 30 décembre 1877.)

457. — Quelle est l'influence de l'habitude et de l'association des idées sur nos sentiments en général, et plus spécialement sur nos sentiments esthétiques et moraux ? (Aix, 6 juillet 1881.)

458. — Influence de l'habitude et de l'association des idées sur les jugements que l'on attribue aux sens. — Insister particulièrement sur le sens de la vue. (Aix, juillet 1881.)

459. — Nature et origine de l'habitude. (Aix, préparation à la lic. phil., décembre 1884.)

460. — Exposer le rôle que joue l'habitude dans la vie morale de l'homme. (Aix, 5 novembre 1888.)

461. — Théorie de l'habitude. (Aix, Nice, juillet 1893.)

462. — Influence de l'habitude sur le développement physique, intellectuel et moral de l'homme. (Alger, 3 juillet 1891.)

463. — L'instinct, la volonté, l'habitude. Rapports et différences. (Alger, 18 mars 1893.)

464. — De l'habitude ; ses origines et ses lois. (Besançon, 10 novembre 1888).

465. — En quoi se ressemblent et en quoi diffèrent l'instinct et l'habitude ? (Caen, 17 juillet 1890.)

466. — De l'habitude. Ses ressemblances et ses différences avec l'activité instinctive. (Caen, 16 mars 1891.)

467. — Rapports de l'habitude, de la mémoire et de l'imagination. (Caen, juillet 1893.)

468. — Rôle de l'habitude dans l'évolution des facultés humaines. (Caen, 15 juillet 1893.)

469. — Discuter le proverbe : « L'habitude est une seconde nature ». (Caen, avril 1894.)

470. — Différentes sortes d'habitudes ; physiques, intellectuelles, morales. Comment elles se forment, se contractent, peuvent se vaincre et se perdre. (Dijon, 25 juillet 1894.)

471. — Au lieu de dire, comme Aristote, que l'habitude est une seconde nature, faut-il penser, comme Pascal paraît le supposer, que la nature n'est elle-même qu'une première habitude ? — En d'autres termes, les analogies de l'habitude et de l'instinct autorisent-elles à supposer que l'instinct n'est que le résultat de l'habitude ? (Lyon, juillet 1889.)

472. — Influence de l'habitude sur la sensibilité. (Montpellier, 10 novembre 1890.)

473. — De l'habitude. (Caen, 25 octobre 1889. — Montpellier, mars 1895.)

474. — De l'habitude, son origine, ses effets. (Toulouse, 1882.)

475. — De l'habitude dans la vie intellectuelle. (Toulouse, 1882.)

XCV

De la réminiscence (Montpellier, mars 1895).

Début. — Le produit de la mémoire s'appelle souvenir ; mais le souvenir peut être complet ou incomplet. Dans le premier cas, c'est le souvenir proprement dit, et il comprend 3 phases : la réviviscence du fait de conscience, sa reconnaissance et sa localisation dans le passé ; dans le second cas, c'est la réminiscence, simple réviviscence ou réapparition du phénomène primitif.

Proposition. — 1° *Nature* précise et domaine de la réminiscence : exemples. 2° *Son explication.* 3° *Son rôle* dans la vie psychologique — et dans l'art.

1er point. — Un vers me vient à l'esprit, sans que je puisse dire à quel moment je l'ai appris ou quel poète en est l'auteur ; — je songe à une théorie philosophique, sans me rappeler qui l'a émise ; — je fredonne un air, sans savoir où et quand je l'ai entendu ; voilà des cas de réminiscence.

Les réminiscences sont peut-être plus nombreuses que les souvenirs : elles constituent les souvenirs spontanés. — Elles portent sur les idées ou images qui nous sont le plus familières, — et diffèrent par conséquent suivant les types d'esprit : musicien, artiste, poète, savant.

2e point. — *Explication.*

a) psychologiquement : 1° par le mouvement naturel et le simple cours des associations ; 2° par la loi générale de l'habitude : ce qui s'est déjà produit s'emmagasine, persiste à l'état de tendance et aspire à reparaître avec une facilité proportionnelle à la force et à la répétition du fait.

b) physiologiquement : par la persistance d'un résidu (vibration des cellules cérébrales, par exemple).

c) cause mixte : *l'hérédité.* (Grande part à lui faire).

3e point. — *Rôle.* 1° La réminiscence constitue une bonne part de la vie psychologique. 2° Elle facilite le travail de l'invention ; 3° mais altère l'originalité de l'artiste.

Conclusion. — La réminiscence n'est qu'une opération sensitive dont l'animal est capable (le chien qui aboie en rêvant ; consécutions animales imitant l'association d'idées et même le raisonnement (Leibnitz); la pensée ne commence véritablement qu'avec la réflexion.

J. B. Castel

XCVI

*Nature du sentiment de l'honneur. Peut-il remplacer l'idée du devoir ?

Exposer le rôle moral du sentiment de l'honneur.

(Montpellier, baccalauréat moderne, mars 1895).

Début. — Chez quelques personnes, le sentiment de l'honneur remplace le sentiment du devoir.

Proposition : 1° Nature de ce sentiment : 2° peut-il remplacer l'idée du devoir ?

I. *Nature de ce sentiment. Sa formation.*

A) Son rôle chez les chevaliers du moyen âge.

B) Ses éléments. (Il comprend l'amour de la vie, l'amour d'autrui sous forme de sympathie, et surtout l'amour de l'idéal).

II. *Peut-il remplacer l'idée du devoir ?*

A) Faux point d'honneur (dettes de jeu, duel).

B) Caractères opposés du devoir et de l'honneur.

Devoir : rationnel, obligatoire, absolu, universel, désintéressé. — Honneur : préjugé dérivant de l'instinct de société, variant suivant les milieux, les époques, les pays. — C'est un *intérêt* déguisé.

Conclusion. — Possibilité de faire coïncider le sentiment de l'honneur et l'idée du devoir.

V. V.

Sujets analogues.

476. — Qu'est-ce que le sentiment de l'honneur ? Peut-il remplacer l'idée du devoir comme règle absolue et obligatoire de la conduite ? (Sorbonne, 20 juillet 1886).

477. — Dites d'abord comment vous comprenez l'honneur. — Dépeignez la triste situation qui est faite dans la société à l'homme qui a perdu l'honneur. — Que pensez-vous du duel considéré comme moyen de réparer les outrages faits à l'honneur ? (Lille, baccal. de l'enseignement spécial, juillet 1890).

478. — Exposer le rôle moral du sentiment de l'honneur. (Montpellier, Baccal. moderne, mars 1895).

479. — Du sentiment de l'honneur et de son rôle en morale. (Montpellier, 6 juillet 1883).

480. — Analyser le sentiment de l'honneur. En apprécier la valeur morale. (Nancy, avril 1894).

481. Le principe de l'honneur et de la dignité personnelle fournit-il à la morale une base suffisante ? (Poitiers, 17 juillet 1890).

482. * — De l'honneur : description de ce sentiment ; de la morale de l'honneur. — L'honneur est-il un principe suffisant pour servir de base à toute la morale ?

483. * — Y a-t-il un vrai et un faux honneur ?

484 * — Du respect humain, de l'amour propre et de l'honneur.

XCVII
* Lacunes de la Science.

Début. — Définition de la science. — Son rôle important.

Proposition. — Lacunes, limites de la science portant :
1° Sur l'imperfection native de la nature humaine ;
2° Sur son objet ;
3° Sur sa méthode.

I. *Conséquences de cette imperfection.*— Que faut-il penser du scepticisme ? Examen rapide de ses objections.

II. *Les questions d'origine et de fin lui échappent* : l'Inconnaissable, la matière, la vie et Dieu. — Examen des différentes hypothèses à ce sujet.

III. *Difficultés de l'observation externe, de l'expérimentation, de l'induction.*

Conclusion. — La recherche de la vérité est chez l'homme, une marque à la fois de faiblesse et de grandeur.

V. V.

XCVIII
La conscience morale est-elle une faculté à part, ou peut-elle être réduite à une faculté plus générale ?
(Sorbonne, 26 août 1868).

Début. — Deux sortes de conscience : conscience psychologique et conscience morale.

I. *Analyse de la conscience morale*, pour en découvrir les éléments: 1° idée du bien; 2° jugement moral; 3° idée du devoir ou d'obligation; 4° sentiment moral.

II. Il en résulte qu'elle comprend le jugement moral et la sensibilité (sentiment moral).

III. *La science morale est-elle un sens*, analogue aux autres sens? — Examen et réfutation de cette doctrine.

IV. *La conscience morale peut-elle s'expliquer par la coutume et l'éducation*, en un mot par l'association des idées, l'hérédité, etc? — Examen et réfutation de cette doctrine.

Conclusion.— La conscience morale n'est rien autre chose que la raison pratique. V. V.

Sujets analogues

485. — Déterminer les différences et les rapports de la conscience morale et du sentiment moral. (Sorbonne, 24 mars 1873).

486. — Qu'est-ce que la conscience morale? Est-ce la même chose que la raison? (Sorbonne, 19 juillet 1882).

487. — Qu'est-ce que la conscience morale? Faut-il la rapporter à la sensibilité ou à la raison? (Sorbonne, 12 mars 1877 — 2 avril 1878).

488. — De la distinction du bien et du mal. Quelles sont les doctrines qui ont essayé de l'expliquer empiriquement? Que pensez-vous de ces doctrines? (Sorbonne, 16 mars 1891).

489. — La conscience morale est-elle un instinct, ou bien se forme-t-elle sous l'influence de l'habitude et de l'éducation? (Aix, juillet 1889, 1re série).

490. — Que faut-il entendre par conscience morale?— Etudier la conscience comme législateur, comme juge, comme rémunérateur et vengeur. — Montrer la part de l'intelligence et la part du sentiment dans la conscience. (Aix, 27 mars 1882).

491. — Peut-on expliquer par l'éducation et la coutume l'origine des idées morales? (Alger, avril 1894).

492. — La conscience morale. (Caen, 30 octobre 1883).

493. — De la conscience en psychologie et en morale. (Dijon, novembre 1894).

494. — La conscience morale. Sa nécessité. Son universa-

lité. Est-ce un fait ? Est-ce une idée ? (Dijon, 11 novembre 1894.)

495. — Réfuter l'opinion suivant laquelle la distinction du bien et du mal n'est qu'un résultat de la coutume et de l'éducation. (Grenoble, 16 novembre 1892.)

496. — Définir et analyser la conscience morale. D'où lui vient son autorité ? (Grenoble, 20 mars 1893.)

497. — Rapports de la raison spéculative et de la raison pratique. (Lyon, 6 juillet 1889.)

498. — Faites l'analyse de la conscience morale et montrez quelles sont les données que l'on peut en dégager ? (Lyon, Baccal moderne, mars 1895.)

XCIX
Du Caractère

Début. — Définition du caractère : manière habituelle de sentir, de comprendre et d'agir.

Proposition. — Indiquée par la suite.

I. 1er *Système* : Le caractère dépend du tempérament : autant de tempéraments, autant de caractères (sanguin, lymphatique, bilieux, nerveux).

2e *Système :* (B. Pérez) basé sur la vitesse des mouvements : caractères vifs, lents, ardents, vifs ardents, pondérés ou équilibrés.

3e *Système :* (Paulhan) d'après les tendances : 1° cohésion des tendances : équilibrés, réfléchis, inquiets, nerveux, impulsifs, incohérents ; 2° énergie des tendances : passionnés, vifs, impersonnels, indifférents, lents, flegmatiques, inconstants, faibles, souples ; 3° nature des tendances : gloutons, sobres, sensuels et froids, mondains, avares, prodigues, ambitieux, humbles, originaux.

4e *Système :* Le caractère n'est autre que la personnalité. (v. diss. sur la personnalité).

II. Le caractère est-il exclusivement l'œuvre de la nature, ou le fruit de nos habitudes et de notre volonté ? — Est-il contraire à notre liberté ?

Conclusion. — Le caractère est en partie l'œuvre de la

nature, mais nous pouvons le modifier dans une certaine mesure et en faire une véritable personnalité.

V. V.

SUJETS ANALOGUES

499. — Quels sont les moyens pratiques par lesquels l'homme peut arriver à corriger son caractère et à gouverner ses passions ? (Sorbonne, 11 août 1869).

500. — De l'éducation personnelle de l'homme par lui-même. Est-il vrai que l'homme soit dans la dépendance absolue de son tempérament et de ses penchants ? (Sorbonne, 11 novembre 1873).

501. — Du caractère. Une science des caractères est-elle possible ? (Sorbonne, licence phil., octobre 1888).

502. — Du caractère. Une science des caractères est-elle possible ? (Sorbonne, licence, octobre 1890).

503. — Education personnelle de l'homme par lui-même. Est-il vrai que l'homme soit dans la dépendance de son tempérament ? (Alger, novembre 1894).

504. — De la volonté et de l'éducation de la volonté. (Besançon, 5 novembre 1889.)

C

Que savez-vous du pessimisme ? Comment peut-on le réfuter ? (Sorbonne, 27 novembre 1892).

DÉVELOPPEMENT.

DÉBUT. — La vie humaine est un mélange de plaisirs et de douleurs, comme le monde lui-même est un mélange de mal et de bien. Ce double spectacle provoque dans l'âme des effets tout différents, suivant le point de vue et les dispositions d'esprit. Le plaisir et le bien, comme la douleur et le mal, peuvent porter certaines âmes au sentiment religieux, les premiers en provoquant notre reconnaissance pour l'auteur de tout ce qu'il y a de bon en nous et autour de nous ; les seconds en faisant naître l'espoir d'une vie future plus heureuse que la vie présente. C'est là la tendance optimiste. Mais la douleur n'a pas toujours cet effet ; dans certaines âmes, au lieu d'engendrer la croyance et la foi en une existence plus heureuse, elle conduit au contraire au désespoir, au découragement, au blasphème. C'est du spectacle de la douleur, dans l'homme et dans l'univers, qu'est née cette tendance d'esprit, cette doctrine philosophique appelée du nom de pessimisme.

I. *(Exposition).* — Le pessimisme est le système philosophique qui, croyant voir le mal occuper dans le monde une place prépondérante, la somme des douleurs l'emporter sur la somme des plaisirs, le total des souffrances sur le total des joies, déclare que cet univers est radicalement mauvais, que la vie est intolérable, qu'elle ne vaut pas la peine d'être vécue, et qui finalement conclut au suicide ; soit au suicide individuel et isolé, comme le pessimisme antique, soit au suicide collectif, cosmique, comme le pessimisme contemporain.

En effet, dit celui-ci, si on n'a pas le courage de se tuer (et malheureusement ce courage nous manque parce que nous tenons trop à la vie), au moins doit-on épargner aux autres la douleur de vivre, en les empêchant de venir au jour, de naître aux misères de l'existence. Donc plus d'amour, plus de mariage : haine à la femme, ce démon tentateur !

Il est intéressant de remarquer que le pessimisme a pris naissance dans l'antiquité, au sein même de cette doctrine morale qui proclame la recherche du plaisir comme le but de la vie, d'après laquelle l'homme ne doit songer ici-bas qu'à se procurer le plus de jouissances possible. C'est la doctrine hédoniste d'Aristippe de Cyrène, le précurseur d'Epicure ou plus exactement des Epicuriens, que pratiquait cet étrange pessimiste appelé *Hégésias le Pisithanate* (qui prêche la mort). Cet Hégésias florissait à Alexandrie, au commencement du IIIe siècle de l'ère chrétienne. « Le plaisir, disait-il avec les Cyrénaïques, est le but de la vie, mais ce but est inaccessible, *adunatos kai apractos*. La vie ne semble un bien qu'à l'insensé ; le sage n'éprouve pour elle qu'indifférence, et la mort lui paraît tout aussi désirable. » Ces sombres peintures de la vie conduisirent plusieurs de ses auditeurs à se donner la mort, et le roi Ptolémée dut, par crainte de la contagion, faire fermer son école. Cette conséquence à laquelle aboutissait la doctrine cyrénaïque est logique. En effet, le plaisir que cette philosophie recommandait était le plaisir des sens, le plaisir grossier, matériel, le plaisir agité, comme disait Aristippe. Or les plaisirs de ce genre sont toujours suivis de douleurs plus grandes que les plaisirs eux-mêmes ; rechercher ces plaisirs-là, c'est se condamner par avance à une vie très malheureuse, où les douleurs l'emportent de beaucoup sur les joies. Il ne faut donc pas s'étonner si ceux-là mêmes qui ont recommandé et recherché la poursuite de ce plaisir ont fini par s'apercevoir qu'une pareille vie aboutissait plus souvent au malheur qu'au bonheur ; que par conséquent, le but de la vie, la jouissance était tout à fait manqué ; de là le pessimisme.

Cette conséquence de la doctrine du plaisir avait été nettement aperçue par *Epicure* qui, après Aristippe, professa, lui aussi, que le but de la vie est le plaisir ; non le plaisir agité, non le plaisir des sens qui entraîne la douleur après lui, mais le plaisir stable, calme, le plaisir pur et sans mélange de douleurs qui se ramène aux joies de l'âme, aux plaisirs de l'intelligence ; si bien que ce philosophe, parti de ce principe : le but de la vie est le plaisir, en arrivait à prêcher l'ascétisme, le renoncement aux plaisirs mêmes.

De nos jours, il s'est produit une singulière recrudescence de pessimisme. Jamais cette doctrine ne compta un si grand nombre d'adhérents, n'eut autant de profondeur et d'éclat qu'à l'heure présente. Sortant du domaine de la philosophie pure, elle a envahi les domaines de l'art et de la littérature. C'est en Allemagne que ce nouveau pessimisme a pris naissance. Ses fondateurs sont *Schopenhauer* et *de Harthmann*, D'ailleurs ils avaient été précédés dans la poésie par *Léopardi* en Italie, et, en France, par Mme *Ackermann*. Tous déclarent que la vie est intolérable, que ce monde est foncièrement mauvais : seulement leur pessimisme est plus savant, plus théorique, plus intellectualiste, moins de sentiment que le pessimisme antique ; c'est un pessimisme moins pratique et qui tient de moins près au cœur de l'homme. Il ne semble pas être un produit naturel de la souffrance humaine, mais plutôt la conséquence logique de certaines théories métaphysiques plus ou moins singulières. Plusieurs même de ses défenseurs paraissent avoir prêché leur système le sourire aux lèvres, et Schopenhauer n'a jamais dû se priver des joies qui peuvent se rencontrer dans la vie.

La volonté, dit Schopenhauer, le vouloir-vivre est le premier principe des choses, l'absolu. Ce principe immanent des choses s'objective et produit cette illusion qui est le monde (Schopenhauer et Hartmann sont idéalistes) : le monde n'existe que dans la pensée de l'homme ; il est le produit de cet effort qui constitue le vouloir-vivre. Pourquoi ce vouloir-vivre s'objective-t-il, pourquoi cet effort pour vivre se réalise-t-il ? nous n'en savons rien : c'est un vouloir sans motif. Mais ce que nous savons par l'expérience, c'est que le monde est un mauvais rêve, « le plus mauvais des mondes possibles ». « L'optimisme est la plus stupide des niaiseries inventées par les professeurs de philosophie ». Ce n'est pas seulement l'expérience, c'est aussi le raisonnement qui nous apprend que ce monde est le plus mauvais possible. En effet, d'après Schopenhauer, le fond de la volonté, c'est l'effort ; or l'effort est une douleur. Vouloir, c'est donc souffrir, et souffrir c'est la vie même, puisque la source de la vie est le vouloir-vivre.

« Le vouloir, dit encore notre philosophe, avec l'effort qui en est l'essence, ressemble à une soif indestructible : la vie n'est qu'une lutte pour l'existence, avec la certitude d'être vaincu. Vouloir sans motif, toujours souffrir, toujours lutter, puis mourir, et ainsi de suite, pendant des siècles, jusqu'à ce que la croûte de notre planète s'écaille en morceaux, voilà la vie ». Schopenhauer conclut en recommandant au sage de se désintéresser de l'existence, de chercher le calme et la tranquillité dans l'absence complète de désir et d'action. Son idéal est l'anéantissement, le nirvâna boudhique. Le boudhisme en effet est une religion étrange, dont l'essence est le pessimisme.

Pour de Harthmann, disciple de Schopenhauer, l'absolu, le principe premier qui est au fond des choses, c'est l'Inconscient. Nous sommes dupes d'une illusion grossière en croyant que le bonheur est le but de la vie. Le bonheur est inaccessible, et il est facile de marquer les divers stades de l'illusion qu'a parcourus l'humanité. Nous souffrirons toujours ou du moins jusqu'au jour où, déjouant les ruses de l'Inconscient, la majorité des hommes, bien convaincue que la vie est un mal, remplacera le vouloir-vivre par le vouloir non-vivre. Ce jour-là, le monde s'évanouira, puisqu'il n'est pas autre chose que le produit, l'effet du vouloir-vivre. C'est là le suicide cosmique.

« Plus d'hommes sous le ciel, nous serons les derniers ! » s'écrie Madame Ackermann.

Fait curieux à noter : le pessimisme s'est développé en Allemagne, surtout au moment où l'Allemagne a cessé d'être la nation savante, rêveuse et mystique d'autrefois pour devenir, sous l'hégémonie prussienne, un peuple éminemment guerrier, ne rêvant que victoires et conquêtes et proclamant partout qu'il n'est d'autre droit que le droit du plus fort. Dans ses nouvelles jouissances, plus grossières et plus matérielles que celles de jadis, il ne semble donc pas que cette nation ait trouvé le bonheur.

II. *(Appréciation).* — Que penser de la doctrine pessimiste ? Le pessimisme tient à une *double erreur*, l'une psychologique, l'autre morale. La première, qui est commune à Epicure, Cardan, Kant et Schopenhauer, consiste à croire que le besoin, que l'effort vital d'où sort le plaisir est une douleur. Le besoin est une peine, dit Epicure, puisqu'il est une privation. Cardan s'infligeait de légères douleurs physiques pour éprouver plus vivement le plaisir qui résulte de la cessation de la douleur. L'effort vital, dit Kant, le vouloir-vivre, dit Schopenhauer, est une peine, puisqu'il suppose un obstacle. La deuxième erreur consiste à soutenir, avec Epicure et Aristippe de Cyrène, que le vrai but de la vie est le plaisir, tandis que c'est là un but d'ordre inférieur, un but animal ; le seul but véritablement digne de l'homme est le développement de la partie la plus élevée, de la partie essentielle de lui-même, à savoir la raison réglée par le devoir, la volonté soumise aux commandements du bien.

a) Sans entrer dans une *critique* approfondie *de cette deuxième erreur*, contentons-nous de remarquer ceci : lorsqu'on se propose pour unique fin de la vie le bonheur, comme on ne le rencontre pas toujours, — il s'en faut de beaucoup, — on se trouve fortement déçu, et, par suite, disposé à se plaindre de sa destinée. On est d'autant plus sûrement déçu que, en se proposant comme idéal moral la poursuite de la félicité, on est plus frappé par les maux que l'on rencontre sur son chemin que ne le sont ceux qui vont droit devant eux, sans s'occuper du plaisir éventuel. Le meilleur moyen d'avoir le bonheur, c'est en somme de ne le pas chercher. Alors, s'il se présente, il est d'autant mieux goûté qu'il est moins attendu. Ceux qui le poursuivent, qui le désirent uniquement, se le représentent volontiers par l'imagination plus grand qu'il n'est en réalité, le propre de l'imagination étant d'embellir, d'amplifier, d'exagérer toutes choses; la réalité reste ainsi toujours bien au-dessous de leurs espérances, et les joies qu'ils obtiennent sont de véritables déceptions, comparées à celles qu'ils attendaient, qu'ils savouraient par anticipation.

b) Reste à examiner la première erreur, *l'erreur psychologique*. Elle consiste à dire que le besoin, fait primitif et fondamental de la vie, est une douleur ; ou que l'effort, supposant un obstacle, est lui aussi une douleur. Il y a là une *double erreur psychologique*. En premier lieu, en effet, il est des besoins, des désirs qui n'ont rien de douloureux, notamment les désirs dont nous n'avons point conscience, qui ne nous sont révélés qu'après coup par le plaisir qu'engendre leur satisfaction. On me montre un beau tableau : j'éprouve un vif plaisir à le contempler : c'est que la vue de ce tableau satisfait mes instincts esthétiques ; mais ce besoin, je n'en avais pas conscience ; j'ignorais même peut-être l'existence du tableau. Il est encore des besoins qui deviennent douloureux, quand ils attendent trop longtemps d'être satisfaits, le besoin de manger par exemple. Ce besoin pourtant n'a rien en soi de douloureux, tant qu'il reste l'appétit, tant qu'il ne devient pas la faim. Il est si peu exact de dire que le désir est quelque chose de douloureux, que la gaieté de la jeunesse tient précisément à la multitude des désirs, et que ce qui assombrit la vieillesse, c'en est précisément l'absence. Les blasés sont malheureux : ils sont dégoûtés de tout.

S'il était vrai d'ailleurs que le plaisir ne fût que la cessation de la douleur, comme le prétend Épicure, en d'autres termes que la douleur fût le fait initial et positif, il en résulterait l'impossibilité radicale de deux plaisirs consécutifs ; le second plaisir ne pourrait être la cessation de la douleur, et même tout plaisir devrait être instantané, car le deuxième moment d'un plaisir ne saurait être défini la cessation d'une douleur. Enfin, s'il existe des plaisirs qui ne sont que la cessation d'une douleur, il y a également des douleurs qui ne sont que la cessation d'un plaisir. Pourquoi donc ne pas dire: c'est la douleur qui est la cessation du plaisir, c'est le plaisir qui est le fait primitif ?

Conclusion. — En somme, le pessimisme, quand il n'est que l'expression d'un état d'âme, une manière de voir et de sentir, ne mérite que l'attention du moraliste et non du philosophe ; et quand il prétend s'établir sur des bases scientifiques, il nous paraît manquer de solidité et de profondeur. Outre qu'il n'est que la conséquence de théories métaphysiques discutables, il se fait profondément illusion sur la valeur et le prix de la vie, il implique de graves erreurs psychologiques et morales. Ces erreurs, il importe de les signaler et de les combattre, car le pessimisme, s'il s'implantait jamais dans les âmes, conduirait droit à supprimer tout ressort de l'activité humaine, à enrayer tout progrès. La meilleure réfutation à en faire, c'est de lui opposer l'effort viril, l'énergie de l'action, le sentiment profond de notre dignité d'homme, d'un mot la conscience de la grandeur humaine et de la noblesse du devoir.
J.-B. C.

A consulter. — Caro: *Le Pessimisme contemporain.* — Léopardi : *Poésies, traduction Aulard.* — Mme Ackermann : *poèmes.* — Shopenhauer : *Le Monde comme Volonté et Représentation.* — De Harthmann : *Philosophie de l'Inconscient.*

Sujets Analogues

506. — Examiner au point de vue psychologique cette proposition d'un physiologiste comtemporain : *La douleur est une fonction de l'intelligence.* (Sorbonne, licence philosophique, octobre 1884).

507. — Imaginer un dialogue entre un optimiste et un pessimiste. (Sorbonne, 23 juillet 1881).

508. — Est-il vrai que l'optimisme et le pessimisme tendent à se justifier par leurs effets ? (Sorbonne, mars-avril 1895).

509. — Comparer les deux systèmes philosophiques qu'on a appelés optimisme et pessimisme, en faisant ressortir les arguments sur lesquels chacun d'eux peut se fonder. (Aix, 25 novembre 1881, professeur M. Philibert.)

510. — La somme des biens, dans le monde et dans l'humanité, l'emporte-t-elle sur la somme des maux ? Discuter comparativement les deux doctrines que l'on a appelées l'optimisme et le pessimisme. (Aix, 23 juillet 1883, professeur M. E. Colsenet).

511. — Qui a raison de l'optimisme ou du pessimisme ? (Aix, 12 avril 1886, professeur M. Souriau).

512. — Faiblesse théorique et inconvénients pratiques du pessimisme. (Bordeaux, 15 juillet 1890).

513. — Réfuter le pessimisme. Quelle est la fin de la vie humaine ? (Grenoble, novembre 1889).

514. — Qu'est-ce que le pessimisme ? Qu'est-ce que l'optimisme ? Du vrai et du faux optimisme. (Grenoble, Avril 1894).

515. — L'optimisme et le pessimisme : vous apprécierez les deux systèmes en critiquant les arguments essentiels sur lesquels ils s'appuient, et vous chercherez quelles en sont les conséquences dans la pratique et pour la morale. (Lyon, 13 novembre 1888).

516. — Que pensez-vous de l'argument des pessimistes : *en ce monde, la somme des maux surpasse de beaucoup celle des biens ?* (Montpellier, juillet 1889).

517. — « Le mal sert souvent pour mieux goûter le bien, et quelquefois aussi il contribue à une plus grande perfection de celui qui le souffre, comme le grain qu'on sème est sujet à une espèce de corruption pour germer ». Expliquer ces paroles de Leibniz. (Montpellier, 29 juillet 1879).

518. — Qu'appelle-t-on optimisme et pessimisme ? Indiquer les principaux représentants de ces deux systèmes. Exposer et apprécier leurs doctrines. (Poitiers, avril 1886).

519. — Le pessimisme ; ses principaux défenseurs ; exposer et réfuter les arguments sur lesquels s'appuie ce système. (Poitiers, juillet 1893).

520. — Que faut-il penser de ces deux bases psychologi-

ques du pessimisme : 1° le besoin et le désir, états permanents de l'âme, sont des souffrances ; 2° le plaisir n'est que la cessation de la douleur ? (Rennes, avril 1894).

521.* — On a dit que la douleur était le fait fondamental de la vie. Discuter cette opinion.

522.* — De l'utilité de la souffrance.

CI
* **On a dit que la douleur était le fait fondamental de la vie.**

PLAN

Début. — La douleur est fréquente ; elle est un stimulant énergique de l'activité ; mais est-elle, comme on l'a prétendu, le fait fondamental de la vie ?

L'existence du plaisir ne permet pas de le conclure immédiatement.

1° On ne voit pas la douleur engendrer le plaisir. Le plaisir, lorsqu'il succède à la douleur, la chasse. Par suite, s'il vient après la douleur, mais non de la douleur, celle-ci n'est pas nécessairement le fait originel, fondamental de la vie.

2° La douleur est une négation de l'être, par conséquent de la vie : il y aurait contradiction à en faire le fait fondamental de l'existence.

3° Le plaisir et la douleur supposent comme condition commune un troisième terme : la tendance primitive, laquelle est générale et indéterminée. Suivant que cette inclination est satisfaite ou contrariée dans son développement, on voit apparaître le plaisir ou la douleur. Pourquoi supposer sans preuve qu'elle se trouvera tout d'abord contrariée ?

Le pessimisme prétend, il est vrai, que l'inclination a pour essence la douleur, parce qu'elle implique l'effort. C'est une assertion gratuite : l'effort n'est pas forcément douloureux : il ne le devient que s'il n'aboutit pas, ou s'il ne peut se produire.

L'inclination est si peu douloureuse en elle-même, que le fait de ne pas se sentir d'inclinations constitue une souffrance très vive.

4° On ne peut décider à priori lequel, de la douleur ou du plaisir, apparaît en premier lieu. La théorie nous permet de prétendre que c'est tantôt l'un, tantôt l'autre, suivant les conditions dans lesquelles se produit le premier exercice de l'activité.

Conclusion. — L'opinion en question ne paraît donc fondée ni en droit, ni en fait.

J.-B. Castel.

CII

Théories diverses sur le droit de propriété ; fondement véritable de ce droit. (Poitiers, Baccal. moderne, 2e partie, session de mars-avril 1893).

Début. — Nous sommes tenus de respecter en nos semblables les diverses facultés de leur âme et les organes corporels, condition d'exercice de ces facultés. Mais ne peut-il y avoir dans le monde des objets extérieurs à la personne et qui soient cependant avec la personne dans un rapport tel qu'il soit interdit de porter atteinte à ces objets tout autant qu'à la personne même ? C'est la question du droit de propriété. — Quel est le fondement de ce droit ? Bien des théories ont été proposées.

1er point. — **Solutions proposées.** — 1° *Démonstration historique* fondée sur l'universalité du fait de la propriété (Thiers), par suite sur un instinct naturel. — Critique : dire que la propriété est un fait universel, naissant d'un instinct naturel, et que les sociétés consacrent ce fait, c'est donner une *présomption* sérieuse en faveur du droit de propriété ; mais ce n'est nullement démontrer ce droit. Le fait n'est pas le droit (exemple : l'esclavage). Un fait, fût-il même absolument universel, n'est encore qu'une *loi naturelle* ; reste à savoir s'il est oui ou non conforme à la *loi morale*.

2° *Démonstration économique* fondée sur l'utilité et la nécessité sociale de la propriété (Proudhon). Le progrès ne s'accomplit que par le travail successif des générations. Mais qui donc travaillerait, s'il n'était assuré de jouir en paix du fruit de son travail ? Nécessaire au progrès des sciences, des arts, de l'industrie, du bien-être, la propriété contribue encore aux progrès des mœurs (aisance, modération des passions, sentiment de la dignité) et est la garantie de la liberté et de tous les droits civils et politiques. — Critique : ces considérations sont justes et d'une importance considérable. Mais les conséquences ne légitiment pas un principe.

3° La propriété est-elle fondée *sur la loi civile* ? (Aristote, Montesquieu, Rousseau, Bentham) — Réponse : les lois ne peuvent fonder aucun droit, et, loin de fonder le droit, elles ne sont respectables que lorsqu'elles sont l'expression de droits naturels. — Si une loi crée le droit de propriété, une autre loi pourra l'abroger.

4° Théorie de *la prime occupation* (J.-J. Rousseau). — Critique : part de vérité : on ne peut s'approprier qu'une chose vacante. — Mais la simple occupation est insuffisante : c'est un pur fait. (Cf. le *Cours* de P. Janet, page   ).

2ᵉ point. — Vraie théorie. — D'abord diviser le problème : 1° considérer un homme isolément ; 2° l'homme *en société*.

1ᵉʳ cas. Étant une personne et ayant une fin obligatoire, l'homme doit se posséder d'abord et pouvoir user des choses de la nature.

2ᵉ cas. Ici, d'où vient le droit d'appropriation exclusive ? Il faut en chercher le fondement en dehors de l'instinct, de la loi, de l'intérêt. Kant distingue deux espèces de possession : *la détention* simple (l'habit que je porte) et la *véritable possession* (une ferme que j'ai en pays étranger). La première se démontre analytiquement : me voler mon habit serait attenter directement à ma liberté ; — la seconde synthétiquement : si on pille ma ferme à l'étranger, on n'attente pas directement à ma liberté ; je puis même ignorer le fait ; et cependant il y a vol à mon égard, car des choses extérieures à ma liberté sont inviolables comme elle, si entre celle-ci et celles-là il y a *rapport de cause à effet*, c'est-à-dire si ces choses sont un résultat de mon travail. Travail et liberté, voilà en deux mots l'origine du droit de propriété.

Conclusion. — Mais ne séparons pas ces deux conditions. Si on se borne au mot travail, on pourra se demander pourquoi le bœuf n'a aucun droit sur la récolte ramassée dans le sol qu'il a labouré. Si au mot liberté, pourquoi tous les hommes étant également libres, tous n'ont pas également le droit de posséder. Unissons les deux termes, la difficulté se résout d'elle-même : on ne naît pas propriétaire, mais avec la faculté de le devenir. (Cf. *Cours lithographié* de M. E. Rabier).

J.-B. CASTEL.

SUJETS ANALOGUES

523. — Définition du droit en général et du droit de propriété en particulier. — Origine psychologique de ce dernier. — Sa nécessité sociale. (Concours gén. de 1852).

524. — Du droit de propriété. Réfuter les objections dont il a été l'objet. (Sorbonne, 23 octobre 1873).

525. — Du droit de propriété. Sur quoi est-il fondé ? Dans quel rapport est-il avec la personnalité humaine ? (Sorbonne, 13 novembre 1875).

526. — Du droit de propriété. — Quels sont ses fondements ? (Aix, 16 août 1877).

527. — Quel est, au point de vue du droit naturel, le fondement de la propriété ? (Aix, 9 juillet 1879).

528. — La propriété est-elle de droit civil ou de droit naturel ? Montrer la différence des conséquences, selon que l'on admet l'un ou l'autre système. (Alger, juillet 1889).

529. — Du droit de propriété. Réfuter les objections dont il a été l'objet. (Alger, avril 1894).

530. — Du droit de propriété ; son origine. (Clermont, session de Brive, 15 juillet 1882).

531. — Vous imaginerez un dialogue entre deux philosophes dont l'un attaque et l'autre défend le droit de propriété. (Clermont, bacc. de l'enseignement spécial, août 1885).

532. — Théorie du droit de propriété. (Lyon, 12 novembre 1889).

533. — Du droit et de la justice. — Du droit de propriété. — Exposer et apprécier les objections contre le droit de propriété. (Poitiers, baccal. de l'enseign. spécial, août 1889).

534. — Théories diverses sur le droit de propriété, fondement véritable de ce droit. (Poitiers, baccalauréat moderne : Lettres-Philosophie, mars-avril 1895).

535. — Du droit de propriété. Est-ce un droit naturel ? Quel en est le principe ? Quelles sont les choses appropriables ? (Rennes, 16 mars 1891).

536. * — Réfuter les objections élevées contre le droit naturel de propriété.

537. * — Discuter la valeur psychologique et morale, et la portée sociale des utopies socialistes et communistes.

538. * — De la propriété sous ses diverses formes; et particulièrement de la propriété littéraire et artistique.

539. * — Y a-t-il ou doit-il y avoir prescription pour le droit de propriété ?

CIII
Devoirs de l'homme envers son âme. (Montpellier, 18 mars 1891).

L'homme doit réaliser le bien d'abord en lui-même. De là les devoirs relatifs au corps (le conserver, le développer) et les devoirs relatifs à l'âme.

Tous les devoirs envers l'âme sont compris dans le perfectionnement de soi-même : perfectionne ton âme et développe toutes tes facultés suivant leur importance relative : *Perfice te ut finem, perfice te ut medium* : (en se perfectionnant soi-même, on se rend plus capable d'être utile à ses semblables).

1ᵉʳ point : Devoirs envers l'intelligence. — C'est un devoir de *rechercher la vérité* toutes les fois que nous le pouvons ; c'est surtout un devoir essentiel de *s'instruire des vérités morales*, de chercher à connaître les raisons de ses devoirs (sagesse, *prudentia* ou *sapientia*. — Condamnation de la paresse).

2ᵉ point : Devoirs envers la sensibilité. — L'homme ne doit pas la détruire, mais la régler. Il faut donc : soumettre la sensibilité à la raison et à la volonté, retenir dans leurs justes limites les penchants qui pourraient donner lieu à des passions mauvaises ; — développer au contraire les passions généreuses, subordonner les penchants les moins nobles aux penchants les plus nobles, en un mot, chercher le bonheur dans les jouissances élevées, dans le vrai, le beau et le bien. (Tempérance).

3ᵉ point : Devoirs envers la volonté. — « Sois libre pour remplir librement le bien ». Donc deux grands devoirs envers la volonté : 1° rester libre ; 2° mettre sa liberté au service du bien. La vraie liberté, celle que nous n'avons jamais le droit d'aliéner et qui constitue la personne morale, n'est pas la liberté de tout faire, mais la liberté de faire le bien. De même que la paresse est un suicide intellectuel, de même la servitude est un suicide moral. (Force d'âme, *fortitudo, virtus propugnans pro æquitate*).

De là, condamnation : 1° de l'*esclavage civil*. L'homme n'a pas le droit d'abdiquer sa liberté, fût-ce au service du plus vertueux des hommes. La personne a le devoir de ne pas devenir une chose. Nous devons accomplir le bien, mais librement : le bien moral a même pour condition la liberté ; aussi Dieu, qui seul est un maître infaillible, n'a pas voulu être pour nous un maître. 2° Du *servilisme*. On peut être esclave par peur, par ambition, soit dans la vie privée, soit dans la vie publique.

Conclusion. — (*De la servitude des passions*). L'homme qui fait tout ce qui lui plaît n'est pas vraiment libre, car il cède à ses passions, ne fait pas usage de la volonté, ne met jamais celle-ci au service du bien. La passion finit par nous rendre presque incapable de vouloir.

J.-B. C.

CIV
* **De l'expression du visage humain.**

PLAN

Début. — Tout le monde sait que les émotions et les passions s'accompagnent de mouvements, de gestes et d'attitudes qui servent à les exprimer au dehors. — Cette expression est plus facile à étudier chez l'homme que chez l'animal (en chercher et en étudier la raison). — Il existe, en outre, des rapports entre la physionomie humaine et certaines physionomies animales (celles du singe, du corbeau, de l'aigle, de la chèvre, du mouton notamment). Ce fait constaté déjà par Aristote, Lebrun, etc., a été étudié dans le détail par Lavater, avec figures à l'appui.

Etudions le visage humain : 1° à l'état de repos ; 2° en mouvement.

1er point. — Le visage en repos. — A) *Les faits.* Expression particulière du front, des yeux, du nez, des lèvres, du menton. — Expression simple et expression complexe ou combinée. — Difficultés d'une classification des divers types de visage.

B) *Explication par l'influence réciproque du physique et du moral.* C'est ainsi que le menton saillant et la mâchoire proéminente des sauvages et des cannibales primitifs se sont modifiés lentement avec les mœurs plus douces des races civilisées. — Les personnes qui ont vécu longtemps ensemble finissent par se ressembler. De là l'air commun des membres d'une même famille ; démonstration par les portraits composites de Galton. — Nous pouvons, dans une certaine mesure, nous former une physionomie, et ne devons jamais désespérer d'arriver à une certaine beauté physique, grâce à la modification du caractère et à la beauté morale. J'ai peine à croire que Socrate, adulte, fut aussi laid qu'on nous le dépeint : il avait dû se transformer par ses efforts constants pour modifier son naturel.

2e point. — Le visage en mouvement. — A) *Étude des traits, du geste, de l'attitude.* — Expression concordante : (la joie douce et calme) ; expression discordante : (l'enfant qui va cesser de pleurer et commence à rire ; un homme naturellement gai qui veut donner le change en annonçant une mauvaise nouvelle et n'y réussit qu'à demi).

Chaque expression est une sorte de figure : il y a, par exemple, une hyperbole dans la parole accompagnée du geste ; ce dernier est presque toujours exagéré, surtout chez l'enfant.

B) *Explication.* — Les explications sont en nombre infini. On peut pourtant les ramener à trois catégories :

1° Explication *par l'action nerveuse* (H. Spencer et Bain). ex. : Analyse du rire dans Spencer.

2° Explication *par l'accommodation organique*, individuelle ou héréditaire (Darwin), par ce que Darwin appelle le *principe d'association des habitudes utiles*, auquel il joint le *principe d'antithèse.* Exemple : un chien courroucé qui s'approche d'un autre a les oreilles et la queue droites, les yeux très ronds ; quand il s'approche de son maître pour le caresser, il a une allure tout à fait opposée : oreilles basses, etc.

— Aussi est-il difficile de mentir par l'expression aussi facilement que par la parole : le menteur novice rougit si on lui parle sur un ton de soupçon ou simplement sous un regard scrutateur qui se fixe sur lui.

3° *Par l'imagination.* Illusions auxquelles donne naissance la physionomie quand on regarde un visage sous des angles différents ou sous certain aspect, par exemple quand on couvre de la main tout le bas du visage. (Curieuses expériences de M. Duchesne de Bologne). — Il n'y a même pas toujours illusion : chaque mouvement des muscles donne naissance à une expression complète déterminée.

Ces trois sortes d'explication peuvent d'ailleurs se concilier : chaque philosophe a vu une part de la vérité. Resterait à faire une synthèse définitive. (Nous nous sommes largement inspiré pour la rédaction de ce plan, d'un cours très suggestif de M. P. Souriau, le fin et délicat professeur de philosophie de la Faculté de Nancy).

J. B. C.

A consulter sur les types de visage : *Traité de la physionomie humaine* par M. Lédos (éditeur H. Oudin, 10, rue de Mézières, 1 vol. in-8 illustré de 100 grav., 15 fr.), résumé dans l'Almanach Hachette 1895, p. 353, sous ce titre : *Le caractère d'après la physionomie.*

CV

Expliquer cette pensée de La Fontaine : « Il ne faut pas juger des gens sur l'apparence. » (Aix, 2º partie du baccalauréat, 21 mars 1887.)

COPIE D'ÉLÈVE

Début. — La Fontaine se plaît souvent, dans ses Fables, à nous résumer, en quelque formule courte et précise comme un proverbe, les nombreuses observations qu'il a recueillies autour de lui. Ses apologues abondent en aphorismes, ce qui en fait de véritables leçons de morale commune, un recueil de règles pratiques, un guide de conduite et d'action. C'est ainsi que l'une de ses plus belles fables débute par cette recommandation, peu flatteuse pour l'espèce humaine : « Il ne faut pas juger des gens sur l'apparence ».

La Fontaine revient et insiste à plusieurs reprises sur cette idée. Il avait conclu la fable « Le cochet, le chat et le souriceau » par ces vers :

> Garde-toi, tant que tu vivras,
> De juger des gens sur la mine ;

Dans « Le Paysan du Danube » il commence par le même conseil et va nous en établir la vérité par de nombreux exemples. Il cite comme personnages qu'on aurait tort de juger à première vue :

> Le bon Socrate, Esope et certain Paysan
> Des rives du Danube.

Il aurait pu s'ajouter lui-même à la liste et bien d'autres avec lui. Développons ces exemples.

On sait que Socrate était fort laid. Son nez camus, ses yeux à fleur de tête, sa taille ramassée en faisaient une sorte de Silène. (La comparaison est de Platon). Sous ce masque se cachait pourtant une intelligence élevée, un esprit pénétrant, une âme vraiment noble et presque divine.

Un extérieur contrefait n'ôtait rien non plus au phrygien Esope de sa fertile imagination et de son énergie de volonté. A défaut des avantages physiques, la nature l'avait doué d'une pensée inventive, d'un caractère patient, d'une parole aiguisée et d'une mordante éloquence.

Quant au Paysan du Danube, personnage créé de toutes pièces par le génie du Fabuliste, — mais dont la réalité nous présente plus souvent qu'on ne pense le type vivant et concret, — nous ne nous attendrions pas sans doute à rencontrer en cet « ours mal léché » un modèle d'orateur. Quelle forte éloquence coule de ses lèvres ! Comme son langage nu et sans apprêts captive, en dépit de dures vérités, un auditoire délicat de graves sénateurs ! Avec quel art spontané des transitions ne développe-t-il pas les divers points de son réquisitoire, violent s'il en fût ! Dans son discours, si simple pourtant, quelle véhémence impétueuse, quelle variété de tournures, quel accent de vérité, quel énergique appel à la justice de Rome, à défaut à la justice des dieux !

Et La Fontaine ! N'est-ce pas à lui tout d'abord que son

vers nous fait songer ? A voir le bonhomme vivre à l'écart, la physionomie distraite, l'allure quelque peu sournoise, on dirait qu'il ne songe à rien, qu'il ne voit rien des spectacles qui se passent sous ses yeux. Et pourtant quel plus profond observateur pourrait-on trouver de la société humaine et animale ! La nature tout entière se reflète et résonne en quelque sorte dans son « âme de cristal ». Quand il consent à rompre le silence, quels beaux vers s'échappent de la plume, comme il sait avec malice souligner les travers et dénoncer les ridicules ! Parasite par inconscience et nonchaloir, toujours prêt à vivre d'emprunt et à accepter l'hospitalité tantôt chez l'un, tantôt chez l'autre, il nous offre en apparence le type du parfait égoïste. Nul pourtant ne sut payer son écot avec plus de gratitude en attachement inaltérable, en courageuse sympathie. On n'oubliera jamais cet admirable plaidoyer qu'il écrivit en faveur de Fouquet et qui a pour titre : *Elégie aux Nymphes de Vaux*.

Les types immortels de Tartufe, de don Juan, d'Arsinoë, autant de personnages que nous avons souvent aussi coudoyés dans la vie réelle, et dont la physionomie est trompeuse. Tartufe a l'air d'un parfait dévot, d'un homme à piété sincère, peu s'en faut d'un janséniste. Au fond c'est un piètre sire, un égoïste tout prêt à sacrifier à ses appétits grossiers l'amitié et l'honneur d'un honnête homme, assez sot pour lui avoir donné sa confiance et l'avoir introduit à son foyer. Don Juan, sous des dehors chevaleresques, n'est qu'un viveur libertin qui abuse de l'amour. Arsinoë enfin est une femme aux passions ardentes que l'âge a mise en demeure de renoncer aux plaisirs, sans calmer ses sens, et qui se donne des airs de matrone austère. De tous ces personnages, on peut dire avec le poète :

> Le masque tombe, l'homme reste
> Et le héros s'évanouit.

Combien de fois un air d'autorité, même chez un imbécile, en impose ! « D'un magistrat ignorant, c'est la robe qu'on salue. »

La Fontaine a donc raison ; la prudence nous fait une loi de ne pas juger autrui sur l'apparence, sur la première impression, à la légère. Il nous faut réserver notre jugement sur les personnes, tant qu'une longue fréquentation, tant qu'un examen attentif ne nous a pas mis à même de les connaître à fond. Ce que les Grecs disaient de l'amitié qu'il ne faut se lier avec personne avant d'avoir mangé ensemble plusieurs boisseaux de sel, doit devenir pour nous une règle constante de conduite, valable en tout et pour tout. La défiance, voilà l'unique moyen de s'éviter bien des déconvenues, de regrettables et injustes appréciations.

Peut-être est-il permis de remarquer que la règle établie par La Fontaine comporterait des restrictions ; que l'apparence et la physionomie ne sont pas essentiellement trompeuses ; que la franchise se dégage clairement de certains visages ; nous l'accordons volontiers.

Le fabuliste a trop vu le mauvais côté de la société humaine : la fourberie qui se cache sous le jeu des physionomies, le faux des sourires, le convenu menteur de certains gestes, le vain éclat de quelques personnages, les mille duperies de l'apparat. Son pessimisme lui a fait méconnaître ce qu'il y a de noble dans le dehors de l'homme, ce qu'il y a de naturellement franc dans l'expression des visages. Moraliste, il a voulu pénétrer le dessous de nos pensées et a mis trop de malice subtile dans son analyse. Fabuliste, il n'a point l'homme qu'à travers l'animal et a dégradé le premier comme à plaisir. Mais du moins son pessimisme part d'un bon naturel : fait peut-être d'un excès de précaution et de prudente réserve, il n'engendre pas dans son cœur l'indignation intraitable d'un Alceste.

La règle morale que nous venons d'expliquer n'est que la conclusion pratique d'un homme qui a beaucoup vu, beaucoup observé, et qui, prenant la société telle qu'elle est, veut se prémunir lui-même et prémunir son lecteur contre les surprises possibles. Ce n'est point la boutade chagrine d'un misanthrope que ses déceptions personnelles ont aigri, qui veut rompre en visière au genre humain tout entier.

CVI
Qu'est-ce que le panthéisme ? Quels sont les principaux représentants de ce système dans l'histoire de la philosophie ? (Sorbonne, 13 avril 1881.)

Début. - *(Définition).* — L'essence du panthéisme, c'est

l'unité de substance ; c'est la réduction du fini et de l'infini, de la nature et de Dieu à l'unité absolue.

Division. — *Quatre grands systèmes panthéistes :*

1er point. — *Celui des Stoïciens*, pour lesquels Dieu est l'âme de l'univers, répandant la vie dans toutes les parties et dans tous les êtres du monde.

2e point. — *Celui des Alexandrins*, qui disent que le monde est une émanation et un développement progressif de l'Unité (les trois hypostases divines : l'Un, l'Intelligence et l'Ame.)

3e point. — *Celui de Spinoza*, qui veut que le monde des corps et le monde des esprits soient le développement fatal et successif de la substance en différents modes.

4e point. — *Celui d'Hégel*, qui reconnaît le développement successif et alternatif de l'Idée, sortant de soi et rentrant en soi.

Conclusion. — Dans la philosophie spiritualiste et chrétienne, le passage de l'infini au fini s'explique par la création ; dans le panthéisme, par une diffusion, un développement ou une émanation de la substance divine.

V. BÉRARD.

CVII

Qu'est-ce que le panthéisme ? — Quel en est le principe ? Quelles en sont les conséquences ?

Début. — *(Sa définition)*. — Le panthéisme est le système qui ne sépare pas Dieu de l'Univers ou l'Univers de Dieu.

Dieu n'existe pas en soi distinct et séparé du monde ni le monde séparé de Dieu. Dieu et le monde ne font qu'un. Dieu est tout, tout est Dieu ou une portion de Dieu.

1er point. — *(Quel est son principe métaphysique ?)*

La base métaphysique du panthéisme est la conception de l'infini.

Pour lui, Dieu est à la fois infini et fini. Les êtres finis ne sont que les formes passagères ou les modes de l'infini. Les corps comme les esprits, ne sont que des formes fugitives dans lesquelles et par lesquelles Dieu se réalise : il est leur substance immanente.

En un mot Dieu est l'idéal de la nature, et la nature est l'idéal de Dieu.

2ᵉ point. — (*Quelles sont ses conséquences ?*)

A) *Morales.* 1° Négation du libre arbitre, de la personnalité, et, par conséquent de toute responsabilité morale ; 2° une loi morale sans obligation ni sanction ; 3° l'abandon de soi, l'inertie, la déchéance ou l'absence de caractère.

B) *Sociales.* 1° Peu ou point de garanties à la liberté individuelle ; 2° discrédit de la famille ; 3° la propriété individuelle faiblement garantie ; 4° l'Etat absorbant l'individu et la famille ; 5° l'Etat lui-même absorbé par l'humanité.

C) *Religieuses.* 1° Culte de l'idéal ; 2° culte des grands hommes ou de l'humanité.

Conclusion. — En un mot, culte d'abstractions insaisissables à l'imagination et vides de personnalité. V. BÉRARD

SUJETS ANALOGUES.

540. — Qu'est-ce que le *panthéisme* ? En réfuter les principes, en exposer les conséquences. (Sorbonne, 23 août 1870).

541. — En quoi consistent le *panthéisme et l'athéisme* ? Quels sont leurs rapports et leurs différences ? (Sorbonne, 13 novembre 1874).

542. — Qu'appelle-t-on le système du *panthéisme* ? Le caractériser rapidement par ses principaux traits. Que savez-vous de Spinoza ? (Sorbonne, 12 août 1875).

543. — Est-il vrai que le Spinozisme ne soit, selon le mot de Leibnitz, qu'un cartésianisme immodéré ? (Sorbonne, 9 juillet 1884).

544. — Du panthéisme dans ses rapports avec la morale. (Sorbonne, 17 juillet 1893).

545. — Comparer le panthéisme des stoïciens avec celui de Spinoza (Besançon, 21 juillet 1890).

546. — Les caractères essentiels du panthéisme. (Lyon, 25 juillet 1890).

547. — Le spiritualisme et le panthéisme. Indiquer les rapports et les différences de ces deux systèmes de métaphysique. (Nancy, 20 juillet 1891).

548. * — De ce qu'on entend par personnalité de Dieu. Démonstration de cette personnalité.

CVIII

Exposer dans leur ordre logique et examiner les principaux systèmes sur l'origine des idées et vérités nécessaires.

PLAN DÉVELOPPÉ

Début. — 1° Distinction des idées en deux classes suivant leurs caractères métaphysiques : a) les idées *rationnelles* (nécessaires, absolues, infinies, universelles et immuables) ; exemples : idées de perfection, d'infini, d'être immense et éternel ; b) les *idées expérimentales* (contingentes, relatives, finies, particulières ou générales) ; exemples : idées d'astre, de cheval. — 2° Logiquement, les idées de la première classe sont *premières*, celles de la deuxième sont *secondes*. — 3° Les idées rationnelles expriment sous une forme abstraite certaines lois de l'intelligence sans lesquelles on ne saurait penser ; elles sont des applications de ces lois qui s'appellent vérités premières ou *principes premiers* (axiomes d'identité, de contradiction, de raison suffisante, et leurs dérivés : principe de causalité, de substance, de finalité, axiomes mathématiques).

Proposition. — *Quelle est l'origine des idées*, et d'abord que faut-il entendre par origine des idées et des vérités nécessaires ? — *On appelle origine d'une idée* les raisons qui en expliquent la présence dans notre esprit. Toute idée ayant un objet réel a deux origines : l'une en nous (c'est la faculté qui nous la fournit), l'autre en dehors de nous (c'est l'objet même auquel elle se rapporte).

L'origine objective des *idées et des vérités contingentes*, ce sont les êtres finis (âmes ou corps) ; l'origine subjective de ces mêmes idées, ce sont les sens et la conscience ou, d'un seul mot, l'expérience. Voilà pourquoi on appelle ces idées et ces vérités *expérimentales*. — Quant aux *idées nécessaires* et absolues, elles ont pour origine dans le sujet la raison, et au dehors du sujet l'être infini ou Dieu. On les appelle idées et vérités rationnelles.

Cela ressort de l'examen des *principaux systèmes* sur l'origine des idées. Ce sont, dans leur ordre logique, les systèmes nominalistes, les systèmes conceptualistes et les systèmes réalistes.

I. **Systèmes nominalistes.** (Roscelin, Ockkam, Condillac, de Bonald).

D'après eux, l'origine des idées est dans le langage et la tradition. — *Critique :* l'expérience contredit ce système : nous faisons usage de notre raison avant de parler. — D'ailleurs, les mots ne sont rien sans les idées qui leur donnent un sens et un contenu. Le langage est l'effet et non la cause des idées. La raison ne repose ni sur l'éducation, ni sur la tradition, ni sur la révélation ; elle en est au contraire le fondement. Les nominalistes font donc un cercle vicieux.

II. **Systèmes conceptualistes.**

Derrière les mots, il y a des conceptions de l'intelligence. Reste à savoir si les idées nécessaires ont leur origine dans les conceptions tirées de l'expérience (empirisme), ou dans les conceptions d'une faculté particulière et originale : la raison (conceptualisme transcendantal).

A) *Réfutation de l'empirisme.* — D'après l'empirisme, les idées et les vérités absolues ont leur origine dans les sens et la conscience (Locke), ou du moins dans le travail de l'esprit sur les données des sens et de l'expérience (associationisme et héréditarisme : Hume, Stuart-Mill, Herbert Spencer).

Or toutes les opérations de l'esprit se ramènent à la synthèse et à l'analyse, de même que toutes les opérations numériques se réduisent à l'addition et à la soustraction.

Les *opérations synthétiques* se résument dans la généralisation et surtout dans l'induction. Mais l'induction ne peut transformer le fini en infini, le contingent en nécessaire, le particulier en universel. De ce que nous connaîtrions, par exemple, les raisons de certaines choses, il ne s'en suivrait pas que toutes choses eussent une raison. Bien plus, il y a une infinité de raisons qui nous échappent. L'induction aboutirait donc à ce résultat, de nous faire croire que les choses sont ordinairement sans raison. Enfin, l'induction elle-même suppose le principe de raison suffisante. Nous savons, avant d'induire, que tout a une raison et une loi. Les empiriques font donc aussi un cercle vicieux.

Mais, disent-ils, en ajoutant toujours le fini au fini, j'acquiers l'idée de l'infini. — Même cercle vicieux : c'est parce que vous avez, leur répondrons-nous, l'idée de l'infini, que vous concevez la possibilité d'ajouter toujours le fini au fini.

Quant aux *opérations analytiques*, elles se ramènent à l'abstraction et à la déduction. Mais on ne peut déduire ni abstraire d'une chose ce qu'elle ne renferme pas. L'infini n'est pas dans le fini, l'universel dans le particulier. L'expérience me montre ce qui est ; je ne puis en abstraire ni en déduire ce qui ne peut pas ne pas être.

Donc, l'expérience aidée des opérations soit synthétiques, soit analytiques, ne peut découvrir les idées et les vérités absolues. Donc, ces idées sont les conceptions d'une faculté particulière, appelée raison ; aussi les appelle-t-on idées rationnelles. Reste à savoir si elles existent seulement dans notre raison, comme le prétend cette forme supérieure de conceptualisme qu'on appelle conceptualisme ou scepticisme transcendantal.

B) *Conceptualisme transcendantal* (Kant). — Kant admet l'existence de la raison et réfute admirablement l'empirisme. Mais il prétend que les idées rationnelles sont des *conceptions de l'esprit qui ne correspondent à aucune réalité*, des lois subjectives sans valeur objective. Nous sommes faits, dit-il, de manière à croire, par exemple, que tout phénomène a une cause ; mais peut-être n'en est-il point ainsi dans la réalité ; peut-être même n'y a-t-il aucune réalité.

Critique. — Cette hypothèse de Kant est ou gratuite ou contradictoire, et elle résout la question de l'origine des idées par une pétition de principe. En effet, si Kant n'apporte aucune raison pour confirmer son hypothèse, son système est arbitraire et sans valeur scientifique. Apporte-t-il des raisons, il se contredit et se réfute lui-même, puisqu'il s'efforce de trouver une raison pour laquelle les choses n'auraient pas de raison. — En outre, il ne résout pas le problème de l'origine des idées. Pourquoi les vérités rationnelles sont-elles des lois de notre raison ? C'est précisément ce qu'il s'agit d'expliquer. Or, lui dirons-nous, vous rendez la chose inexplicable. Si les vérités nécessaires n'existent que dans notre esprit, comment se fait-il que le monde entier se soumette aux lois de la pensée humaine ? Si l'ordre est dans notre raison et non dans la nature des choses, d'où vient que la science, à mesure qu'elle fait plus de progrès, découvre plus d'ordre dans la nature ? Le conceptualisme Kantien n'explique donc rien. Il nous faut en venir aux systèmes réalistes.

III. — **Systèmes réalistes.** — Les idées et les vérités nécessaires existent non seulement dans l'esprit, mais encore dans les choses (rationalisme leibnizien).

D'après le naturalisme et le panthéisme hégélien elles n'existent pas ailleurs que dans les choses.

A) *Critique du naturalisme et du panthéisme hégélien.* — La vérité absolue est dans les choses, dans la nature. Elle s'y réalise, nous l'y apercevons ; de là notre croyance à l'ordre et à la raison du monde.

Ce système est contradictoire. L'infini ne peut pas exister dans les choses finies, l'absolu dans le relatif, l'universel dans le particulier. Le monde est imparfait, il n'est donc pas absolu et infini. La vérité, c'est que le fini se conforme et obéit à l'infini, le relatif au nécessaire, les choses à la raison.

B) *Vrai rationalisme réaliste.* — Donc, la raison infinie et absolue agit sur le monde et le gouverne, en même temps qu'elle agit sur la raison de l'homme et la gouverne. De là, la nécessité d'un être supérieur tout à la fois à la Nature et à l'esprit de l'homme, qui explique la conformité de la pensée humaine aux choses extérieures. Si le monde est intelligible et l'homme intelligent, c'est que le monde et l'homme participent également à l'intelligence divine. S'il y a de la raison dans les choses et de la raison dans l'homme, c'est que le monde et l'homme sont l'œuvre de la raison universelle.

CONCLUSION. — En résumé, les vérités universelles et nécessaires ont leur origine subjective dans la raison humaine et leur origine objective dans la raison universelle qui est Dieu.

On comprend ainsi *comment a lieu la formation des idées*. Les idées et vérités expérimentales se forment successivement et médiatement par les opérations de l'esprit sur les données de l'expérience (comparaison, abstraction, etc.) — Les idées et vérités rationnelles se forment par un acte immédiat et spontané de la raison à l'occasion des données de l'expérience. Pour savoir par induction que les volumes des gaz sont en raison inverse des pressions qu'ils supportent, il faut des expériences nombreuses, une comparaison attentive des phénomènes, etc. Au contraire, pour savoir que tout a une raison, il n'est pas besoin de plusieurs cas particuliers ni d'aucune comparaison.

J. B. C.

Sujets analogues

549. — Doctrine de l'innéité dans Descartes, Leibnitz et Kant. (Agrégation de philosophie, 1883).

550. — Origine des idées dans Descartes, Leibnitz et Kant. (Id. 1884).

551. — Fonctions de l'élément rationnel et de l'élément empirique dans la formation de la connaissance. (Agrégation de philosophie, 1841).

552. — Théorie des idées et des facultés. 1° Classer les idées, en déterminant les divers caractères généraux dont elles sont marquées. Donner des exemples. 2° Rapporter les diverses classes d'idées qui auront été trouvées aux diverses facultés qui leur correspondent. (Agrégation de philosophie, 1835).

553. — Y a-t-il des idées innées, et en quel sens ? (Agrégation de philosophie, 1869).

554. — Qu'y a-t-il d'inné dans l'intelligence ? (Agrégation de philosophie, 1869).

555. — Expérience et raison. (Aix, 14 août 1875).

CIX

Distinguer les sensations et les sentiments (Sorbonne, 10 avril 1876).

Début. — Division des faits sensibles d'après leur origine, leurs causes ou antécédents. La sensibilité physique donne naissance aux sensations et aux appétits nécessaires à la vie animale : la sensibilité morale comprend les sentiments, les désirs, les affections, les passions.

Exemples de sensations : froid, faim, chaleur, étouffement.

— Exemples de sentiments : plaisir du beau, amour du vrai, remords, satisfaction morale.

Corps du sujet. — **Différence entre les sensations et les sentiments :**

1° *Origine :* l'origine de la sensation est un fait physique. On désigne sous le nom de sensation toute modification agréable ou pénible provoquée par l'impression d'un corps étranger sur notre corps. Ne pas confondre la sensation avec l'impression physiologique ou mouvement des nerfs qui la précède. La vibration nerveuse est un phénomène matériel qui a lieu dans l'étendue, qui, commençant à la périphérie des organes, se prolonge jusqu'au cerveau. La sensation a lieu dans l'âme ; elle a de la durée et non de l'étendue, etc. — L'origine du sentiment est un fait moral, quelquefois une sensation, ordinairement une pensée, exemple : la colère qui m'anime à la suite d'un outrage public.

2° *Siège :* La sensation est localisable en un certain endroit déterminé du corps (les coliques, le mal aux dents) ; — le sentiment ne l'est jamais.

3° *Durée :* Nombre de sensations sont périodiques et toutes sont destinées nécessairement à disparaître avec le corps ; — il n'en est pas de même des sentiments qui demeurent constants et inséparables de l'âme : l'indifférence absolue de l'être, l'absence en lui de plaisir ou de douleur équivaudrait à la mort.

4° *Limites.* La sensation comporte une entière satisfaction ; exemple : la faim, la soif. — La nature du sentiment est infinie : l'artiste aime et poursuit le beau sans trêve ni satiété.

5° *Conditions.* a) La sensation s'explique seule ; le sentiment suppose l'exercice de l'intelligence. L'animal a des sensations aussi complètes que l'homme. A-t-il réellement, comme ce dernier, des sentiments ? b). La sensation est fatale ; le sentiment dépend directement de la volonté.

6° *Effet de l'habitude* différent sur la sensation (affective) et le sentiment. L'habitude émousse la première (on s'habitue aux odeurs : le sachet de Montaigne) et avive le second.

7° *Nature.* Enfin, tandis que la sensation est toujours égoïste, le sentiment est parfois désintéressé, quoi que prétende l'auteur des *Maximes*.

Conclusion. — Impossibilité de ramener l'une à l'autre.

J.-B. C.

CX
De la sensibilité physique.

DÉBUT. — La sensibilité est la faculté de jouir, de souffrir et d'aimer.

Elle est physique ou morale, suivant qu'elle a pour excitateur le corps ou l'âme.

La sensibilité physique, ainsi appelée parce qu'elle est mise en jeu par l'action du corps sur l'âme, donne naissance aux sensations et aux appétits nécessaires à la vie animale.

I. **Sensations.** — La sensation est le fait primitif de la sensibilité. C'est la modification agréable ou pénible de l'âme provoquée par l'impression d'un corps étranger sur notre corps.

1° On distingue les sensations en externes et internes.

a) Les *sensations internes* sont celles par lesquelles nous sentons ce qui se passe dans notre propre corps. Elles sont fort nombreuses et très vagues. On les classe d'après les fonctions physiologiques. (Cf. Janet, *Traité élém. de phil.*, p. 54).

b) Les sensations externes se distribuent en 5 classes, d'après la nature des impressions organiques qui les excitent. Ce sont : 1° les sensations de résistance, dans lesquelles on fait rentrer le froid et le chaud ; 2° les sensations de couleur ; 3° les sensations de son ; 4° les sensations d'odeur ; 5° les sensations de saveur.

2° *Sens.* — Chacune de ces classes a sa source ou sa condition dans une faculté particulière qu'on appelle sens. Il y a donc *5 sens* externes, c'est-à-dire 5 manières différentes dont s'exerce la sensibilité physique : 1° le sens du toucher, auquel se rapportent les sensations de résistance, de froid et de chaud ; 2° le sens de la vue, auquel se rapportent les sensations de couleur ; 3° le sens de l'ouïe, auquel se rapportent les sensations de son ; 4° le sens de l'odorat, auquel se rapportent les sensations d'odeur ; 5° le sens du goût, auquel se rapportent les saveurs. Quant au sens interne, il porte le nom de *sens vital*.

3° *Organes.* — Comme toute sensation est provoquée par une impression subie par le corps, celui-ci est pourvu d'un certain nombre d'appareils, plus ou moins compliqués, qui correspondent aux divers sens et leur servent d'instruments. On les appelle organes. L'œil est l'organe de la vue ; l'oreille, l'organe de l'ouïe ; les narines, l'organe de l'odorat ; la langue et le palais, l'organe du goût ; le toucher seul, quoiqu'il ait pour organe principal la main, est répandu dans tout le corps.

Il est essentiel de *distinguer les sens des organes*. Les sens sont des facultés de l'âme ; les organes appartiennent au corps.

4° *Caractères de la sensation*. La sensation est un fait passif, fatal et subjectif. — Ce phénomène est *passif* parce que, dans sa production, le moi joue un rôle passif. Il ne le produit pas : il l'éprouve, il le subit. En un mot, il n'est pas agent, mais patient. — Ce fait est *fatal*, parce que, toutes les conditions indispensables à sa production étant remplies, il a lieu nécessairement. — Il est *subjectif*, parce qu'il est borné au sujet qui l'éprouve. — A ces caractères s'ajoutent les deux suivants : la sensation est toujours précédée d'une impression organique ; elle se localise dans la partie du corps qui a reçu l'impression.

II. **Appétits**. — Les appétits sont des mouvements naturels provoqués par une sensation ordinairement désagréable. Ils ont pour objet la conservation et le bien-être du corps. Ils peuvent être momentanément satisfaits et reviennent périodiquement. Les principaux appétits sont la faim, la soif, le besoin de dormir. Il y a aussi des appétits artificiels que l'homme se donne par habitude. Tels sont, par exemple, les appétits de certaines liqueurs, du tabac, de l'opium, etc.

Conclusion. — La sensibilité physique a pour but la conservation du corps, comme la sensibilité morale a pour but le progrès de l'âme. Ainsi se réalise en l'homme, sous une double forme, la grande tendance qu'ont tous les êtres à se conserver et à se développer. (Rôle de la souffrance et du plaisir, de la douleur et de la joie).

V. Bérard.

CXI
Le raisonnement spontané et le raisonnement réfléchi.
(Sorbonne, 13 juillet 1895).

DÉBUT. — Définition du raisonnement ; sortes de raisonnement : (par déduction, par induction, par analogie).

1er point. — Raisonnement par déduction.

1° La déduction rigoureuse et scientifique (ex. : le syllogisme) et la déduction spontanée, instinctive, faite sans que l'esprit se rende compte des différents moments de l'opération ; procédé habituel en littérature, dans l'éloquence et dans la vie pratique (tous les hommes meurent, donc je mourrai).

2° La déduction scientifique se fait par analyse, liaison des jugements, découverte de rapports ; — la déduction spontanée procède par analogie.

2e point. — Raisonnement par induction.

1° Définition de l'induction spontanée et de l'induction réfléchie. Ex. d'induction scientifique (voir tous les manuels) ; ex. d'induction spontanée : l'enfant qui s'est brûlé à une bougie ne touchera pas à la flamme d'une autre bougie.

2° L'induction spontanée appartient aux enfants et aux animaux ; c'est plutôt une association d'idées ; — l'induction réfléchie est le propre du savant.

3° L'induction réfléchie procède par analyse, l'induction spontanée repose sur une simple analogie.

4° L'induction réfléchie a pour base le principe de causalité ; l'induction spontanée s'appuie sur une association d'idées.

3e point. — Raisonnement par analogie.

1° Analogie spontanée chez l'enfant et l'animal ; fruit de la mémoire et de l'imagination ; ses erreurs.

2° Analogie réfléchie. Ex. d'analogies dans les sciences physiques et naturelles : paléontologie de Cuvier, etc.

CONCLUSION. — Les trois raisonnements ont le même but et sont étroitement unis.   V. VATTIER.

SUJETS ANALOGUES

556. — Distinguer par des traits précis l'induction et la déduction. (Sorbonne, 8 août 1866 — 5 mai 1868).

557. — Distinguer et comparer les principales espèces de raisonnement. (Sorbonne, 5 novembre 1867).

558. — Comparer l'induction et la déduction. Ces deux espèces de raisonnement sont-elles entièrement opposées ? Peut-on, à un certain point de vue, réduire l'une à l'autre ? (Sorbonne, 22 mars 1872).

559. — Qu'est-ce que le raisonnement ? Analyse psychologique et logique de ce procédé. (Sorbonne, 5 juillet 1878).

560. — Du raisonnement par analogie. Indiquer les services qu'il rend dans les recherches scientifiques et les erreurs qu'il entraîne trop souvent. (Aix, 10 novembre 1888).

561. — Peut-on ramener la déduction à une induction renversée ? (Besançon, 9 novembre 1891).

562. — Qu'est-ce que raisonner ? (Caen, 16 novembre 1891).

563. — Commenter ces deux vers de Molière : Raisonner est l'emploi de toute ma maison, Et le raisonnement en bannit la raison. (Grenoble, 24 novembre 1890).

564. — Du raisonnement et de ses formes principales. De l'usage et de l'abus du raisonnement. (Grenoble, novembre 1892, 1re série).

565. — De l'usage et de l'abus du raisonnement par analogie dans les recherches scientifiques et dans nos relations avec nos semblables. (Lyon, 12 novembre 1888).

566 * — Comparer la valeur démonstrative des trois formes principales de raisonnement : analogie, induction et déduction dans les divers ordres de sciences.

567 * — De la spontanéité et de la réflexion.

568. * — Expliquer la différence de la vie instinctive ou animale et de la vie réfléchie, morale, vraiment humaine.

CXII

De la sensibilité morale (Aix, 13 juillet 1895).

Plan développé

Début. — La sensibilité est la faculté que nous avons d'éprouver des sensations et des sentiments. A cette faculté se rapportent toutes les affections de l'âme.

Selon qu'elle a le corps ou l'âme pour excitateur, elle se

présente sous deux formes : 1° la sensibilité physique ou externe ; 2° la sensibilité morale ou interne.

La sensibilité physique, ainsi appelée parce qu'elle est mise en jeu par l'action du corps sur l'âme, donne naissance aux sensations et aux appétits nécessaires à la vie animale. Elle comprend les *plaisirs et peines du corps*.

La sensibilité morale ou interne est ainsi appelée parce qu'elle n'est pas mise en jeu par l'action du monde extérieur, mais par la pensée. Elle comprend ce qu'on nomme les *plaisirs et peines du cœur*, c'est-à-dire les sentiments, les désirs, les affections de toute nature, les passions.

I. — **Sentiments**. — Sous le nom général et un peu vague de sentiments, on range tous les plaisirs et toutes les peines, toutes les émotions et toutes les affections de l'âme provoquées quelquefois par une sensation agréable ou désagréable, mais le plus souvent par un acte de la pensée. Contrairement à la sensation, le sentiment ne se localise dans aucune partie du corps.

II. — **Désirs**. — Les désirs sont des mouvements naturels, consécutifs du sentiment, qui nous poussent vers les objets qui nous agréent, vers une condition, une situation, un état que nous regardons comme heureux.

Ils se distinguent des appétits en ce qu'ils sont constants et non périodiques, et qu'ils ne sont jamais satisfaits. Les principaux désirs de l'âme sont : 1° le désir de connaissance ; 2° le désir d'estime ; 3° le désir de supériorité ; 4° le désir de propriété.

Aux désirs s'opposent les *aversions* qui nous éloignent et nous détournent des objets qui nous déplaisent.

III. — **Affections**. — Ce sont des tendances bienveillantes ou malveillantes, des mouvements de sympathie ou d'antipathie qui nous rapprochent spontanément de nos semblables ou nous en éloignent.

Les *affections bienveillantes*, considérées par rapport à leur objet, peuvent se diviser en *deux classes* : les unes sont *particulières* ou individuelles ; les autres sont *universelles* ou générales.

Parmi les affections particulières, il faut ranger les affections de famille (amour conjugal, tendresse maternelle et paternelle, piété filiale, amour fraternel), — l'amour, l'amitié, — la reconnaissance, la pitié, la commisération, etc.

Les affections bienveillantes *universelles* sont principalement les suivantes : le patriotisme, l'esprit de corps, la philanthropie, etc.

Les affections *malveillantes* sont : la méchanceté, la cruauté, l'ingratitude.

Trois caractères distinguent les affections bienveillantes des affections malveillantes : 1° l'affection bienveillante est toujours accompagnée d'une émotion agréable ; l'affection malveillante est toujours suivie d'une émotion pénible ; 2° la première est toujours désintéressée, tandis que l'affection malveillante ne l'est pas ; 3° la bienveillance peut être universelle ; la malveillance est particulière.

IV — L'exercice de la raison pure donne naissance, à son tour, à un certain nombre de **sentiments de l'ordre le plus élevé** : les sentiments du vrai, du beau, du bien, du saint et de l'infini, dont la synthèse donne le sentiment religieux.

V. — **Les passions** ne forment pas une classe particulière de désirs ou d'affections. Elles ne sont que les désirs et les affections portés à un certain degré de véhémence. L'amour et la haine sont reconnus par tous les philosophes comme le fondement des passions.

Conclusion. — **Rôle de la sensibilité morale.** — Si par les sensations, la sensibilité nous fait pourvoir à la conservation du corps, fournit des signes à l'intelligence et nous met en rapport avec le monde extérieur ; par les affections, elle nous rapproche de nos semblables ; par les passions, elle nous aide dans l'accomplissement du devoir, lorsqu'elles sont d'accord avec lui, et, quand elles lui sont opposées, elle fournit à la volonté qui les réprime et les soumet à l'empire de la raison l'occasion de montrer sa puissance et de donner ainsi à l'homme toute sa valeur morale.

J.-B. C.

Sujets analogues

569. — Distinguer le sentiment de la sensation. Énumérer et classer les principaux sentiments du cœur humain. (Sorbonne, 15 novembre 1867).

570. — Énumérer et classer les principales inclinations de la nature humaine. (Sorbonne, 2 août 1867).

571. — Définir, classer et caractériser les sentiments, les inclinations, les appétits, les penchants et les passions. (Sorbonne, 18 novembre 1871.

572. — Distinguer les sensations des sentiments, classer les principaux sentiments et les définir. (Sorbonne, 4 mai 1870.)

573. — Distinguer les sensations des sentiments. Vérifier cette distinction en étudiant tour à tour chacun de nos sentiments principaux. (Sorbonne, 28 novembre 1871).

574. — Distinguer les sensations et les sentiments. (Sorbonne, 10 avril 1876).

575. — Faire voir comment toutes passions dérivent de l'amour et de la haine. (Sorbonne, 19 juillet 1875 — 27 octobre 1877).

576. — Énumérer et définir les inclinations, affections et passions de l'âme humaine. (Sorbonne, 21 mars 1879 — 12 juillet 1880. — 12 mars 1883).

577. — Qu'est-ce qu'une émotion ? Montrer que les émotions diffèrent des inclinations et des passions. (Sorbonne, 22 octobre 1894).

578. — Instincts de crédulité et de véracité. — Qu'appelez-vous dire la vérité ? (Aix, 3 août 1875).

579. — Est-il vrai, comme l'a dit Helvétius, que tous nos sentiments aient leur source dans le désir du plaisir des sens et dans la crainte de la douleur physique ? (Aix, 7 juin 1883).

580. — Les sentiments du cœur. (Aix, 10 avril 1889. Examinateur : M. Joyau).

581. * — Comment la sensibilité intervient-elle dans les phénomènes de notre vie physique, intellectuelle et morale ?

582. * — Décrire rapidement et classer les phénomènes de la sensibilité, en déterminant les éléments que les facultés et les opérations intellectuelles empruntent à la sensibilité.

583. * — Des plaisirs de la sympathie.

584. * — De la sympathie en général ; de ses causes, de ses lois et de ses effets.

585. * — Y a-t-il dans l'homme un principe sympathique, et le plaisir de la sympathie est-il absolument désintéressé ?

586. * — Sensibilité physique.

587. * — Sensibilité intellectuelle.
588. * — Plaisirs et peines du corps.
589. * — Plaisirs et peines de l'esprit.
590. * — Plaisirs et peines du cœur.
591. * — Comment se classent les faits de sensibilité ?
592. * — « La haine n'est qu'un amour trahi. » Expliquer cette pensée.

CXIII

Qu'est-ce que la philosophie critique ? L'expliquer en considérant de préférence la philosophie de Kant. (Aix, 13 juillet 1895).

Début. — Définition du criticisme (Kant) et du néo-criticisme (Renouvier) : examen critique de la valeur de nos facultés et de la possibilité de la métaphysique.

1er point. — Principes du criticisme dans Kant. —
1° Etude des sensations : 2 éléments, l'un variable (la sensation), l'autre invariable (l'espace).

2° Analyse des faits de conscience : id. élément variable (les faits eux-mêmes) ; élément invariable (le temps).

3° L'espace et le temps sont des lois constitutives de l'esprit humain, des formes à priori de la sensibilité (synonyme de perception dans le langage Kantien).

4° Théorie du jugement : les 4 catégories (quantité, qualité, relation, modalité) subdivisées chacune en 3 = 12.

5° Les noumènes sont inconnaissables.

6° Thèses et antithèses métaphysiques (= antinomies de la raison pure) : le monde, Dieu, la liberté.

2e point. Objections au criticisme. — 1° Le principe de causalité a une valeur à la fois objective et subjective

2° Pétition de principe du système (pour prouver l'impuissance de la métaphysique, Kant se sert de la métaphysique.)

3° Réfutation du scepticisme transcendantal de Kant (voir sujet CVIII).

3e point. — Critique de la raison pratique.
1° Le devoir.

2° Les règles de la morale.

3° Les postulats de la raison pratique.

Conclusion. — Haute valeur morale du criticisme. V. V.

SUJETS ANALOGUES

593. — Doctrine de Kant sur la connaissance, comparée à celle de Hume et de Leibnitz. (Agrégation de philosophie, 1885).

594. — Théorie de Hume et de Kant sur la connaissance. (Agrégation de philosophie, 1886).

595. — On sait que le grand philosophe Kant a intitulé ses deux principaux ouvrages : « *Critique de la raison pure* et *Critique de la raison pratique* ». Expliquer le sens qu'il a entendu attacher à ce mot : *critique*. Expliquer le sens de chacune de ces deux autres expressions : *raison pure* et *raison pratique*. (Sorbonne, 18 novembre 1886).

596. — Comparer l'Idée de Platon et le Noumène de Kant. (Sorbonne, licence phil., octobre 1886).

597. — Exposer la théorie de la liberté dans Spinoza, Leibnitz et Kant. (Sorbonne, licence phil., juillet 1887).

598. — David Hume, son influence sur Kant. (Sorbonne, licence phil., octobre 1888).

599. — Qu'est-ce que la raison : selon Aristote, selon Leibnitz, selon Kant ? Comparer leurs théories. (Sorbonne, 13 juillet 1892).

600. — Le criticisme. — Sa conception fondamentale et sa méthode. (Sorbonne, prép. Agrég. de phil., décembre 1894).

601. — Exposer et apprécier la théorie de Kant sur les formes à priori de la sensibilité. (Aix, prépar. à la licence phil., janvier 1885).

602. — Donner les caractères distinctifs de la science et de la métaphysique, et montrer quelles différences en résultent pour la méthode de chacune d'elles. (Aix, 17 juillet 1885. Exam. M. Ed. Colsenet).

603. — Exposer et juger la doctrine de Kant sur la liberté. (Aix, 27 juillet 1885. Examinateur : M. Ed. Colsenet).

604. — Exposer succinctement la morale de Kant. (Aix, 6 novembre 1885).

605. — Que savez-vous de la morale de Kant ? (Aix, 14 novembre 1892).

606. — Le Scepticisme. (Aix, novembre 1893).

607. — Que faut-il entendre aujourd'hui par les mots objectif et subjectif ? Quels sont les problèmes liés à l'opposition de ces deux termes ? (Alger, novembre 1892).

608. — Exposer les tendances générales de la philosophie de Kant. (Bordeaux, novembre 1883).

609. — Exposer et juger la doctrine des postulats de la raison pratique d'après Kant. (Besançon, juillet 1889, 2e série).

610. — Exposer et juger la théorie de la connaissance d'après Kant. (Besançon, 7 novembre 1889).

611. — Exposer et juger la théorie des catégories de Kant. (Besançon, 6 novembre 1890).

612. — La liberté dans Leibnitz, dans Spinoza, dans Kant. (Besançon, 18 juillet 1892).

613. — Discuter les antinomies de Kant. (Besançon, 18 mars 1893).

614. — Du scepticisme (Caen, 22 mars 1893).

615. — De la morale de Kant. (Clermont, 10 novembre 1882).

616. — Vous ferez connaître les grands traits de la philosophie de Kant, en insistant plus particulièrement sur la *Critique de la Raison pure*. (Clermont, 18 juillet 1892).

617. — Exposer et critiquer la philosophie de Kant. (Clermont, juillet 1893).

618. — A l'égard de quel ordre de vérités Kant a-t-il pu dire : « Il me fallait bien supprimer la science pour faire place à la croyance (ich musste das *Wissen* aufhebem, un zum *Glauben* Platz zu bekommen) ? » Expliquez cette formule et montrez qu'elle contient tout l'essentiel de la philosophie de Kant. (Dijon, 18 juillet 1892).

619. — Quelles objections a-t-on faites à la possibilité de la métaphysique ? (Lille, juillet 1893).

620. — Du sens des mots *subjectif* et *objectif*, et des problèmes liés à l'opposition de ces deux termes. (Lyon, 17 juillet 1890).

621. — Définir ce qu'on entend par les mots : *spiritualisme, matérialisme, panthéisme, criticisme*. Ne point parler des objections soulevées par ces différentes doctrines. (Montpellier, 3 novembre 1888).

622. — La raison selon Leibnitz et la raison selon Kant. Marquer les différences des deux théories. (Nancy, 27 juillet 1891).

623. — Kant a-t-il raison de dire qu'il avait opéré en phi-

losophie une révolution semblable à celle opérée par Copernic en astronomie. (Toulouse, août 1880).

624. — Nous lisons dans le programme actuel de philosophie les deux titres suivants : Scepticisme, Idéalisme. On demande s'il y a quelque rapport entre les deux systèmes. (Rennes, 17 mars 1893).

625. — Exposer et apprécier la philosophie de Kant. (Toulouse, 1883).

CXIV

Examiner, au point de vue de la théorie de la connaissance, la doctrine idéaliste. (Besançon, juillet 1895).

DÉBUT. — La vérité existe-t-elle ? Quelle est la valeur de la connaissance ? Cinq réponses ont été faites : 1° la vérité existe (dogmatisme) ; 2° elle n'existe pas (scepticisme) ; 3° tout n'est que probable (probabilisme) ; 4° la vérité est relative à nous-même (relativisme) ; 5° la réalité se ramène à la pensée, aux perceptions qu'on en a (idéalisme).

1er point. — Les doctrines idéalistes : exposition :

1° Définition générale de l'idéalisme (*esse est percipi*) : l'existence d'un être n'est que la perception que nous en avons.

2° Idéalisme de Berkeley (immatérialisme) : les qualités secondes comme les qualités premières de la matière ne sont que des *modifications de notre esprit*, sensations ou perceptions.

3° Idéalisme de D. Hume, Stuart Mill (associationisme ou phénoménisme) : nous n'avons conscience que des phénomènes et même des phénomènes internes ; les notions de substance, de cause ne sont que des collections de sensations ; le moi est une abstraction.

4° Idéalisme transcendantal de Kant (criticisme) : la réalité objective résulte des *lois de notre esprit* que nous appliquons aux données de l'expérience. Les noumènes ou choses en soi (c'est-à-dire tout ce qui dépasse les phénomènes) sont inaccessibles à la connaissance.

5° Idéalisme de Fichte : le moi est tout ; le non-moi ou

monde extérieur n'est que la borne, la limite du moi, le moi limité.

6° Idéalisme de Schelling : le moi et le non-moi ne sont que deux faces, deux manifestations d'une seule et même chose : l'absolu.

7° Idéalisme de Hégel : l'absolu se ramène à l'Idée (au sens platonicien) ; le monde n'est que l'Idée (type) manifestée dans la nature.

2º point. — Réfutation.

1° Réponse à Berkeley ; preuves de l'existence objective du monde extérieur (application du principe de causalité, ordre et accord des sensations, etc.).

2° Réponse à Hume et St-Mill : réfutation du phénoménisme : le moi n'est pas une collection de sensations. (Voir sujet XXXIX).

3° Réponse à Kant : les phénomènes supposent les noumènes ; dangers du scepticisme.

4° Réponse à Fichte, Schelling, Hégel : ces systèmes sont plutôt panthéistes qu'idéalistes. Ils se réfutent donc comme le panthéisme.

Conclusion. — Relativité de la connaissance ; idéalisme modéré.
V. V.

SUJETS ANALOGUES

626. — Quelle différence y a-t-il entre le scepticisme et l'idéalisme ? (Sorbonne, licence phil. juillet 1883).

627. — Exposer, en les comparant, les doctrines de Berkeley et de Hume sur la connaissance. (Aix, 19 septembre 1884).

628. — Choisir entre les trois systèmes de philosophie : *matérialisme, panthéisme, idéalisme,* celui que l'on voudra, et en montrer le fort et le faible. (Novembre 1892, Dijon).

629. — Les successeurs de Kant : Fichte, Schelling, Hégel. (Toulouse, 1880).

CXV

Examiner, au point de vue de la théorie de la connaissance, la doctrine réaliste. (Besançon, juillet 1895).

Début : Le même que pour la dissertation précédente.

1ᵉʳ point. — Exposition du réalisme. — Nous

percevons directement les objets eux-mêmes (école écossaise : Reid, Hamilton, A. Garnier.)

1° Le bon sens vulgaire n'est pas idéaliste.

2° Les enfants et les animaux perçoivent le monde extérieur de la même façon que les adultes et les hommes.

3° La perception des couleurs et des sons est immédiate.

4° Comment des sensibles internes pourraient-ils se changer en objets externes ? Comment se ferait l'extériorisation ?

5° Bizarreries des théories de l'inférence, de l'hallucination, de la projection dans l'espace.

2ᵉ point. — Objections à la thèse réaliste.

1° Elle se borne à constater le fait de la connaissance sans l'expliquer.

2° Peut-on admettre une perception immédiate de quelque chose d'extérieur ? Qui dit perception dit conscience ; qui dit conscience dit quelque chose d'interne.

3° Tout porte à croire que les enfants ne perçoivent le monde extérieur qu'après une longue éducation. Expériences de Cheselden, de Waldrop, etc.

4° L'extériorisation, la projection dans l'espace s'expliquent par l'habitude et l'association. (Voir sujet XXVI, page 47).

Conclusion. — Idéalisme mitigé.

V. V.

CXVI

Examiner, au point de vue de la théorie de la connaissance, la doctrine positiviste (Besançon, juillet 1895).

Début. — Comme pour les deux précédentes dissertations.

1ᵉʳ point. — Relativisme positiviste. Exposition (A. Comte, Spencer, Levves, Stuart Mill, Littré).

1° L'esprit humain peut constater les faits, en tirer des lois (faits généralisés), mais il est incapable d'arriver à la connaissance des causes.

2° L'inconnaissable (causes premières, fins, substances, bien, beau, absolu).

3° L'absolu ne pourrait être connu qu'absolument ; une connaissance relative de l'absolu serait contradictoire.

4° Objections contre la métaphysique : théorie des trois états. (La période scientifique va faire disparaître l'état métaphysique, comme celui-ci a fait disparaître l'état théologique).

2ᵉ **point. Objections à la doctrine positiviste.**

1° Elle n'est qu'un empirisme : dangers de cette doctrine (voir Psychologie).

2° Elle conduirait directement au scepticisme transcendantal et au phénoménisme.

3° Possibilité de la Métaphysique.

Conclusion. — Relativisme modéré.

V. V.

Sujets aralogues

630. — Exposer et apprécier les principes de la philosophie qui prend le nom de *Positivisme*. (Agrégation de philosophie, 1875).

631. — Le positivisme est-il la véritable expression de l'esprit philosophique ? (Aix, licence de philosophie, novembre 1890).

632. — Quels sont les principaux représentants, la méthode et les doctrines de l'école positiviste en France ? (Poitiers, avril 188.).

633. — L'école positiviste en France ; ses principaux représentants ; ses doctrines ; son influence. (Poitiers, novembre 1883).

634. — Du positivisme ; son principe ; sa méthode ; ses résultats. (Toulouse, 1882).

CXVII

Du principe Kantien d'après lequel la seule chose moralement bonne est la bonne volonté. (Bordeaux, juillet 1895).

Début. — D'après Kant, la valeur d'une action est déterminée par l'intention dirigée par le devoir. Une seule chose est toujours mauvaise : c'est la volonté de mal faire. Une seule chose est toujours bonne : c'est la volonté de faire son devoir.

1ᵉʳ **point. — Valeur de la morale de l'intention.**

1° Certaines actions qui paraissent bonnes ne le sont pas moralement. (Ex. donner son bien aux pauvres en frustrant ses héritiers légitimes, ou pour faire parler de soi).

2° Certaines actions, dont le résultat est malheureux, sont moralement bonnes. (Ex. hâter la mort d'un noyé en voulant le sauver.)

3° Différence entre la *légalité* et la *moralité* des actions (usure à certaines époques, etc.).

2ᵉ point. — Dangers de la morale de l'intention (mal comprise).

1° On peut facilement se justifier d'une action mauvaise par le but à atteindre (le duelliste veut défendre son honneur).

2° Si l'intention seule importe, vous ne pouvez juger des actions des autres (suppression de la justice humaine).

3° On pourrait justifier tous les crimes d'ignorance, de légèreté, etc, (un homme qui en tue un autre à la chasse est coupable à quelque degré).

4° Il ne suffit pas de vouloir le bien pour le faire, du moins chez beaucoup de personnes : l'enfer est pavé de bonnes intentions.

Conclusion. — La loi morale est avant tout une loi de la volonté, mais elle suppose certaines règles et conditions qui la garantissent : intention sincère, profonde, énergique, éclairée.
V. V.

CXVIII

Du degré de certitude de la science. (Caen, 16 juillet 1895).

Début. — Le degré de certitude de la science est en rapport avec notre connaissance de la vérité. La question du degré de certitude de la science peut donc se ramener au problème métaphysique de la vérité.

Proposition. — 1° La science est-elle possible ? — Quelle est la nature de sa certitude ?

1ᵉʳ point. — 1° Définition de la science ; ses caractères ; est-elle possible ?

2° Objections du scepticisme (ignorance humaine, erreurs, contradictions, diallèle). — Réponses.

3° Impossibilité pratique du scepticisme.

2e point. — Nature de sa certitude — 1° Rigueur de la méthode mathématique ; certitude de ses résultats.

2° Valeur de l'induction dans les sciences physiques et naturelles. (Certitude expérimentale).

3° Certitude propre aux vérités de l'ordre moral.

4° La connaissance n'est que relative à nous-même (relativité de la connaissance) : valeur de l'idéalisme modéré.

Conclusion. — Accord des principes de l'existence et des principes de la connaissance : la science est possible et nous ne pouvons rejeter la certitude de la science sans tomber dans le scepticisme.

Sujets analogues.

635. — Qu'est-ce que la vérité ? Comment savons-nous qu'elle peut être connue et à quelles conditions la connaissons-nous ? (Sorbonne, 11 juillet 1891).

636. — Conditions, caractères et limites de la certitude scientifique. (Concours d'admission à l'Ecole Normale Supérieure, section des Sciences, année 1892).

637. — Y a-t-il des degrés dans la certitude scientifique ? (Bordeaux, 16 mars 1891).

638. — Du degré de certitude de la science. (Caen, 16 juillet 1895).

639. — De la Certitude. Est-elle la même dans toutes les sciences, ou ne varie-t-elle pas selon les objets que l'on considère et les méthodes que l'on suit ? (Dijon, mars 1895).

CXIX

Du fondement de la certitude morale

(Caen, 16 juillet 1895).

Début. — Deux sortes de certitude morale : 1° certitude particulière du témoignage, de l'histoire, et 2° *certitude propre aux vérités de l'ordre moral*. Il s'agit ici de cette dernière.

1er point. — Vérités de l'ordre moral (en indiquer la valeur au point de vue de la certitude).

1° Existence et valeur de l'idée du bien et de l'idée du devoir.

2° Liberté et responsabilité.

3° Existence de Dieu, législateur de la morale.

4° Sanction future, spiritualité et immortalité de l'âme.

2º point. — Thèse de Kant et Renouvier. (Cf. Ollé-Laprune : *La Certitude morale*).

1° Les vérités de l'ordre moral présentent une certitude distincte de la certitude intellectuelle : elles sont *objet de foi*, non de savoir.

2° La certitude intellectuelle dépend en dernière analyse de la certitude morale : les raisons de toute affirmation se trouvent dans l'ordre moral ; les postulats de la morale sont objets de foi, nécessités par l'idée du devoir.

3° La certitude morale est non un effet de l'intelligence, mais un *acte libre de la volonté*.

3º point. — Théorie classique :

1° Faire dépendre la certitude de la volonté, c'est en faire une chose arbitraire.

2° Subordonner les vérités rationnelles aux vérités morales est dangereux.

CONCLUSION. — Il serait bon de n'admettre que deux certitudes : 1° celle de fait ; 2° celle de la raison ou des principes à priori.

V. N.

SUJETS ANALOGUES :

640. — Rôle du libre arbitre dans la certitude. (Sorbonne licence, octobre 1892).

641. — Du fondement de la certitude. (Caen, novembre 1892).

642. — Du fondement de la certitude morale. (Caen, 16 juillet 1895).

643. — De la certitude de la loi morale, fondement de cette certitude. (Dijon, novembre 1878).

644. — De la certitude morale. (Lyon, 21 juillet 1890).

CXX

On a agité récemment la question de savoir si la prééminence dans la conduite humaine doit appartenir à la raison ou à la foi. Que pensez-vous de ce débat ? (Caen, 16 juillet 1895).

DÉBUT. — C'est l'éternel débat du fidéisme et du rationalisme, rouvert en France par M. Brunetière (*Revue des Deux-Mondes*, janvier 1895) et en Angleterre par M. Balfour (*Fondements de la croyance*), auxquels ont répondu MM. Berthelot et H. Spencer.

1er point. — Thèse de M. Brunetière : faillite de la science.

1° Les sciences physiques et naturelles, les théories du transformisme et de l'évolution ne peuvent expliquer *d'où nous venons*.

2° L'anthropologie, l'ethnographie, la linguistique ne peuvent nous dire *ce que nous sommes*, quelle est l'origine du langage, de la société et de la moralité.

3° Les sciences historiques sont impuissantes à dégager une loi de l'histoire, à nous apprendre *où nous allons*.

CONCLUSION : la science a fait banqueroute ; la foi seule peut donner satisfaction à nos besoins, à nos désirs, à nos aspirations.

2e point. — Thèse de M. Berthelot et de M. Spencer.

1° Les sciences mathématiques sont mises hors du débat : leurs applications, en mécanique surtout, sont d'une incontestable importance.

2° La science ne prétend pas donner le dernier mot de l'univers : on ne peut dire, avec les sceptiques, que puisque nous ne connaissons pas l'essence des choses, nous ne connaissons rien. Une connaissance partielle vaut mieux que le néant de connaissance.

3° La science a banni à tout jamais le mot mystère : le principe de causalité explique tout.

4° L'historique de la science montre qu'elle n'a pas fait banqueroute. (Les hommes dans la préhistoire, philosophie grecque, séparation des sciences).

5° Grandes découvertes de la chimie, de l'astronomie, de l'anthropologie, de la médecine, etc.

6° Le fidéisme n'a rien inventé et les religions sont en désaccord.

7° La morale est devenue indépendante : elle est antérieure aux religions.

8° Le *caractère consolateur* des religions ne suffit pas pour établir la vérité de leur doctrine.

9° C'est *la raison* qui doit affirmer en dernier lieu la valeur de *l'autorité*.

Conclusion. — Le scepticisme traditionnaliste de Pascal, de Lamennais, de MM. Brunetière et Balfour est susceptible des objections opposées au scepticisme ordinaire. Quant au débat, il sera éternel entre le fidéisme et le rationnalisme ; il ne pourrait disparaître que par la mort de l'un ou de l'autre système.
V. V.

SUJETS ANALOGUES.

645. — On a agité récemment la question de savoir si la prééminence dans la conduite humaine doit appartenir à la raison ou à la foi. Que pensez-vous de ce débat ? (Caen, 16 juillet 1895).

646. — Science et croyance. Signification des deux termes. Comment se justifie la distinction entre les deux ? (Dijon, mars 1895).

647. — Science et croyance. Objet de l'une et de l'autre. Raisons de l'une et de l'autre. A laquelle des deux appartient la primauté ? (Dijon, prép. à la Licence philos. 1895).

CXXI

Des services que se rendent réciproquement l'imagination et la raison. (Grenoble, 16 juillet 1895).

Début. — On oppose souvent l'imagination (la folle du logis) à la raison chargée de la contenir.

Réunies, elles donnent lieu au complet développement de l'intelligence. — Définition du mot raison dans ce sujet : puissance qu'a l'esprit de *concevoir* des idées et de les unir selon des lois (= entendement + raison proprement dite).

1er point. — Services rendus par l'imagination à la raison. — 1° Elle crée les objets des sciences avec le concours de la raison (exemple : les figures et les nombres en mathématiques).

2° Elle suggère les théories, les démonstrations et les hypothèses que la raison examine.

3° Elle forme des types généraux dont s'empare la raison.

4° Elle crée le beau (forme de l'absolu), l'idéal.

5° Elle produit l'invention en morale : façons originales d'interpréter le devoir.

2e point. — Services rendus par la raison à l'imagination. — 1° Elle choisit, combine, élague le superflu, fait un triage entre les suggestions de l'imagination. Sans la raison, le génie ne serait qu'une folie.

2° La raison ramène la multiplicité à l'unité (transformation des images en idées, application des catégories aux données expérimentales (Kant) etc.); elle dégage les principes.

3° Par l'imagination nous arrivons aux associations accidentelles (particulières, variables, incohérentes); par la raison nous arrivons aux associations logiques (universelles, permanentes, fixes) ou liaison des idées.

Conclusion. — L'imagination tempérée par la raison prend le nom d'imagination rationnelle.

V. V.

CXXII

En quoi l'hypothèse de l'évolution a-t-elle renouvelé la théorie de l'instinct ? (Lyon, 16 juillet 1895).

Début. — Accord sur les caractères actuels de l'instinct; désaccord sur son origine.

1er point. — Théorie classique de l'instinct avant l'hypothèse de l'évolution. — Caractères de l'instinct : inné, aveugle, irréfléchi, uniforme, spécial, stationnaire. Donner des exemples.

2e point. — Théorie évolutionniste de l'instinct. — 1° Si l'instinct est aujourd'hui *inné*, il a été *acquis* par l'espèce : c'est une *habitude* formée progressivement et transmise par *hérédité*. L'innéité est relative, non absolue. (Ex. la crainte que le cheval a de l'homme ; domestication, élevage, sélections, espèces nouvelles, sélection naturelle).

2° L'instinct n'a *pas* eu tout d'abord la *perfection immédiate* : c'est le résultat de nombreux tâtonnements dont la série intermédiaire peut être retrouvée.

3° Il *n'a pas toujours été aveugle*. L'animal le modifie suivant certaines circonstances; (l'hirondelle, en temps de sécheresse, fait son nid avec d'autres matériaux que la boue).

4° Il n'est *pas absolument uniforme et stationnaire* : (le loriot, au Mexique, s'est servi des crins de cheval, quand celui-ci a été introduit).

3⁰ **point.** — **Valeur de la thèse évolutionniste.**

— 1° Elle est riche d'observations et d'expériences.

2° Il est certain que beaucoup d'instincts peuvent être des habitudes héréditaires.

3° L'instinct varie suivant les espèces ; la réflexion intervient dans les espèces supérieures pour modifier l'instinct.

4° Ressemblances entre l'habitude et l'instinct.

CONCLUSION. — *Réserve* à faire : l'instinct lui-même paraît avoir été nécessaire à l'origine pour que l'animal pût vivre.

— Désaccord entre Darwin et H. Spencer : certains insectes ayant des instincts merveilleux sont des neutres, incapables par conséquent de propager l'espèce.

V. V.

SUJETS ANALOGUES

648. — Exposer et apprécier la doctrine moderne de l'évolution ? (Agrégation de philosophie, 1882).

649. — L'évolutionnisme. (Agrégation de philosophie, 1888).

650. — Décrire les caractères de l'instinct. — Exposer rapidement et apprécier les diverses théories émises pour l'expliquer. (Aix, novembre 1883).

651.* — Des rapports de la volonté, de l'instinct et de l'habitude.

CXXIII

Quelle a été, quelle devrait être la morale du matérialisme ? (Nancy, juillet 1895).

DÉBUT. — Deux formes du matérialisme : le cosmologique ou métaphysique... et le psychologique (portant sur la nature de l'esprit humain). Il s'agit ici de ce dernier.

1ᵉʳ **point.** — *Exposé très succinct des principes matérialistes* :

1° L'âme n'existe pas ; le cerveau secrète la pensée.

2° Négation de la liberté humaine (tout est soumis aux lois du mécanisme universel).

3° Négation de l'existence de Dieu (devenu inutile pour la science).

2° point. — *Conséquences morales : ce que devrait être logiquement la morale du matérialisme.*

1° Puisque l'homme n'est pas libre, il n'y a, *en soi* du moins, *ni bien, ni mal*. Tout est convention, fruit des associations d'idées, de l'utilité sociale.

2° *Pas de devoir en soi*, hors des prescriptions conventionnelles ; pas de *vertu* (c'est un produit du sol comme le sucre et le vitriol), *pas de droit absolu*.

3° Pas de vie future, pas de sanction posthume.

3° point. — *Ce qu'a été, ce qu'est réellement la morale des matérialistes.*

1° Ils sont combattus entre deux tendances diverses et contraires : ils nient et admettent tour à tour le *devoir* (cf. Janet, *Matérial. contemporain*, p. 162) ; finalement ils substituent le bonheur de l'humanité au bien en soi.

2° Ils préconisent *la liberté* (mais comment la liberté peut-elle sortir des forces brutes de la nature ?), la justice, la fraternité (mais alors pourquoi est-il bon de substituer l'intérêt de tous à l'intérêt particulier ?)

3° Ils parlent des joies de la *conscience*, mais d'où vient cette conscience capable d'approuver et de désapprouver ?

4° Ils admettent *le droit* (mais comment celui-ci peut-il se dégager des lois mécaniques ? le droit, c'est logiquement le droit du plus fort).

5° Ils proclament la suffisance des *sanctions humaines* (et ils en montrent l'injustice).

Conclusion. — Les hommes valent mieux que les systèmes.

V. V.

SUJETS ANALOGUES

652. — Le matérialisme dans ses rapports avec la morale. (Agrégation de philosophie, 1871).

653. — Le déterminisme peut-il avoir une morale ? (Aix, préparation à la licence phil. 1885, prof. M. P. Souriau).

CXXIV

Morale provisoire de Descartes. — Que lui manque-t-il pour qu'on en puisse faire une morale définitive ? (Nancy, juillet 1895).

Début. — Descartes pouvait suspendre son jugement, mais non ses actions : d'où la morale « par provision ».

1er point. — *Règles de la morale provisoire* (*Discours*, 3e partie) :

1° Obéir aux lois de son pays et rester dans la religion dans laquelle il est né.

2° Suivre en tout les opinions les plus modérées, mais être ferme et résolu dans ses actions.

3° Tâcher de se vaincre plutôt que la fortune et de changer ses désirs plutôt que l'ordre du monde.

4° Règle spéciale à lui-même ou conclusion : continuer à cultiver sa raison.

2e point. — *Ressemblance avec la morale stoïcienne* : (*abstine, sustine*).

1° Les deux premières règles sont des règles de prudence et purement empiriques ; les deux autres constituent la morale proprement dite (soumettre la volonté à la raison, modérer ses désirs et ses passions. Le souverain bien consiste dans la possession de soi ; les autres biens sont hors de nous. En un mot, courage, prudence, tempérance, justice (la raison nous fait concilier l'intérêt général et l'intérêt particulier).

3e point. — *Lacunes de cette morale*. — Elle a les inconvénients de la morale stoïcienne : elle néglige l'action pour la spéculation et ne laisse aucune place à la morale sociale, à la *charité*, au *dévouement*.

Conclusion. — Descartes est avant tout un spéculatif.

V. V.

Sujets analogues

654. — Quelles sont les maximes dans lesquelles consiste ce qu'on appelle la morale provisoire de Descartes ? (Sorbonne, 22 novembre 1886).

655. — Expliquer et discuter ces paroles de Descartes dans la première partie du *Discours de la Méthode* :

« Je comparais les écrits des anciens payens qui traitent des mœurs, à des palais fort superbes et fort magnifiques qui n'étaient bâtis que sur du sable et de la boue ; ils élèvent fort haut les vertus et les font paraître estimables par dessus toutes les choses qui sont au monde, mais ils n'enseignent pas assez à les connaître. » (Sorbonne, Licence phil., mars 1895).

656. — De la théorie de la volonté dans la philosophie de Descartes. (Agrégation de philosophie, 1895).

657. — Résumer et caractériser la morale provisoire de Descartes. (Caen, novembre 1892).

658. — Exposer le système de morale de Descartes d'après le *Discours de la méthode*. (Caen, 22 mars 1893).

659. — Expliquer les quatre règles de méthode de Descartes. (Clermont, novembre 1894).

660. — Expliquer la troisième maxime morale de Descartes : « Tâcher toujours plutôt à me vaincre que la fortune, et à changer plutôt mes désirs que l'ordre du monde », et chercher à quels philosophes de l'antiquité Descartes a pu l'emprunter. (Lyon, juillet 1889, 3e série).

661. — La morale provisoire de Descartes ; que lui manque-t-il pour qu'on en puisse faire une morale définitive ? (Nancy, juillet 1895).

662. — Faire la part de la vérité et de l'erreur dans la philosophie de Descartes. (Poitiers, 10 juillet 1883).

CXXV

Qu'est-ce que démontrer Dieu ? Classer, énumérer et apprécier les preuves les plus importantes de l'existence de Dieu.

PLAN

DÉBUT. — Peut-on démontrer l'existence de Dieu ? — L'*induction* et l'*analogie* ne sortent pas du contingent et du fini ; elles aboutissent au général et non à l'universel. — La *déduction* ne peut donner comme conséquence la réalité de Dieu, que si Dieu est déjà donné comme réel dans le principe. Tout dépend donc du principe qui ne peut être fourni que par la raison *intuitive*. On prouve l'existence de

Dieu non par le raisonnement, mais par l'observation et l'analyse des lois de la raison ; ou plutôt il n'y a pas ici de démonstration : le raisonnement ne sert qu'à éclaircir l'idée de Dieu, et ne la donne pas ; il peut servir aussi de démonstration indirecte.

Division. — Les preuves de l'existence de Dieu sont *intellectuelles* ou *morales*.

I. **Preuves intellectuelles** : elles sont dites *physiques*, quand elles s'élèvent du monde extérieur à Dieu ; *métaphysiques*, quand elles s'élèvent de l'esprit humain à Dieu. Au fond, *elles sont toutes métaphysiques*, puisqu'elles expriment toutes le mouvement de la raison vers le premier principe des choses. Les voici, dans l'ordre des catégories.

1° *Catégorie de l'existence* (preuve *par la contingence de l'univers* (des corps et des âmes). La raison, par une induction platonicienne, conçoit l'être nécessaire comme étant la première raison des êtres contingents : une série infinie d'être contingents, quand même elle serait possible, supposerait comme sa raison l'être nécessaire (Leibnitz).

2° *Catégorie de la relation.* a) *Preuve par la cause première et le premier moteur* (Aristote). Il y a du changement et du mouvement dans l'univers. Tout changement suppose une *cause efficiente*. Si celle-ci a sa raison dans une autre, elle ne peut se suffire à elle-même ; une série, même infinie, de causes secondes suppose donc comme sa raison une cause première ; une série, même infinie, de mouvements suppose un moteur immobile.

b) *Preuve des causes finales* (argument *téléologique* : Socrate, Bossuet, Fénelon). — *A priori*, toute suite de changements suppose une fin absolue ; la fin dernière est identique à la cause première. Dieu, dit Aristote, ne peut mouvoir le monde par une impulsion mécanique, mais par l'attrait qu'il exerce comme fin suprême. Une cause ne peut passer à l'acte sans l'idée d'un bien à réaliser, sans une fin. *A posteriori*, il y a dans l'univers un ordre, un enchaînement de moyens et de fins qui suppose une intelligence ordonnatrice. Cet ordre apparaît principalement dans le rapport des organes entre eux, des organismes aux fonctions, des fonctions présentes aux besoins à venir, etc.

Objections. 1° D'Epicure : « le concours fortuit des atomes a produit le monde ». — Réponse : l'existence des atomes, leur nombre, leurs formes, la direction de leurs mouvements sont absolument sans raison dans le système d'Epicure. La forme seule des atomes implique l'ordre et par conséquent la pensée ordonnatrice. — 2° De Descartes : « les causes finales nous échappent, au moins en partie. ». Réponse : de ce qu'on ne connaît pas tout, il n'en résulte pas qu'on ne connaisse rien (comparaison avec l'horloge). — 3° De Spinoza : « tout s'explique par les seules causes efficientes. ». — Réponse : les causes finales ne détruisent pas les causes efficientes, mais les impliquent au contraire, puisque la fin suppose les moyens. De ce que le mouvement de l'aiguille dans la montre est un effet, il ne s'en suit point qu'il ne soit pas en même temps une fin. Harmonie des causes efficientes et des causes finales. — 4° De Kant : « la preuve des causes finales n'aboutit qu'à une intelligence ordonnatrice qui donne une forme à une matière préexistante. » — Réponse : dans l'art humain, la forme est ajoutée à la matière : elle est tout extérieure. Dans l'art divin, la forme vient du fond et en est inséparable. Donc Dieu n'est pas seulement un architecte : il crée la forme en même temps que le fond. — 5° Des panthéistes : « la forme vient du fond, parce que le fond est intelligent, parce que la nature s'organise d'elle-même. » — Réponse : l'intelligence obscure qui est dans le monde suppose un moteur réel et non pas seulement idéal, une fin dernière vers laquelle le monde se meut et qui est en même temps une cause première.

3° *Catégorie de la quantité* : preuve de Clarcke par *l'éternité et l'immensité*. — L'être passager qui se développe dans le temps a sa raison dans quelque chose d'éternel et d'immuable. — L'être borné qui se meut dans l'espace a sa raison dans une puissance qui emplit l'immensité. (Clarcke a eu tort de confondre l'éternité immobile avec le temps indéfini et mobile, l'immensité avec l'étendue ou l'espace indéfini. (Cf. controverse de Leibnitz et de Clarcke).

4° *Catégorie de la qualité.* a). Preuve platonicienne par *l'existence des Idées.* — Tous les êtres finis sont imparfaits ; nous concevons au-dessus d'eux des types idéaux ou Idées qui s'unissent dans une Idée suprême, celle de la perfection ; l'imparfait a donc sa raison dans le parfait. — *Objection* : mais la perfection est-elle un simple idéal ou un être réel ? — On *répond* par les preuves suivantes.

b) Preuve de Descartes par *l'idée de l'être parfait.* — Nous avons l'idée d'un être parfait et infini, tandis que tout est fini et imparfait en nous et autour de nous. D'autre part, nous n'avons pu nous former nous-mêmes l'idée de l'infinie perfection. Donc cette idée a sa raison dans l'être parfait lui-même.

c) Preuve de Saint-Anselme et de Descartes par *l'identité de la perfection et de l'existence.* (Argument *ontologique*). — L'idée d'un être parfait est inséparable de l'idée de son existence, car l'existence est la condition même de la perfection. Donc, nous ne pouvons pas concevoir une perfection vraiment parfaite, sans la concevoir comme réelle ou existante, pas plus que nous ne concevons un triangle sans angles, dit Descartes, ou une montagne sans vallées. En d'autres termes, l'idée d'un être parfait qui n'existe pas renferme en elle-même une contradiction. Donc il y a identité pour nous entre la perfection absolue et l'existence absolue, entre l'idéal infini et l'infinie réalité.

II. **Preuves morales**, ainsi appelées parce qu'elles sont tirées de faits ou de principes empruntés à l'ordre moral. — 1° Preuve *par la sensibilité* et par l'amour. — Nous aimons le bien, non seulement le bien fini, mais le bien infini. Or, une pure abstraction ne pourrait produire dans nos cœurs cet effet réel de l'amour. Donc le bien infini, cause de notre amour, principe du devoir, est une cause réelle et active.

2° Preuve *par la volonté.* — La volonté est libre ; si Dieu n'existait pas, tout s'expliquerait par l'enchaînement fatal des causes et des effets dans lequel la liberté ne peut trouver sa place. Donc la liberté de l'homme a sa raison dans une cause libre, conséquemment intelligente, qui est Dieu. (Dieu législateur et juge suprême de la moralité).

Conclusion. — Ainsi l'existence de Dieu est impliquée dans la nature de nos trois grandes facultés, l'intelligence, la sensibilité et la volonté. Développer en nous la pensée, l'amour et la liberté, ce sera donc ressembler à Dieu, réaliser notre fin et notre destinée.   J.-B. C.

SUJETS ANALOGUES

663. — Exposition des preuves morales de l'existence de Dieu. (Sorbonne, 12 août 1868).

664. — Que voulait dire Bossuet quand il écrivait ces paroles souvent citées : « Le parfait est le premier en soi et dans nos idées, et l'imparfait en toutes façons n'en est qu'une dégradation ? (Sorbonne, 19 août 1872).

665. — Énumérer et classer les preuves de l'existence de Dieu. (Sorbonne, 27 novembre 1875 — 5 décembre 1877).

666. — Exposer et apprécier la preuve de l'existence de Dieu par le *consentement universel*. (Sorbonne, 9 juillet 1880).

667. — Comment peut-on dire que l'idée de Dieu résume en elle tous les principes directeurs de l'entendement humain ? (Sorbonne, 10 juillet 1882).

668. — Rappeler les principales objections qui ont été proposées contre les preuves cartésiennes de l'existence de Dieu. (Sorbonne, Licence, avril 1883).

669. — Les causes secondes suffisent-elles à expliquer l'origine et le développement du monde ? (Sorbonne, 27 novembre 1884).

670. — L'être en soi est-il la même chose que l'être nécessaire ? A quelles conséquences conduit, en métaphysique, la confusion de ces deux idées ? (Sorbonne, Licence, juillet 1887).

671. — Établir à quel point il est contraire à toutes les règles d'une juste induction, de supposer des êtres intelligents qui n'auraient pas une cause intelligente. (Concours général de 1851).

672. — Exposer ce que la théodicée doit à la psychologie. (Agrégation de philosophie, 1842).

673. — Discuter les preuves que les différentes écoles ont données de l'existence de Dieu. (Agrégation de philosophie, 1844).

674. — Preuves métaphysiques de l'existence de Dieu. (Aix, 7 août 1875).

675. — Exposer et apprécier les preuves de l'existence de Dieu que Descartes a données dans le *Discours de la Méthode*. (Aix, 17 avril 1885).

676. — Apprécier l'efficacité spéciale de chacune des preuves de l'existence de Dieu, (Aix, 24 mars 1882).

677. — De l'existence de Dieu. (Aix, 7 novembre 1890).

678. — Que voulait dire Bossuet quand il écrivait : « Le parfait est le premier en soi et dans nos idées, et l'imparfait, en toutes façons, n'en est qu'une dégradation ? » Clermont-Ferrand, session de Brive, 1879).

679. — Choisissez parmi les preuves classiques de l'existence de Dieu celle que vous préfèrerez pour l'exposer et la discuter. (Dijon, 6 novembre 1890).

680. — Mécanisme et finalité. En quoi ces deux conceptions sont favorables ou non à la théodicée ? Dijon, novembre 1893).

681. — L'existence de Dieu et de l'âme, et le monde extérieur. (Caen, Novembre 1892).

682. — Commenter cette pensée de Descartes : « S'il y a encore des hommes qui ne soient pas assez persuadés de l'existence de Dieu, je veux bien qu'ils sachent que toutes les autres choses dont ils se pensent peut-être plus assurés, comme d'avoir un corps, et qu'il y a des astres et une terre, et choses semblables, sont moins certaines. » (Caen, novembre 1892).

683. — Toutes les preuves de l'existence de Dieu ont-elles la même valeur ? Peut-on les ramener à une seule ? (Grenoble, 19 novembre 1888).

684. — De l'idée de cause : dans la nature ; dans notre âme ; en Dieu. (Grenoble, 31 juillet 1890).

685. — Est-il possible de ramener à une seule toutes les preuves de l'existence de Dieu ? (Grenoble, 16 juillet 1891).

686. — Dieu est le principe de tous les principes (Cousin). (Grenoble, session de Chambéry, juillet 1892).

687. — La preuve de l'existence de Dieu dite du *premier moteur*. (Lyon, 30 juillet 1890).

688. — Qu'est-ce qu'une cause seconde et une cause première ? Sur quelles raisons se fonde l'esprit humain pour affirmer l'existence de la cause première ? (Nancy, 8 novembre 1890).

689. — Des différentes sortes d'athéisme. (Poitiers, août 1879).

690. — Qu'es-ce que l'argument de St-Anselme reproduit par Descartes ? Quelles sont les objections qu'il soulève ? En supprimant cet argument, peut-on donner d'autres preuves de l'existence de Dieu ayant la même portée sans avoir les mêmes défauts ? (Rennes, 4 avril 1892).

691. — Expliquer comment il faut entendre cette parole de Bossuet : « La connaissance de nous-mêmes nous élève à la connaissance de Dieu ». (Toulouse, juillet 1879).

692. — Exposer et discuter les preuves métaphysiques de l'existence de Dieu. (Toulouse, 1883).

693. — Exposition et appréciation des preuves morales de l'existence de Dieu. (Toulouse, 1883).

694. * — Critique des preuves de l'existence de Dieu.

695. * — Prouver l'existence de Dieu : 1° par l'existence de l'intelligence dans l'homme ; 2° par l'argument dit *utilitaire*. — De cette double preuve, quelle est la meilleure ? — S'appuyer sur Montesquieu autant que possible dans la démonstration.

696. * — Dans quel sens a-t-on pu dire qu'un déiste vaut moins qu'un athée ? Cette opinion est-elle juste ?

697. * — L'athéisme n'est pas l'état naturel de l'âme. On n'est pas athée spontanément. L'athéisme est le produit de la réflexion.

698. * — Quel est le sens de cette parole : « Si Dieu n'existait pas, il faudrait l'inventer ? »

699. * — « L'usage le moins systématique de la raison nous fait conclure naturellement des forces et des lois de l'univers à un premier moteur intelligent, et des vérités nécessaires à un être nécessaire qui seul en est la substance. (Cousin, *V. B. B.* p. 103).

700. * — Établir, par l'analyse des facultés psychologiques, logiques et morales de l'homme, les fondements de la théodicée

CXXVI

Expliquer, en la développant, cette pensée de Kant : « Deux objets remplissent l'âme d'une admiration et d'un respect toujours renaissants : le *Ciel étoilé* au-dessus de nos têtes, la *Loi morale* au-dedans de nous-mêmes. »

LAN

DÉBUT ET DIVISION. — Il est impossible de pousser plus

loin le scepticisme que ne l'a fait Kant. Son doute est le résultat de la réflexion la plus profonde et la plus calme ; et pourtant ce maître en fait de critique est touché malgré lui par l'irrésistible évidence qui naît du spectacle de la *réalité physique* et de la contemplation du *monde moral*. Il trouve en dehors de lui et en lui ce qu'il a vainement demandé à la raison, à savoir Dieu et l'infini. Ce que son argumentation n'avait pu saisir s'offre de lui-même à la perception des sens et à la bonne volonté. Si l'existence de Dieu ne se démontre pas, elle ne s'en révèle pas moins partout, dans la finalité intelligible de l'univers et surtout dans la loi de liberté et d'amour qui gouverne le monde moral. Suivons cette double voie indiquée par Kant.

Deux choses prouvent Dieu :

1er point. — **Le ciel étoilé au dessus de nos têtes** (preuve téléologique) Merveilles du jour et surtout de la nuit : *cœli enarrant gloriam Dei*... Merveilles que découvrent à chaque pas l'astronomie et la science. La terre perdue dans l'immensité des mondes. — L'homme se sent néant à l'égard de cet infini, mais par la pensée il se relève, comprend l'univers et y saisit Dieu, non sans un sentiment profond d'admiration et de respect. — Popularité de la preuve par la finalité, surtout aux *âges primitifs*.

2e point. — **La loi morale au dedans de nous-mêmes** (preuve morale). L'homme plus *civilisé* réfléchit et trouve en lui-même un autre sujet d'admiration : la conscience morale qui nous commande le bien, à nous agents libres, qui nous enjoint de concourir à l'ordre divin. — Par la loi du devoir, c'est encore Dieu qui se manifeste. — L'idée du bien nous transporte d'enthousiasme plus encore que les merveilles de la nature ; — c'est elle qui pousse à de nobles actions individus et peuples ; — qui inspire la littérature et le théâtre, etc.

Conclusion. — Kant a donc raison d'admirer ce double règne de la nature et de la grâce. C'est de la même façon que Fénelon sent et conçoit Dieu. — Ce sont là des arguments non plus abstraits, mais accessibles à tous et toujours à notre portée. En dépit des agitations et des incertitudes de la vie et de la pensée, l'infini du monde et de la conscience, nous tourmente et nous pousse à croire en Dieu.

J.-B. G.

SUJETS ANALOGUES

701. * — « Nous n'apercevons pas Dieu, mais nous le concevons, sur la foi de ce monde admirable exposé à nos regards, et sur celle de cet autre monde plus admirable encore que nous portons en nous-mêmes. (Cousin, *le Vrai, le Beau, le Bien*, 5ᵐᵉ leçon, p. 103). C'est par ce double chemin que nous parvenons à Dieu. »

CXXVII

Exposer et juger les principales objections faites contre la preuve dite des « Causes finales ». (Besançon, 5 novembre 1891).

DÉBUT. — La preuve si populaire des « Causes finales » est tirée de *l'ordre de la matière* ou de la considération du *Cosmos*, ce qui lui a fait donner le nom d'argument *téléologique*. Platon, Aristote, Cicéron, Bossuet, Fénelon, Leibnitz, Voltaire, J.-J. Rousseau, Bernardin de St-Pierre, Bonnet, Nieuwentyt, Paley, Reimarus, Wiseman l'ont tour à tour développée.

1ᵉʳ point. — Exposition. — Elle peut se résumer ainsi : le monde nous offre, *dans son ensemble et dans ses détails*, des marques visibles d'un dessein voulu et sagement exécuté (majeure) ; or ce dessein, ces lois générales, cette conformité des moyens à la fin (qui apparaît principalement dans le rapport des organes entre eux, des organes aux fonctions et des fonctions présentes aux besoins à venir), ne peuvent s'expliquer que par l'action constante d'une cause souverainement intelligente, libre et toute puissante qui est Dieu (mineure) ; donc Dieu existe.

2ᵉ point. — Objections faites contre cette preuve et réponses.

1° *Par Epicure et Lucrèce.* « Le concours fortuit des atomes a produit le monde ». — *Réponse.* — L'existence des atomes, leur nombre, leurs formes, la direction de leur mouvement sont absolument sans raison dans le système d'Epicure. La forme seule des atomes implique l'ordre et par conséquent la pensée ordonnatrice.

2° *Par Descartes.* « Les causes finales nous échappent, au moins en partie ». — *Réponse.* — De ce qu'on ne connaît pas tout, il n'en résulte pas qu'on ne connaisse rien.

3° *Par Spinoza.* « Tout s'explique par les causes efficientes et leur déterminisme inflexible ». — *Réponse.* — Les causes finales ne détruisent pas les causes efficientes, mais les impliquent au contraire, puisque la fin suppose les moyens. De ce que le mouvement de l'aiguille dans la montre est un effet, il ne s'ensuit point qu'il ne soit pas en même temps une fin. (Harmonie des causes efficientes et des causes finales).

4° *Par Kant.* « La preuve des causes finales n'aboutit qu'à une intelligence ordonnatrice qui donne une forme à une matière préexistante. — *Réponse.* — Dans l'art humain, la forme est ajoutée à la matière : elle est tout extérieure. Dans l'art divin, la forme vient du fond, elle en est inséparable. Donc Dieu n'est pas seulement un architecte : il ne crée la forme qu'avec le fond.

5° *Par les panthéistes* en général. « La forme vient du fond, parce que le fond est intelligent, parce que la nature s'organise d'elle-même ». — *Réponse.* L'intelligence obscure qui est dans le monde suppose un moteur réel et non pas seulement un moteur idéal ; elle suppose une fin dernière vers laquelle le monde se meut et qui est en même temps une cause première.

Conclusion. — La preuve téléologique garde donc sa valeur entière.

Sujets analogues

702. — Prouver que l'antique démonstration de l'existence de Dieu par les merveilles de la nature, loin d'avoir perdu son autorité depuis les progrès de la science moderne, y a puisé une force nouvelle. (Concours général de 1859).

703. — Exposer avec précision la preuve de l'existence de Dieu dite des *Causes finales*. (Sorbonne, 17 août 1866. — 6 mai 1868).

704. — Expliquer et discuter l'argument des *causes finales* appliqué à l'existence de Dieu. (Sorbonne, 1ᵉʳ août 1874).

705. — Preuve physique de l'existence de Dieu ou argument des causes finales. (Aix, 24 mars 1890).

706. — Exposer et juger les objections faites contre la preuve dite *des causes finales*. (Besançon, 5 novembre 1891).

707. — Quelle est la réponse de Fénelon aux objections des Epicuriens dans la 1re partie du *Traité de l'existence de Dieu* ? (Toulouse, session de Rodez, août 1874).

708. * — Montrer que la preuve de l'existence de Dieu par les merveilles de la nature, loin d'avoir été affaiblie par les découvertes de la science moderne, en a reçu une nouvelle force.

709. * — « Une force invincible pousse l'esprit humain à se demander ce qu'il y a par delà la voûte étoilée. » (Pasteur).

710. * — Déterminer la valeur exacte de l'argument des causes finales.

CXXVIII

Par quelle méthode peut-on déterminer les attributs de Dieu ? Est-ce par la méthode déductive, ou par la méthode inductive, ou par les deux à la fois ? Distinguer les attributs métaphysiques des attributs moraux. (Sorbonne, 11 août 1871).

PLAN

DÉBUT. — Il s'est rencontré des esprits qui, tout en admettant que Dieu existe, soutiennent que nous ne pouvons pas le définir (Eléates, Alexandrins, Scot Erigène, Spinoza, Hégel, Hamilton, bref surtout les panthéistes et les mystiques). Pourquoi ? Parce que, dit-on, pour définir, il faut déterminer et que toute détermination est une négation. — Montrer que ce principe n'est pas exact. En effet, 1° il y a des déterminations qui sont très positives (par exemple l'intelligence) ; 2° un être possède d'autant plus d'être qu'il a plus d'attributs (ainsi le végétal est supérieur à l'animal et l'animal à l'homme) ; 3° il faut choisir entre nier Dieu et le définir ; si nous pouvons affirmer que Dieu existe, nous devons pouvoir affirmer également qu'il existe avec certains attributs ; du néant seul on ne peut rien dire.

1er point. — Quelle *méthode* suivre pour déterminer la

nature divine ? L'induction ou la déduction. Dans les deux cas, même résultat.

Procédé inductif. — Il consiste à prendre pour *point de départ la nature humaine*, et à transporter de l'homme à Dieu tout ce qui est compatible avec la perfection divine. Le principe fondamental de cette méthode est celui-ci : tout ce qui est a pour cause véritable et dernière quelque être qui l'explique absolument (Descartes). Donc tout ce qu'il y a de bon et de parfait en nous suppose une bonté et une perfection absolues.

Objection. — N'est-ce pas là faire Dieu semblable à l'homme, se représenter Dieu comme un homme agrandi, embelli, perfectionné, lui donner, comme le dit Xénophane, une forme humaine ? — *Réponse* : Ce reproche d'anthropomorphisme serait mérité, si nous attribuions à Dieu sans distinction tout ce qui est en nous-mêmes (corps, passions, etc.), mais il n'en est rien.

La méthode justifiée, appliquons-la. Dans l'âme nous trouvons :

1° *L'être*, car, avant d'avoir des attributs, l'âme existe. L'existence fait donc partie de la perfection et Dieu n'est point, quoi qu'on en ait dit, un pur idéal.

2° *Des attributs métaphysiques*, soit négatifs (existence contingente, relative, finie, etc.), soit positifs (unité, identité, simplicité). Nous devons donc reconnaître en Dieu l'opposé des premiers et l'analogue des seconds, mais en ôtant toute limite et imperfection. Ainsi en lui il n'y a point, comme en nous, des phénomènes multiples et divers : il est *un* par rapport à l'espace et au temps, c'est-à-dire *immense* et *éternel*.

3° *Des attributs moraux* (pensée consciente, amour et volonté). Ces attributs, Dieu doit les posséder. Le panthéisme les lui refuse, sous prétexte qu'ils ont un caractère trop humain et qu'ils résultent des attributs métaphysiques en vertu d'un développement fatal de la substance divine. Ces deux raisons sont mauvaises, car la première vaudrait aussi contre les attributs métaphysiques et la seconde expliquerait le plus par le moins, le supérieur par l'inférieur, la pensée par le processus d'un principe qui ne penserait pas. En outre, un Dieu purement métaphysique laisserait notre cœur froid : il serait à la fois trop au-dessus et au-dessous de nous. Ce serait un Dieu inconnu, objet d'aucun culte. Donc Dieu possède, comme l'âme humaine :

a) *L'intelligence*, mais non la pensée inconsciente et vague des panthéistes, ni l'intelligence limitée de la créature : en lui, pas de sens, pas de mémoire, pas d'opérations intellectuelles. Il connaît toutes choses d'une intuition indivisible.

Il n'y a donc place chez lui que pour la *conscience et la raison*, et encore en lui ces deux facultés se confondent-elles, puisque, en connaissant l'absolu, il se connaît lui-même. L'objet de l'intuition divine, c'est Dieu même ; Dieu est donc, suivant le mot d'Aristote, la pensée de sa pensée. Mais il connaît aussi le monde : il le contemple sans sortir de lui-même, puisqu'il en est le principe ; il possède donc *l'omniscience* ou la *sagesse*, attribut correspondant à l'intelligence.

b) *La faculté d'aimer et de sentir*. — Mêmes remarques que ci-dessus : en Dieu pas d'appétits, pas de passions, pas d'inquiétude ni de trouble dans l'amour, pas de colère, pas de haine, mais bonté absolue et félicité inaltérable.

c) *La libre volonté*. — Mais cette volonté divine diffère de la nôtre par plusieurs points : 1º elle n'est pas soumise aux tâtonnements de la délibération, le bien lui étant immédiatement présent ; 2º elle ne connaît ni obstacles intérieurs, ni obstacles extérieurs ; 3º elle veut constamment et uniquement le bien. Elle est bonne volonté par excellence, *bonté suprême* et par suite *justice parfaite*.

Remarque importante: Aucun de ces attributs n'est supérieur aux autres, ni l'intelligence à la volonté, ni la volonté ou l'intelligence à l'amour. En nous, il y a lieu de distinguer plusieurs pouvoirs qui peuvent se contrarier, car notre nature est mêlée d'unité et de pluralité. En Dieu, unité pure, concert simultané de toutes ses facultés en vue d'une seule et même fin.

2º point. — Méthode déductive. Elle conduira aux mêmes résultats que la méthode inductive. Pour l'appliquer, on peut prendre comme *point de départ* soit l'*idée du parfait*, soit l'idée *de la raison absolue* des choses. On dira, par exemple : si Dieu est parfait, il doit être : 1° *un* (plusieurs dieux se limiteraient) ; 2° *immuable* (car si Dieu changeait, ce serait pour perdre ou pour gagner, et alors il ne serait plus ou ne serait pas encore parfait), etc.

Conclusion. — Tel est Dieu pour la raison, indépendamment de tout dogme et de toute croyance positive.

J.-B. C

CXXIX
Les attributs de Dieu. Insister sur l'infinité et la perfection et les définir. (Nancy, 17 juillet 1893).
Les attributs de Dieu. (Nancy, 4 novembre 1893).

Méditation du sujet.

Nous nous attacherons au premier texte, identique au second, mais présenté d'une manière plus explicite.

Le sujet est clair et précis ; l'écueil serait de l'étendre plus que de raison. Il importe de l'enfermer dans des limites bien déterminées. En somme, il s'agit de se placer en quelque sorte au centre de la nature divine pour en analyser les aspects les plus essentiels. On n'aura donc à traiter ni de la création, ni de la providence, ces questions se rattachant au problème spécial des rapports de Dieu et du monde et nous faisant sortir de la contemplation de Dieu considéré en lui-même. Tout au plus pourra-t-on signaler l'acte créateur et le gouvernement providentiel comme corollaires des attributs divins. Il ne sera même pas indispensable de rappeler les systèmes philosophiques qui s'attaquent soit aux attributs de Dieu considérés dans leur ensemble soit à quelques-uns d'entre eux.

PLAN

Début. — Etablir que Dieu existe ne suffit pas ; il faut encore montrer quel il est, ou plutôt on ne peut faire l'un sans l'autre : en concevant Dieu, l'esprit conçoit en même temps sa nature, c'est-à-dire un certain nombre d'attributs qui découlent de son essence : l'infinie perfection.

Dieu, en effet, nous apparaît comme infini et comme parfait. Nous nions de lui toutes limitations et en affirmons toutes qualités ou perfections. Les attributs de Dieu, accessibles à notre pensée, se divisent ainsi en attributs métaphysiques et en attributs moraux ; ceux-là ont rapport à la substance, ceux-ci à la personnalité divine.

1ᵉʳ point : Attributs métaphysiques. — Ils sont ainsi appelés parce qu'ils sont connus immédiatement par la raison qui les déduit de ses propres idées. Ils nous font connaître Dieu simplement comme substance et cause éternelle. Ces attributs sont :

a) *L'unité :* deux infinis se limitent ou se confondent. Condamnation du dualisme qui admet deux principes, l'un du bien, l'autre du mal, et oppose à Dieu une puissance contraire qui le borne.

b) *La simplicité :* des parties finies ne peuvent composer l'infini ; condamnation du panthéisme matérialiste ou naturalisme.

c) *L'immutabilité :* on change pour perdre ou pour gagner : or Dieu ne peut devenir ni plus ni moins parfait :

d) *L'éternité :* Dieu est l'être nécessaire.

e) *L'immensité :* la puissance bornée dans l'espace n'est pas infinie ; Dieu est en dehors de l'espace comme en dehors du temps. (Critique de Leibnitz contre la doctrine de Clarcke).

2ᵉ point : Attributs moraux. — Ils nous révèlent un Dieu intelligent et libre, une personne. Tout à l'heure Dieu nous apparaissait comme infiniment supérieur à nous, comme placé dans une sphère inaccessible : il nous apparaît maintenant comme à notre portée, en relation avec notre faiblesse. Les attributs moraux sont puisés dans la considération de l'âme humaine, dans la conscience que nous avons de notre propre personnalité. Tout ce qui est positif dans l'effet se retrouve dans la cause : tel est le principe d'où dérive la méthode à suivre pour déterminer les attributs moraux : élever au degré de l'infini tout ce qui est qualité positive dans les êtres finis. Il y a en Dieu :

a) Science infinie ou *sagesse*. L'homme connaît ; or connaître est en soi une qualité positive. Donc Dieu connaît, mais d'une manière infinie, sans lacunes, sans hésitations, sans élaboration ni par intermédiaire ; donc, en lui, pas de mémoire, pas d'attention, pas d'opérations discursives, pas de raisonnement. Il est la raison infinie, embrassant tout d'une simple, immédiate et universelle intuition, et ayant conscience d'elle-même. Identité en lui de l'intelligence et de l'intelligible.

b) *Bonté infinie.* En l'homme, il y a un principe positif d'action : l'amour. Dieu est le bien infini, se possédant éternellement lui-même, s'aimant d'un amour sans bornes, jouissant de la béatitude et tendant à se répandre, parce qu'il est bon, non en vertu du désir, mais en vertu de son essence même. (Condamnation de l'anthropomorphisme qui attribue à Dieu les imperfections de l'homme : passions, désirs, repentir, colère).

c) *Puissance infinie.* L'homme peut quelque chose : il a la volonté libre, mais cette volonté est sujette à des incertitudes, poussée par des caprices, arrêtée par la délibération et par les obstacles du dehors ; Dieu peut tout ce qu'il veut, conformément à sa sagesse et à sa bonté. Or, celles-ci étant infinies, sa puissance l'est également.(Ne pas attribuer à Dieu une volonté arbitraire, pas plus que le pouvoir de faire ce qui est absurde, déraisonnable ou mauvais : ce serait introduire en son sein la contradiction. Or, aucune contradiction ne saurait exister entre ces attributs : dans leur essence absolue, ils sont identiques). Les attributs moraux fondent la personnalité et la Providence divines.

3ᵉ point. — Touts ces attributs se ramènent en somme, avons-nous dit, à *l'infinité* et à la *perfection*. On sait ce que signifient ces deux expressions. Expliquons-les brièvement.

a) *L'infini*, c'est l'idée de ce qui est sans limites, sans bornes (*non finitum*). Ne pas confondre avec l'idée *d'indéfini*, laquelle désigne ce qui est actuellement limité, mais dont l'accroissement possible est illimité, par exemple le nombre.— Ne pas croire non plus que c'est une idée négative tirée par abstraction de l'*idée du fini*, dont on aurait retranché toute limite. On aurait ainsi l'idée toute abstraite du *non-fini*, mais non pas celles de l'être réel infini. L'infini est le premier en soi et dans nos idées ; c'est l'idée positive dont l'idée du fini sort par dérivation (réponse à l'objection d'Hamilton).

b) *Le parfait* est l'idée de ce qui est complètement achevé (*per-fectum*), de ce à quoi il ne manque aucune qualité. L'infini est ce qui n'est pas limité dans son existence, le parfait ce qui n'est pas limité dans son essence et dans ses attributs.

Ces deux idées se résument en une seule : l'*Absolu*. L'idée de l'absolu, comme l'indique l'étymologie du mot, est l'idée de ce qui est pleinement dégagé de toute entrave, de toute limitation, de toute dépendance, de ce qui est en soi et par soi. L'absolu a pour opposé *le relatif*, l'être qui n'est ce qu'il est que par autre chose et par rapport à autre chose.

Quoi qu'on ait prétendu, l'idée de l'absolu est réelle, bien qu'elle ne soit pas adéquate à son objet, c'est-à-dire bien que nous ne puissions pas comprendre ni complètement embrasser l'absolu, précisément parce qu'il est l'absolu. Mais il n'y a pas que l'absolu que ne puisse comprendre et embrasser notre entendement faible et borné. Comme l'a dit Pascal, « nous ne connaissons le tout de rien. » Il nous suffit que l'absolu se laisse entrevoir à la raison, qu'il ne soit pas pour elle un *Deus absconditus*. J.-B. C.

SUJETS ANALOGUES

711. — Exposer les principaux attributs de Dieu : insister particulièrement sur l'intelligence et la justice divines. (Concours général de 1842).

712. — Prouver qu'il n'y a qu'*un* Dieu, et qu'il ne peut y en avoir plusieurs. (Sorbonne, 21 août 1869).

713. — Par quelle méthode peut-on déterminer les attributs de Dieu ? Est-ce par la méthode déductive, ou par la méthode inductive, ou par les deux à la fois ? Distinguer les attributs métaphysiques des attributs moraux. (Sorbonne, 11 août 1871).

714. — Expliquer comment il faut entendre cette parole de Bossuet : « La connaissance de nous-mêmes nous élève à la connaissance de Dieu. » (Sorbonne, 23 mars 1872).

715. — Démontrer que les attributs métaphysiques de Dieu, reposent tous sur l'idée de l'infini. (Sorbonne, 4 novembre 1874).

716. — Quelle est la meilleure méthode à suivre dans la détermination des attributs moraux de la divinité ? (Sorbonne, 6 juillet 1878).

717. — Qu'entend-on par attributs moraux de Dieu ? Par quelle méthode peut-on les démontrer ? (Sorbonne, 24 mars 1879).

718. — En quoi consiste la distinction des attributs métaphysiques et des attributs moraux de Dieu ? se démontrent-ils les uns et les autres par la même méthode ? (Sorbonne, 8 décembre 1880).

719. — Sur quoi se fonde la distinction des attributs métaphysiques et des attributs moraux de la divinité ? (Sorbonne, 7 avril 1881).

720. — Comment se forme et se développe dans l'esprit l'idée de Dieu ? (Sorbonne, 26 novembre 1880. — Aix, juillet 1892).

721. — Montrer comment, de la notion de la personnalité humaine, on peut légitimement s'élever à la personnalité divine (Besançon, août 1878).

722. — Du relatif et de l'absolu. (Clermont, 11 juillet 1882).

723. — L'homme et Dieu pensent-ils, connaisent-ils de la même manière ? (Grenoble, 24 juillet 1890).

724. — L'homme et Dieu connaissent-ils de la même manière ? Comparer le savoir de l'homme et la science de Dieu, (Grenoble, session de Chambéry, Juillet 1892).

725. — Expliquer ces paroles de Bossuet : « La connaissance de nous-mêmes nous doit élever à la connaissance de Dieu ». (*Traité de la Connaissance de Dieu et de soi-même*. I, 1). (Grenoble, novembre 1894).

726. — Pourquoi un philosophe contemporain a-t-il donné le nom d'*Inconnaissable* à l'absolu ? quelle est la doctrine que laisse supposer cette dénomination ? (Lyon, 14 novembre 1891).

727. — Les attributs de Dieu. Quels sont ceux qu'affirme et ceux que rejette la métaphysique panthéiste ? (Nancy, novembre 1893).

728. — Des attributs de Dieu en général, et particulièrement de sa bonté et de sa justice. (Toulouse, juillet 1880).

729. * — Passer en revue et critiquer les diverses définitions de la Divinité, données par certains philosophes du XIXe siècle ; montrer en terminant ce qu'est Dieu pour les spiritualistes, et comment ils pourraient le définir. — (Cf. le livre remarquable de M. Caro).

730. * — Fontenelle a dit : « l'idée de l'infini n'est prise que sur le fini dont j'ôte les bornes. » Cette pensée est-elle vraie ?

731. * — La philosophie nous donne la connaissance de Dieu ; elle ne nous en donne pas la science.

732. * — Montrer qu'il y a deux méthodes à suivre pour déterminer la nature divine. Les appliquer.

733. * — La liberté en Dieu et dans l'homme.

734. * — Déterminer et expliquer les principaux attributs de Dieu.

CXXX

Du matérialisme (Concours d'agrégation de philosophie, 1867 ; question dogmatique).

Plan (Vétérans)

Début. — Montrer d'abord l'*insuffisance de la méthode historique*, qui est impuissante à dévoiler l'essence du matérialisme.

Le matérialisme est un système de métaphysique, une explication générale des choses, une *doctrine unitaire* qui ramène tout à une seule cause et à une seule substance : la matière.

La loi de développement du matérialisme peut être déterminée par la distinction du dogmatisme et du criticisme.

1er point. — *Matérialisme ancien ou dogmatique.* — Antérieur à Kant, le matérialisme est dogmatique ; la matière et l'esprit apparaissent sous la forme de la partie et du tout (Démocrite), la partie étant la substance et le tout l'accident explicable par les parties.

Ce matérialisme *procède analytiquement*. La *difficulté* consiste alors à tirer le plus du moins. Son *double écueil* est le panthéisme ou le mécanisme spiritualiste. Pour faire sortir le plus du moins, il est exposé, d'une part, à enrichir la matière, à la doter de lois, de vie et même de pensée : il incline alors vers le *panthéisme*. — D'autre part, à mesure qu'il purifie la matière de tout ce qui lui est étranger, il constate une disproportion plus grande entre l'effet et la cause qui doit rendre compte de cet effet. Alors son écueil est d'invoquer un *Dieu moteur* (le Νοῦς d'Anaxagore).

En outre, le matérialisme dogmatique se trouve, en apparence du moins, *renversé par la philosophie subjective*. Si la pensée est la condition de l'existence, puisque les choses n'existent pour nous qu'en tant que nous les pensons, le matérialisme n'a rien gagné ; il paraît même ruiné : le sujet, antérieur à l'objet, est inexplicable par lui. L'ancien matérialisme n'attaquait que l'esprit-objet et substance ; mais au point de vue de Descartes et de Kant, peu importe, puisque l'objet dépend de l'esprit et n'est pas l'absolu.

2ᵉ **point**. — *Matérialisme contemporain ou critique*. — Or, cette critique Kantienne n'a pas été jugée définitive. Les matérialistes ont trouvé un biais pour se maintenir : de là le matérialisme *critique*, qui *admet ensemble le sujet et l'objet*. La fameuse théorie de Locke serait renversée par le Kantisme comme s'appliquant à l'individu ; mais la théorie matérialiste nouvelle résiste aux attaques de Kant, parce qu'elle s'applique à la race.

La prétention du matérialisme dogmatique était d'expliquer *analytiquement* la relation de l'esprit à la matière. Le matérialisme moderne n'en est plus là : il parle, entre l'externe et l'interne, d'un *rapport synthétique*. Il établit qu'en fait toute explication est synthétique, qu'entre des réalités il n'existe qu'un rapport synthétique. Les rapports analytiques sont purement idéaux (les mathématiques). Par suite, le matérialisme paraît plus fort aujourd'hui, grâce à la *théorie nouvelle de la causalité*.

Toutefois, même à ce point de vue, voici la *difficulté*. Cette liaison synthétique n'est pas une explication dernière, car — ou elle est considérée comme nécessaire, et alors il faut se demander la raison de cette nécessité, la causalité empirique suppose un sujet, et le matérialisme est remplacé par le *Kantisme* dans lequel il retombe ; — ou elle est contingente, et alors il n'y a plus d'explication dernière, le matérialisme fait place au *positivisme*.

Conclusion. — Le matérialisme n'est donc plus un état d'esprit positif et original. Si on pousse le développement de sa pensée aussi loin que possible, il ne reste à adopter que le Kantisme ou le positivisme.

J.-B. C.

CXXXI
* **Du hasard et du déterminisme. — Peut-on les concilier ?**

PLAN

Début. — On oppose habituellement hasard et déterminisme. — Ces deux idées paraissent inconciliables: enchaînement de causes d'une part, absence de cause de l'autre. — Cependant, en dernière analyse, il n'y a entre elles qu'une différence de point de vue, et le même phénomène qui paraît *fortuit* ou *indéterminé* en un sens, est *causé* et *déterminé* dans l'autre. Montrons que les phénomènes que l'on déclare communément fortuits ne font nullement exception à la loi du déterminisme.

1er point. — Ce qui est fortuit ou de hasard, ce n'est pas le déterminisme de la causalité : **il n'y a pas de hasard hors de nous,** au point de vue physique. Les phénomènes de la nature sont tous déterminés par une cause, c'est-à-dire par un antécédent, que la série des phénomènes soit simple ou complexe. (Ex. : un rocher qui se détache d'une montagne, une feuille entraînée au courant d'un ruisseau). Plus cependant augmente la complexité, plus il semble y avoir indétermination ; néanmoins la rencontre de deux ou plusieurs séries indépendantes ne peut encore être attribuée au hasard. Si on peut dire à la rigueur que des phénomènes qui se rencontrent n'ont pas de loi, on ne saurait penser qu'ils n'ont pas de cause. L'indépendance elle-même des phénomènes n'est qu'apparente ; en remontant dans leur passé, on trouverait assurément entre eux une connexion, à un moment quelconque ; passé, présent et futur sont au fond étroitement unis.

2e point. — Ce n'est pas non plus le déterminisme de la finalité: **il n'y a pas de hasard en nous,** dans le développement de notre activité. Les actes des êtres intelligents sont déterminés par des motifs et des fins. *Analyse d'un acte intentionnel* : qu'il s'agisse du choix des moyens destinés à réaliser une fin donnée ou du choix des fins elles-mêmes, il y a également nécessité. Etudions ces deux cas. 1° *Choix des moyens*. Si la fin ne peut être réalisée que par un moyen ou une seule série de moyens, la marche à suivre est rigoureusement déterminée. — Mais, ordinairement, il y a plusieurs moyens. Nous cherchons alors le plus simple, c'est-à-dire celui qui offre le plus de chances de réussite. Le problème est plus difficile à résoudre, mais la solution n'en est pas moins déterminée en elle-même. — Si les moyens sont de valeur apparemment égale, nous pouvons être guidés par des considérations étrangères : agrément, moralité, etc. Le problème est encore plus complexe que tout à l'heure, mais la solution non moins nécessaire. — 2° *Choix des fins* : même analyse : les fins sont provoquées par des motifs simples ou multiples et complexes, etc. (Montrer en passant que liberté et déterminisme peuvent se concilier.)

3e point. — **Le hasard est le conflit de la causalité externe et de la finalité interne.** Ex. : un navire se heurte la nuit contre un écueil et s'y brise. Accident de hasard, dit-on! Cela ne veut pas dire que la rencontre n'a pas été déterminée, mais que la collision a été fortuite au point de vue du capitaine qui ignorait l'existence de l'écueil. *Le hasard n'est que le conflit des causes étrangères avec les fins que nous nous proposons* ; il est purement subjectif et n'existe qu'au point de vue de l'être qui agit d'après des fins. Il résulte toujours de la rencontre de deux éléments, dont aucun en soi n'est fortuit.

Conclusion. — Dans un monde où tout est déterminé, le hasard est une apparence. Mais cette notion illusoire a une valeur, car cette illusion est fatale et constitutive pour l'esprit. Une intelligence parfaite ne verrait rien d'indéterminé, ne concevrait jamais de hasard nulle part. Mais pour nous, esprits imparfaits, qui ne connaissons que peu de faits à la foi, nous ne pouvons qu'incomplètement prévoir nos actes futurs : de là pour nos yeux l'apparence de l'indétermination et du hasard. — Les deux notions de détermination et de hasard, loin de s'exclure, se supposent donc l'une l'autre et sont presque équivalentes.

A Consulter : Thèse de M. P. Souriau sur *l'Invention*, pages 45 et seq. — Nous n'avons fait que résumer cet excellent passage.   J.-B. C.

Sujets analogues

735. — Du hasard. (Sorbonne, juillet 1894).

736. * — En quoi consiste le rôle du hasard dans les découvertes scientifiques. Donner des exemples.

CXXXII
Comparer le rôle de la critique dans l'art au rôle de la logique dans la science.

PLAN DÉVELOPPÉ

Début. — En tout ordre de recherches, la pratique a précédé la théorie : le chant s'est produit avant la musique, l'éloquence avant la rhétorique, la création artistique avant l'esthétique et la critique d'art, l'étude des faits et le raisonnement qui constituent la science avant la logique qui dégage et précise les méthodes ; d'un mot, le développement de l'esprit a été spontané avant de devenir réfléchi. Mais la théorie, une fois créée, a été d'un puissant secours pour la pratique.

L'art et la science, ces deux formes du développement de l'esprit, ont donné naissance, l'un à la critique, l'autre à la logique. — De là cette proportion : la critique est à l'art ce que la logique est à la science. Pour la démontrer, comparons successivement la critique et la logique au point de vue : 1° de leur origine ; 2° de leur rôle ; 3° de leurs limites.

1er **point : (origine)**. — La critique a suivi l'invention, la logique est sortie de l'exercice de la pensée. L'invention dans l'art et dans la science a été le premier moment, et elle a été l'œuvre, non de la réflexion, mais de la spontanéité mentale, de l'inspiration, en quelque sorte du hasard. Pour créer ou trouver, il a fallu d'abord des idées, qui ne pouvaient venir de la préméditation. Ce n'est qu'au second moment du développement intellectuel, quand le génie eut produit des chefs-d'œuvre et trouvé naturellement, accidentellement des vérités, qu'on put, par la comparaison et l'analyse de ces chefs-d'œuvre, formuler des règles ou principes, point de départ de la *critique* ; par l'étude et l'examen approfondis des procédés de l'esprit dans la découverte et la démonstration des vérités, dégager les formes de pensée, les modes de raisonnement et les conditions de méthode, qui ont constitué l'objet de la *logique*. — Donc, *même origine*.

2e point : (rôle et utilité). De même que la critique évite à l'artiste les hésitations, les tâtonnements et les défaillances de la première époque et rend plus sûr et plus facile, sinon plus original, le travail de la création, — de même la logique, sans redresser les esprits originairement faux et les jugements qui manquent de droiture, rend désormais plus courte et plus ferme la marche à suivre pour atteindre au vrai. — Donc, *même rôle.*

3e point : (limites). Mais la critique et la logique ne peuvent, en aucun cas, avoir la prétention de se substituer au génie créateur. Sans doute, avec elle, l'esprit voit mieux, plus vite et plus juste, tout comme, suivant une comparaison célèbre, le géomètre trace des cercles plus exacts avec un compas qu'avec la main ; mais avant tout il faut la pensée, l'imagination et le sentiment ; cela, rien ne le remplace. La critique et la logique sont impassibles et froides ; le génie créateur de l'artiste et l'esprit inventif du savant n'existent qu'avec une certaine chaleur d'âme et l'enthousiasme de l'inspiration. Donc, *mêmes limites.*

Conclusion. — La part de la nature et du hasard est plus essentielle dans tout ordre d'invention que la part de la réflexion et de la méthode. La réflexion ne saurait remplacer la spontanéité ni prévaloir sur elle ; elle ne peut que la fixer et la régler après coup. Mais, par cela même, l'art et la science peuvent gagner à la méthode, critique ou logique, qui, dans l'ensemble de nos idées, de nos sentiments, de nos imaginations, apprend à distinguer d'emblée ce qui est fécond de ce qui est stérile : ce qui est faux, exceptionnel et relatif de ce qui est beau, absolument et universellement vrai.

A consulter : Thèse sur *l'Invention* de M. P. Souriau.

J.-B. C.

CXXXIII
Comparez le talent et le génie. (Aix, 14 avril 1886).

RÉFLEXIONS

Ce sujet confine à la fois à la rhétorique, à la littérature, à la psychologie et à l'esthétique ; mais, proposé à des élèves de philosophie, il doit être traité par l'analyse psychologique.

— Ce qu'on demande, c'est une comparaison entre les deux facultés artistiques qu'on appelle *génie* et *talent*. Il faut donc, après avoir exposé le sens usuel des mots, aborder l'étude de ces facultés, faire ressortir leurs ressemblances et rapports, puis signaler leurs différences et conclure.

A consulter sur ce point : 1º Thèse de M. Souriau, p. 135 et sq. — nous publions ci-dessous le passage qui a trait au sujet. — 2º Marmontel : *Cours de Littérature*. — 3º Hégel : *Esthétique*.

PLAN

Début. — Les mots *talent* et *génie* ne sont pas, dans le langage ordinaire, employés comme synonymes. Celui-ci désigne proprement un ensemble de *facultés créatrices*, puissantes et originales, des pensées sublimes, un style fort, élevé, énergique. Celui-là consiste plutôt dans une certaine facilité d'assimilation, d'adaptation, de disposition et d'*expression* des idées ou des sentiments. Voilà pourquoi on peut avoir du génie sans talent ou du talent sans génie. — En outre, *on n'attribue pas à ces pouvoirs une égale importance :* le talent, résultat de l'étude, est mis au-dessous du génie que, seule, la nature donne. — Leur séparation est-elle pourtant aussi profonde en fait pour le psychologue et l'esthéticien que pour le vulgaire ? Nous ne le pensons pas.

1er point : Ressemblances. — Le talent et le génie *se ressemblent* en ce que tous deux créent, l'un sous le rapport de l'invention, l'autre sous le rapport de l'expression, ou plutôt en ce sens que ni l'un ni l'autre ne crée véritablement. Montrer, en passant, que la création se réduit toujours en définitive à un travail de l'imagination supérieure rompant certaines associations fournies par l'expérience pour en former de nouvelles.

2e point : Différences. — Mais *ils diffèrent* par la façon de procéder dans leurs créations relatives. — Le *génie*, grâce à une énergie plus intense, brise et réforme *violemment* les associations. Voilà pourquoi, par exemple, les héros de Corneille ont une taille grandie et une voix plus qu'humaine. — Le génie, par sa marche, touche plutôt au sublime qu'au beau ; il surprend l'âme et *l'émeut fortement*. Mais, vu l'effort qu'il déploie et la chaleur qu'il dépense pour produire, il manque quelquefois d'harmonie, de continuité, de proportion et de régularité dans l'allure ; de là des incohérences, des faiblesses, des défaillances chez les plus grands inventeurs. Absorbé par l'image dominante, le génie ne cherche qu'à la mettre vivement en relief, sauf à négliger les images secondaires et à en altérer la perspective (ce qui a fait comparer quelquefois le génie à la monomanie et à une façon de névrose). — Le *talent*, lui, est plus contenu et plus calme. Il défait et refait ses associations *lentement*, une à une, sans brusques transitions ni secousses heurtées. Ce qui le caractérise, c'est la patience, la continuité, l'habitude. Par suite, ses œuvres sont d'un caractère *moins fier*, d'une allure plus simple et plus constamment correcte que celle du génie. La chaleur dépensée par lui est moins grande, l'inspiration moins puissante, mais plus uniformément répandue. Si l'originalité est le caractère saillant du génie, le *goût*, avec les qualités qui lui font cortège (proportion, harmonie, régularité), est la marque propre du talent. Chez ce dernier, rien de très haut, mais rien de trop bas, ni de trop médiocre non plus. Portant son attention sur toutes les faces de son objet et éclairant chacune d'elles du jour qui lui convient, le talent excelle à mettre chaque chose à sa vraie place et à son point précis de perspective.

Conclusion. — Si l'expression des idées ne demande pas moins d'originalité que leur invention, si le génie commence ce que le talent vient achever, il s'en suit que génie et talent ne sont pas des facultés différentes de nature et d'essence, mais une seule et même faculté s'appliquant à découvrir soit des *idées d'ensemble* (génie), soit des *idées de détail* (talent). Il s'ensuit encore que le véritable, le complet artiste est celui qui sait, avec une égale puissance, concevoir des idées ou des sentiments et les traduire pleinement au dehors.

Voici le passage de la thèse de M. Souriau qui se rapporte au sujet précédent.

« On donne communément à la *faculté d'invention*, quand elle est développée d'une manière remarquable, le nom de *génie*, et à la *faculté d'expression* le nom de *talent*. Il est des hommes de génie qui, *faute de talent*, passent leur vie à concevoir des projets grandioses qu'ils n'exécutent jamais. Il est des hommes de talent qui, malgré tous leurs soins et leur habileté, ne peuvent s'élever au-dessus du médiocre et, *faute de génie*, n'exécutent jamais que des œuvres banales. *Ces deux facultés sont donc également nécessaires à l'artiste.* On ne leur attribue pourtant pas une égale importance. On regarde souvent le talent comme secondaire, par cette seule raison que c'est l'étude qui le donne. Mais, si le talent est chez celui qui le possède une qualité acquise, il ne s'ensuit nullement que tout le monde soit capable de l'acquérir. L'expression des idées n'est pas seulement affaire de procédé ; car les procédés connus ne sont jamais suffisants que pour les idées vulgaires. Tout esprit original éprouve le besoin de se faire une méthode, une forme de style personnel. *L'expression des idées ne demande pas moins d'originalité que leur invention.* N'est-ce pas avec le même esprit que l'artiste ébauche son œuvre et qu'il l'achève ? *Le génie et le talent ne sont qu'une seule et même faculté*, appliquée à découvrir soit des *idées d'ensemble*, soit des *idées de détail*. » (Thèse sur la théorie de l'*Invention*).

J.-B. C.

SUJETS ANALOGUES

737. — Déterminer le rapport de l'imagination et du goût. Donner des exemples et montrer les applications. (Sorbonne, 20 juillet 1877).

738. — Distinguer l'imagination de l'entendement. (Sorbonne, 4 août 1866-17 août 1869).

739. — Rapports de l'imagination et de l'entendement. Est-il vrai que l'homme ne pense jamais sans images ? (Sorbonne, 19 novembre 1890).

740. — Qu'est-ce que le goût, le talent, le génie ? (Aix, session d'Ajaccio, juin 1890).

741. — De la critique esthétique ; ses principes et ses règles. (Caen, baccal. moderne, novembre 1894).

742. — Apprécier cette définition du goût par J.-J. Rousseau. « Le goût n'est que la faculté de juger ce qui plaît ou

déplaît au plus grand nombre. (Dijon, prépar. agrég. de gram. 1895).

743. ' — On pardonne beaucoup à l'artiste épris de l'idéal ; dans le plus humble des dévots, on respecte Dieu. (G.-M. Valtour).

744. * — Un excellent critique serait un artiste qui aurait beaucoup de science et de goût, sans préjugés et sans envie. (Voltaire).

745. * — Pour être maître dans un art, il faut être un habile dans son métier. (Alex.-Dumas fils).

746. * — La foule ne comprend pas la beauté ; elle la sent. (Beulé).

747. * Des caractères de l'esprit critique, et des divers tempéraments critiques.

748. * — Théorie psychologique du goût d'après celle de l'imagination.

749. * — De ce qu'on entend par *puissance d'expression* dans la littérature et dans les arts.

750. — Du rôle esthétique des sens. (Sorbonne, Licence philosophique, mars 1888).

751. — Quelles sont les facultés de l'âme qui concourent à la perception du beau ? — Que faut-il penser de la doctrine empirique qui confond l'agréable et le beau ? (Aix, 25 juillet 1879).

752. — Qu'est-ce que le goût, le talent, le génie ? (Aix-Ajaccio 25 juin 1890).

753. — Apprécier cette définition du goût par J.-J. Rousseau : « Le goût n'est que la faculté de juger ce qui plaît ou déplaît au plus grand nombre ». (Dijon, prép. Agrég. Gram. 1895).

754. — De l'imagination poétique ou créatrice. (Caen-Rouen juillet 1869).

755. — Peut-on dire que l'imagination crée quelque chose? En quoi consiste le travail créateur de l'art ? (Lyon, juillet 1889).

756. — Peut-on dire que l'imagination crée quelque chose ? Quel est son rôle dans le travail créateur de l'art et en quoi consiste ce travail ? (Toulouse, 17 juillet 1890).

757. * — Théorie des facultés inventives et poétiques.

758. * — De la faculté esthétique, et de sa fonction dans la vie intellectuelle et morale.

759. — Trois portraits psychologiques : l'esprit littéraire ; — l'esprit géométrique ; — l'esprit philosophique.

760. — Discuter cette pensée de Buffon: « Le génie n'est qu'une longue patience » en déterminant autant qu'il est possible les caractères propres du génie.

CXXXIV
On a souvent défini le beau : l'unité dans la variété. — Expliquer par des exemples ce qu'il y a de vrai et de faux dans cette définition. (Aix. 25 juillet 1881).

ESQUISSE

DÉBUT. — Difficulté de définir le beau, à cause de l'amphibologie du mot, qui désigne tantôt le beau réel (nature et humanité), tantôt le beau idéal, (celui de l'art et de la moralité). — De là définitions diverses du beau ; énumérer et classer les principales. — Définition souvent donnée (Hutcheson, le P. André, Crouzaz, Lamennais, Cousin, Kant et Dumont) : *le beau, c'est l'unité dans la variété.* « La plus vraisemblable théorie du beau, dit Cousin *(Le Vrai, le Beau et le Bien)*, est encore celle qui le compose de deux éléments contraires et également nécessaires, l'unité et la variété. Voyez une belle fleur ; sans doute l'ordre, la proportion, la symétrie même y sont ; car, sans ces qualités, la raison en serait absente, et toutes choses sont faites avec une merveilleuse raison ; mais en même temps, que de diversité ! Combien de nuances dans la couleur, quelle richesse dans les moindres détails ! Même en mathématique, ce qui est beau n'est pas un principe abstrait ; c'est ce principe traînant après soi une longue chaîne de conséquences. Il n'y a pas de beauté sans la vie, et la vie, c'est le mouvement, la diversité. » M. Dumont dit à son tour : « le beau, c'est ce qui présente une grande *complication* dans l'*unité* d'une même conception. »

Qu'y a-t-il de vrai, qu'y a-t-il de faux dans cette définition ?

1ᵉʳ point. — Le vrai. — J'accorde aux défenseurs de cette théorie ce point important que ce sont là en effet deux caractères du beau, deux qualités nécessaires d'une œuvre belle ; Kant lui-même est de cette opinion, et il justifie la définition donnée par des considérations profondes. Exemples tirés du beau réel (citation précédente de Cousin) et du beau littéraire et idéal. Dans une œuvre littéraire, la loi de l'unité et de la variété est essentielle. L'*unité* d'abord : la raison veut être satisfaite par un ensemble dont elle puisse saisir d'un seul coup tous les rapports. L'unité est produite, dans l'*action*, par le rapport des parties qui convergent à un point central, de telle sorte que l'ensemble ait un commencement, un milieu et une fin ; dans *les caractères*, par la persistance de la passion dominante : « *Servetur ad imum*, etc. » (Horace) ; dans le *style*, par le rapport des idées et les transitions habilement ménagées de couleur et de ton : « *Denique sit quodvis*, etc. » De plus *la variété* ; car si l'unité s'adresse à la raison, la variété se rapporte à l'imagination et à la sensibilité. L'unité ne produit qu'une beauté froide ; la variété émeut et charme ; elle est la source principale des plaisirs esthétiques. Le jeu des passions, la diversité des ressorts de l'action, la couleur locale, l'éclat des images, les nuances des caractères suivant l'âge, le sexe, la condition et la patrie ; le contraste des personnages et la lutte des intérêts ; les épisodes liés naturellement à l'action principale, tout cela engendre la variété sans nuire à l'unité.

2ᵉ **point.** — **Le faux.** — Raison, sensibilité et imagination, voilà bien trois facultés esthétiques ; unité et variété, voilà bien deux conditions du beau ; mais exciter celles-là, introduire celles-ci, tout cela suffit-il pour avoir le beau ? L'unité et la variété sont-elles la beauté elle-même ? Dans ce cas, toutes les choses qui réuniraient ces deux conditions seraient belles et elles seraient seules belles. Ces conditions seraient le critérium de la beauté. Appliquons cette mesure à des cas particuliers, et nous verrons que la définition donnée ne convient pas à tous les genres de beauté, qu'elle ne convient même pas uniquement au beau et qu'elle ne rend pas compte de tous les degrés de la beauté ; bref, qu'elle n'est *ni universelle, ni propre, ni essentielle*.

a) *Elle ne convient pas à tout le défini*. Peut-on expliquer

par le seul critérium de l'unité et de la variété la beauté d'un paysage uniforme, de la mer bleue, du ciel étoilé, d'une étoffe précieuse? Il faut, dans ces divers cas, tenir grand compte d'autres éléments : la couleur, la lumière et leurs mille nuances. Kant a remarqué que la pureté suffit pour rendre esthétiques certains sons, certaines couleurs ; il est difficile de faire rentrer ces cas dans la définition proposée. Est-ce l'unité dans la variété qui fait la beauté du tapis de neige qui couvre une campagne? Et de même pour l'éclat et la puissance.
— L'exemple si souvent allégué de la *contexture des êtres vivants* prouve encore contre la définition donnée. Si nous prenons les classes supérieures, il y a sans doute unité (forme et structure le mieux appropriées aux autres parties du corps et aux fonctions que les organes doivent remplir). Quant à la *variété*, elle croît et augmente aussi à mesure qu'on s'élève aux degrés supérieurs : quelle diversité d'os, de glandes, de muscles dans le corps d'un oiseau ou d'un mammifère ! Donc, toutes ces espèces devraient êtres belles, ayant unité et variété. Le sont-elles en effet? Je sais bien que, pour le naturaliste, tous les êtres de l'univers ont leur beauté, qu'il y a une certaine beauté même dans les formes qui paraissent le plus hideuses ; mais il n'est pas question alors de sentiment esthétique. Pourquoi donc tout le monde déclare-t-il beaux le lion, la gazelle, etc. ; et laids le singe, le crapaud, etc? — Pourquoi, dans les espèces belles elles-mêmes, distingue-t-on des individus beaux et des individus laids? Comment discerner les monstres à l'aide du critérium proposé? Ici la beauté paraît dépendre d'un autre caractère, à savoir la proportion. Or la proportion est tout autre chose que l'unité dans la variété : les animaux qui ont unité et variété n'ont pas tous, esthétiquement parlant, les membres bien proportionnés.

Si du beau réel nous passons au *beau idéal*, (littéraire ou moral), mêmes remarques à faire. Un poème, une tragédie ne sont assurément pas beaux sans unité ni variété. Et cependant la *Henriade*, composée selon toutes les règles du genre épique, où l'on trouve un héros principal et des personnages secondaires, du merveilleux, des descriptions de combats et de tempêtes, des réflexions philosophiques, d'un mot l'unité et la variété, la *Henriade* est une œuvre fastidieuse, qu'on ne lit guère et qu'on ne relit jamais. Le beau n'est pas de la sorte ennuyeux.

De même toute tragédie n'est pas belle, pour être une et variée. Si les caractères n'y sont élevés, les sentiments nobles et touchants, l'intrigue attachante, le style soutenu, l'action rapide, les personnages vivants et naturels, l'unité et la variété ne suffiront pas pour y introduire l'intérêt. Il arrivera souvent que des ouvrages moins conformes aux règles, par exemple les *Horace* de Corneille et la *Bérénice* de Racine nous plairont d'avantage. Les écrivains, même médiocres, savent observer les préceptes de la poétique; le génie seul crée des œuvres belles et vivantes.

Ce qui est vrai du beau littéraire l'est aussi du beau moral. Est-ce l'unité dans la variété qu'on admire dans saint Vincent de Paul, dans le dévouement de d'Assas, dans ce vers de Racine :

« Le jour n'est pas plus pur que le fond de mon cœur ? »

b) Par suite, *la définition ne convient pas au seul défini*, elle n'est pas propre. Dans un hippopotame, il y a autant de variété et d'unité que dans les autres quadrupèdes, le cerf par exemple, et pourtant l'hippopotame est laid. Un cercle dans lequel on inscrirait une série de cercles égaux, disposés symétriquement autour du centre et qu'on barioleraient des couleurs de l'arc-en-ciel, ne serait jamais une œuvre d'art.

c) Enfin, les exemples ci-dessus l'établissent, cette définition *ne rend pas compte des différents degrés de la beauté*. Impossible de distinguer le beau du joli, du sublime, et même du monstrueux et du laid. Si l'idéal est la plus grande unité dans la plus grande variété possible, on pourrait, avec un nombre suffisant de cailloux, de morceaux de bois ou de carton, faire un ensemble aussi beau que l'*Iliade*.

Conclusion. — Bref, cette définition est vague et abstraite. Elle répond trop au côté mathématique des choses, lequel s'efface de plus en plus et disparait presque totalement aux degrés supérieurs de l'échelle du beau. Elle a le grand tort de ne pas tenir compte d'autres éléments essentiels : la couleur, la lumière, la pureté, la proportion, la force, le sentiment, la pensée, etc., d'un mot, l'expression et la vie.

J.-B. C.

SUJETS ANALOGUES

761. — Le beau doit-il se confondre avec l'*utile* ou avec l'*agréable* ? L'art doit-il être exclusivement l'imitation de la nature ? (Sorbonne 8 août 1873).

762. — Du vrai, du beau et du bien. (Sorbonne, 13 juillet 1878).

763. — Qu'entend-on par les idées du bien et du beau ? Qu'est ce que le *bien en soi* et le *beau en soi* ? (Sorbonne, 3 décembre 1878).

764. — Différence entre le beau et le sublime. (Sorbonne, 18 juillet 1881).

765. — Du beau et du sublime. (Sorbonne, 28 novembre 1881).

766. — Analyser les principaux sentiments que fait naître en nous l'idée du beau. (Sorbonne, 18 juillet 1882).

767. — Du beau et de ses rapports avec le bien. (Sorbonne, 18 novembre 1889).

768. — Le beau est-il la même chose que l'agréable ? (Sorbonne, prép. à l'agrég. Philosophie, 1894).

769. — Discuter, au point de vue esthétique, la théorie qui prétend ramener l'idée du beau à l'idée de l'utile. (Aix, 23 juillet 1882).

770. — Du beau. Quels en sont les caractères ? — L'art doit-il être simplement une imitation ? (Aix, 16 septembre 1884).

771. — Du sentiment du beau et de son expression : l'art (Aix, juillet 1894).

772. — Rapports du beau et du plaisir. (Aix, novembre 1894).

773. — Le beau et le bien doivent-ils être considérés comme des principes de raison ? (Caen, 14 novembre 1898).

774. — Examiner le *vrai*, le *beau* et le *bon*, le premier étant conçu comme le réel, les deux autres comme l'idéal. Puissances de notre esprit qu'ils mettent en jeu. (Dijon, prép. à la Licence phil. 1895).

775. — Principales définitions du beau. Rapports du beau et du bien. (Lyon, juillet 1894).

776. — Distinguer le bien du beau. (Montpellier, 6 nov. 1888).

777. — Des caractères du beau et de son expression dans les arts. (Poitiers, session de mars-avril 1895).

778. * — Le plaisir de la vue. (Cf. Paul Souriau, n° 14, p. 213, *Bulletin hebdomadaire des Cours et Conférences*, 15 février 1895).

779. * — La recherche de l'agrément dans l'art est-elle légitime ? (cf. Cours de M. Paul Souriau, *Bulletin hebd. des Cours et Conférences*, n° 18, 14 mars 1895).

780. * — Le beau peut-il, dans les œuvres d'art, être confondu avec l'utile ?

781. * — Des causes du rire et des conditions du comique.

782. * — Du laid, du grotesque, du trivial.

783. * — Différences et rapports du joli, du beau et du sublime.

784. * — Des principales conditions du beau.

785. * — Différences de l'utile et du beau.

786. * — Expliquer cette définition platonicienne : « Le beau est la splendeur du vrai. »

CXXXV
De l'Art. — Esquisser une classification méthodique des Beaux-Arts. (Sorbonne, 26 octobre 1893).

PRÉPARATION DU SUJET

1er point. — Ce n'est pas la question tout entière de l'art qu'on donne à traiter, — ce serait un volume à écrire, — mais seulement la question la plus importante, la plus essentielle : Qu'est-ce que l'art ? L'art est-il purement et simplement l'imitation de la nature ? est-il, au contraire, la réalisation exclusive de l'idéal ?

Combattre successivement la thèse réaliste et la thèse idéaliste, sans se perdre dans de trop longs détails, et de manière à établir que l'idéalisme esthétique est plus près de la vérité, tel est le cadre à remplir.

2e point. — Après avoir défini rapidement ce qu'on

entend par Beaux-Arts, en faire une classification. Vous bien garder de les énumérer au hasard, dans un ordre quelconque. On vous demande une classification *méthodique*, c'est-à-dire une classification fondée sur un principe bien déterminé, duquel se dégage une progression et une hiérarchie des divers arts. Ce principe peut être soit la *différence des sens* auxquels chaque art s'adresse, soit la *nature des matériaux* mis en œuvre, soit encore le *caractère des sentiments* traduits ou la puissance même d'*expression*. La force expressive fournira un excellent critérium pour établir la hiérarchie des Beaux-Arts, puisque l'expression est, sinon l'unique, du moins la plus importante fin de l'art. Il sera d'ailleurs permis de classer à la fois d'après les sens et d'après la puissance expressive ; ces deux classifications peuvent très bien aller de front et se concilier, comme l'indique le tableau suivant :

Arts *de la vue*: architecture, sculpture, peinture (arts *plastiques* ou du dessin).

Arts *de l'ouïe*: musique, poésie (arts *phonétiques*).

Arts *mixtes*: art dramatique, art oratoire, danse.

PLAN DÉVELOPPÉ

DÉBUT. — L'art, c'est la création du beau par l'homme. Mais comment l'art arrive-t-il à créer le beau ? Est-ce simplement en imitant la nature, la réalité ? (Réalisme, naturalisme). — Est-ce, au contraire, en exprimant uniquement l'idéal ? (Idéalisme ou rationalisme esthétique ?). La seconde thèse est la vraie, mais il la faut bien comprendre, car il a été donné bien des interprétations contestables de l'idéal.

1ᵉʳ **partie.** — (a) **L'art n'est pas, ne peut pas être, ne doit pas être une simple imitation,** bien qu'il emprunte les éléments de ses créations et ses sujets au monde réel, bien qu'il doive ne jamais s'écarter de la nature, bien qu'il commence toujours par imiter. Si l'imitation est le point de départ de l'art, elle n'en saurait être la fin. En effet :

1° *En fait, l'art n'imite pas.* L'artiste fait toujours un choix. Les personnages dramatiques, par exemple, parlent en vers, ce qui est une convention...

2° *En fait encore, il ne peut imiter.* L'artiste ne saurait donner à ses animaux la vie, à ses fleurs la goutte de rosée et leur parfum ; sous ce rapport, la nature l'emportera toujours sur l'art.

3° *En droit, il ne doit pas imiter,* ce serait contraire à son essence. Le beau est ce qui provoque le libre jeu de nos facultés représentatives, disent Kant et Schiller ; il résulte d'une activité simulée, non d'une activité sérieuse. L'art est l'ensemble des moyens qui continuent ce libre jeu d'où résultent le jugement esthétique et le plaisir du beau. Il est donc obligé, quand il considère la réalité, d'en prendre seulement la forme et de faire abstraction de la matière ; il lui faut, en outre, épurer les matériaux qu'il emprunte. (Développer ce point important et apporter des exemples bien choisis).

b) **L'art est l'imitation de l'idéal**, mais ce mot *d'idéal* a été pris en un si grand nombre d'acceptions, qu'il importe fort de nettement préciser le sens dans lequel il faut l'entendre.

L'idéal n'est pas une certaine forme générale et conventionnelle extraite du réel et façonnée par l'imagination d'après une poétique étroite, artificielle, préconçue. On aboutirait par là au faux et à la stérilité. L'idéal doit être pris au sens platonicien de perfection, d'essence ; c'est l'essence des choses telle que la raison la conçoit et dont la réalité nous présente dans les individus l'image grossière et toujours altérée. L'idéal, dans la vie humaine, par exemple, c'est la vérité, morale, religieuse, politique ; ce sont les grandes passions, les sentiments généreux, les vrais intérêts de l'humanité, les nobles luttes de la volonté pour le devoir, bref tout ce qu'il y a dans notre nature d'immuable, d'éternellement vrai. Ce n'est pas tout : l'idéal platonicien est encore insuffisant. A cet idéal purement intelligible il reste à donner une expression sensible et concrète. Il faut revêtir ce squelette de chair et de couleur ; il faut l'animer aux yeux, lui infuser du sang et la vie. En d'autres termes, l'idéal de l'art n'est pas la pure et vague idée platonicienne de la beauté en soi ; il est à la fois intelligible et sensible, général et individuel, abstrait et concret ; (la théorie d'Hégel vient heureusement corriger la théorie de Platon). L'essentiel dans l'idéal, ce sera l'idée ;

l'accessoire, la forme ; mais l'idéal n'existera pas par l'une ou l'autre exclusivement ; il ne consistera que dans la fusion profonde, harmonieuse, indissoluble des deux termes, opérée par le génie de l'artiste. Ce n'est pas la raison qui est la vraie faculté esthétique : elle est trop froide et trop sévère ; c'est l'imagination, faculté d'enthousiasme, d'inspiration et de grâce. Trouver l'accord du général et du particulier, réaliser de la façon la plus intime l'union du sensible et de l'intelligible, voilà le vrai problème, voilà l'exacte formule de l'art.

2ᵉ partie : Classification méthodique des Beaux-Arts. — La pluralité des arts naît de la *différence des moyens d'expression* que la nature extérieure et notre propre organisation mettent à notre service. Ils diffèrent aussi les uns des autres par la *nature des choses* que chacun d'eux est susceptible d'exprimer. On peut les classer, d'après leur puissance expressive, dans l'ordre hiérarchique suivant :

1º *L'architecture* n'est pas un art, au sens propre du mot, aussi longtemps qu'elle se borne à disposer et à décorer des édifices construits dans en but d'utilité. Elle en devient un, lorsqu'elle se consacre uniquement à l'expression d'une idée. Imitant dans leurs formes les plus régulières et les plus belles le monde inorganique et le monde végétal, l'architecture touche et se mêle à la sculpture qui la complète. Elle fournit à tous les beaux-arts un théâtre approprié. Ainsi cette forme la plus pauvre est aussi la plus universelle.

2º *La sculpture* naît de l'admiration que l'homme éprouve instinctivement pour sa propre beauté. Pareille en ce point à l'architecture, elle a pour matière et pour instrument l'espace réel dans ses trois dimensions, et elle s'efforce de traduire immédiatement dans cette forme réelle l'idéal divin de l'humanité. Elle rend les sentiments de l'âme, mais surtout les états calmes et permanents, la sérénité et la majesté. Elle ne reproduit l'action extérieure que d'une manière très imparfaite.

3º Le champ de *la peinture* est plus resserré, mais peut-être approche-t-elle davantage de la perfection. Elle a pour moyen l'espace encore, non plus réel, mais figuré, le plan et la lumière ; à la forme elle ajoute la couleur. Elle embrasse non seulement l'homme, mais tous les phénomènes visibles de la nature organique et inorganique. Dans la vie humaine, elle atteint également tout ce qui se voit, et tous ces éléments divers se combinent dans ses créations. Elle rend l'invisible par le visible, l'idée et le sentiment par la forme ; mais notre vie intérieure avec son changement continuel ; mais le rythme de ce changement qui tient à notre essence, sont insaisissables à la peinture. L'intimité de notre être ne se révèle que dans la succession, et doit par conséquent chercher ailleurs son expression esthétique.

4° La *musique* traduit immédiatement cette vie intérieure par la suite et par l'accord des sons, dont toute la magie repose sur la régularité dans la succession. Les arts de la vue n'ont d'autre matière que l'espace ; la musique, art de l'ouïe, n'a que le temps. Mais nul langage ne saurait la remplacer pour exprimer, quoique d'une façon vague et indécise encore, les sentiments les plus profonds de l'âme et cette constante aspiration vers un bien inconnu, qui est le mystère de notre existence.

5° Il n'appartient qu'à la *poésie* de rendre nettement tout ensemble et le sentiment et la pensée et l'action, la vie humaine toute entière et la vie de la nature avec elle. L'instrument qu'elle emploie est la parole articulée. Le langage n'est pourtant pas, à proprement parler, le vêtement immédiat de la poésie ; autrement celle-ci serait intraduisible d'une langue à l'autre, ce qu'on ne saurait affirmer sans restriction. Ce vêtement, cet instrument, c'est l'imagination même que le poète met en éveil par sa parole et par son accent. La matière de la poésie, ce n'est plus ni le temps réel, ni l'espace réel, c'est l'espace intérieur, c'est la musique sentie, c'est l'esprit lui-même. Par la puissance de la poésie, toute la nature se reflète dans l'esprit et tout l'esprit dans la nature.

CONCLUSION. — La poésie et l'architecture, le plus spirituel et le plus matériel des arts, sont les plus universels. La poésie exprime toutes les idées et l'architecture l'idée du tout. Celle-ci renferme matériellement tous les arts sous ses voûtes, celle-là les contient tous moralement en puissance et communique à tous la fécondité.

« Ces cinq arts forment un système organisé et complet.

D'autres, tels que l'*art des jardins*, la *danse*, la *gravure* (ajoutons l'*art dramatique* et l'*art oratoire*) ne sont que des arts accessoires qui se rattachent plus ou moins aux précédents. Ils n'ont pas le droit d'occuper une place distincte dans la division générale, bien qu'ils aient aussi leur importance. » (Bénard).
J. B. C.

Sujets analogues

787. — Quelle différence y a-t-il, dans la poésie et les beaux-arts, entre la *fiction* et l'*idéal* ? (Sorbonne, 30 mars 1874).

788. — Quel est le sens de ces diverses expressions employées dans la théorie des beaux-arts : l'imitation, la fiction, l'idéal ? (Sorbonne, 13 juillet 1882).

789. — Quelles sont les différences entre les principes, les moyens et les fins de la science, de l'art et de l'industrie ? (Sorbonne, 3 novembre 1874 — Clermont, 23 avril 1885).

790. — De l'art. Esquisser une classification méthodique des Beaux-Arts. (Sorbonne, 26 octobre 1893).

791. — L'imitation est-elle, comme on l'a soutenu, le principe de tous les arts ? (Bordeaux, 5 novembre 1888).

792. — L'art doit-il être exclusivement l'imitation de la nature ? (Clermont, août 1881 — Bordeaux, 24 juin 1882).

793. — Du Beau, de l'Art. (Clermont, 12 novembre 1890).

794. — Quels rapports découvrez-vous entre la science et l'art ? (Caen, 2e partie du Bacc. moderne, nov. 1894).

795. — En quoi diffèrent, dans la comédie, le *comique* et le *plaisant* ? Donner des exemples. (Dijon, préparation à la Licence, 1895).

796. — Expliquer cette pensée de Pascal et en montrer toute la portée : « Il faut de l'agréable et du réel, mais il faut que cet agréable soit lui-même pris du vrai ». (Dijon, prép. Agrég. Gram. 1895).

797. — Les beaux-arts, sous des formes diverses et par des moyens différents, ne se proposent-ils pas la même fin ? Quelle est cette fin ? (Lille, 23 juillet 1894).

798. * — Art moderne, beau moderne sont de vains mots. L'un et l'autre sont éternels comme la vérité. (Ch. Gounod).

799. * — Montrer que les arts peuvent être considérés comme des langues.

800. * — Chercher les différences qui existent entre les poètes et les naturalistes dans leur manière de sentir et d'étudier la nature.

801. * — De ce qu'on entend par puissance d'expression dans la littérature et dans les arts.

802. * — Expliquer cette pensée de Montesquieu : « La musique est le seul de tous les arts qui ne corrompe pas l'esprit. »

803. * — Du réalisme dans la littérature et dans les arts. — Réfuter le réalisme par des arguments empruntés à la théorie psychologique de l'imagination et de la raison.

804. * — Des caractères et des conditions de l'originalité. — Distinguer l'originalité vraie de la bizarrerie et de l'excentricité.

805. — De quelle façon il faut entendre dans la littérature et dans les arts l'imitation de la nature ?

806. * — Théorie psychologique de l'idéal dans la littérature et dans les arts d'imitation.

TABLE GÉNÉRALE DES MATIÈRES

	Pages
PRÉFACE	V
ERRATA	VIII

1. Qu'est-ce que la science et quelles sont les qualités de l'esprit scientifique ? (Aix, 88). 1
2. Autrefois les savants étaient familiers avec toutes les sciences dans les limites jusqu'où elles s'étendaient à leur époque. Aujourd'hui les savants se restreignent chacun à une science spéciale. — Rechercher les causes et les conséquences de ce fait. 6
    Portraits du philosophe et du poète 10
4. Discuter l'opinion suivant laquelle la psychologie n'est qu'une branche de la physiologie (Sorbonne, 93) 12
5. De la nécessité et de l'utilité d'une psychologie scientifique. 18
6. Influence de l'habitude et de l'association des idées sur les jugements que l'on attribue aux sens. — Insister particulièrement sur le sens de la vue. (Aix, 81) 21
7. Justice et Charité (Sorbonne, 94). — Justice et bienfaisance. (Aix, 79). 31
8. Objet de la philosophie. Ce qu'elle est. Ce qu'elle était. 35
9. Expliquer et apprécier cette proposition de Socrate et de ses successeurs qu'il n'y a de science que du général. (Sorbonne, 78) 35
10. La philosophie est-elle une science particulière ou la science universelle ? Dans quel sens pourrait-elle être l'une et l'autre ? (Sorbonne, 74) 36
11. Des rapports de la philosophie avec les autres sciences. (Sorbonne, 72) 37
12. Qu'est-ce qu'une faculté ? La psychologie est-elle possible sans l'étude des facultés de l'âme ? (Sorbonne, 79). 38
13. Comment peut-on classer les faits psychiques ? (Caen, 94). 39
14. Comment l'histoire peut-elle être une source d'information pour la psychologie ? (Sorbonne, 81). 39
15. Que savez-vous sur le plaisir et la douleur ? (Bordeaux, 94). 40
16. Des passions. (Montpellier, 95) 40
17. Des cinq sens. Des notions que nous devons à chacun d'eux en particulier. Des notions que nous devons à deux ou à plusieurs sens. (Sorbonne, 67). 41
18. Rapports de la psychologie et de la physiologie 41
19. Comparer l'expérience en physique et en psychologie. Montrer les analogies et les différences. (Sorbonne, 69). 43
20. L'expérimentation est-elle possible en psychologie ? (Sorbonne, 76) 43
21. La psychologie est-elle une science d'observation ou une science de raisonnement ? Sorbonne, 77) 44
22. Que peut-on tirer de l'étude du langage pour l'étude de la psychologie ? (Sorbonne, 81) 45
23. Objet et instrument de la perception extérieure. Objet et instrument de la perception intérieure. Comparer ces deux espèces de perceptions. (Sorbonne, 72) 46

		Pages
24.	Que pensez-vous de cette proposition de la *Logique de Port-Royal*, que « les choses que l'on connait par l'esprit sont plus certaines que celles que l'on connait par les sens ? (Sorbonne, 74, 77)	46
25.	Descartes croyait que l'âme étant une chose pensante pense toujours. Quel est votre avis sur cette question ? (Sorbonne, 70)	47
26.	Montrer que la perception extérieure serait impossible sans l'intervention des principes de la raison. (Sorbonne, 81, 86).	47
27.	Quelle est la part de la mémoire, de l'imagination et de l'induction dans la connaissance que nous avons du monde extérieur ? (Sorbonne, 78, 86).	48
28.	En quel sens est vrai ce mot de Royer-Collard : « On ne se souvient pas des choses, on ne se souvient que de soi-même ? (Sorbonne, 73, 86).	48
29.	Qu'appelait-on dans la philosophie du XVIIe siècle le *sensorium commune* ? Quel est le rôle attribué à cette faculté dans la philosophie contemporaine ? (Sorbonne, 69)	49
30.	Des erreurs des sens. Que faut-il entendre par ce principe, que l'erreur n'est jamais dans le sens lui-même, mais dans le jugement ? (Sorbonne, 69)	49
31.	La mémoire est-elle une faculté unique, ou se compose-t-elle de plusieurs facultés ? Des différentes espèces de mémoire. (Sorbonne, 85).	50
32.	Rapport de la mémoire et de l'association des idées. (Sorbonne, 85)	50
33.	L'association des idées est-elle une faculté ? Montrez-en la nature et l'importance en psychologie. (Sorbonne, 87)	51
34.	Lois de l'association des idées. (Sorbonne, 75).	52
35.	Peut-on expliquer par l'association des idées toutes les opérations de l'intelligence ? (Sorbonne, 79)	52
36.	Comment se forment les idées abstraites et les idées générales ?	52
37.	Origine psychologique de l'idée de cause. Ses rapports avec le principe de causalité. (Sorbonne, 78).	53
38.	De la notion du moi. Caractères distinctifs de cette notion. Son importance en psychologie et en morale. (Sorbonne, 74)	54
39.	Que faut-il penser de cette proposition : « Le moi est une collection d'états de conscience ? » (Sorbonne, 82)	54
40.	Qu'est-ce que la conscience ? Doit-on à cette faculté les idées de cause, de substance, de durée ?	55
41.	Montrer par des analyses que les conditions du souvenir sont l'identité du moi et l'idée de temps. (Sorbonne, 78).	56
42.	Notion de substance. Son origine.	56
43.	L'homme est-il supérieur aux animaux parce qu'il a une main, ou a-t-il une main parce qu'il est supérieur aux animaux ?	57
44.	De l'esprit philosophique et de ses caractères. (Aix, 90).	58
45.	Influence de la volonté sur la mémoire.	59
46.	Rôle de l'intelligence dans l'acte volontaire.	60
47.	En quoi la psychologie est-elle nécessaire à la logique, à la morale et à la théodicée ?	61
48.	Analyser la notion de l'identité personnelle. Montrer comment elle se forme en nous et quelles conséquences elle comporte. (Sorbonne, 81)	61
49.	De la théorie des idées images. Discuter cette théorie. En indiquer les conséquences. (Sorbonne, 74)	62
50.	Comparer le principe de causalité et le principe de finalité. (Sorbonne, 77)	63

	Pages
51. Des perceptions de la vue. Part de l'expérience et de l'habitude dans ces perceptions. (Sorbonne, 75, 77).	63
52. Comment peut-on dire que l'idée de Dieu résume en elle tous les principes directeurs de l'entendement humain ? (Sorbonne, 82)	64
53. Faire la part de l'expérience et de la raison dans l'induction. (Sorbonne, 67, 71)	64
54. Fondement de la déduction et de l'induction.	65
55. Analyse de la proposition.	66
56. Que doivent les sciences mathématiques à l'expérience ?	67
57. Quels sont les différents sens des mots si souvent employés d'analyse et de synthèse ? (Sorbonne, 69)	67
58. De l'hypothèse. De l'emploi des hypothèses dans les sciences positives. (Sorbonne, 70)	67
59. Expliquer par des exemples et des analyses la différence de ces deux termes : à priori et à postériori	68
60. Montrer que les vérités de l'ordre moral ne sont pas susceptibles du même genre de démonstration que les vérités mathématiques et que les vérités de l'ordre physique. (Sorbonne, 69, 86).	69
61. L'erreur est-elle un fait de l'entendement ou de la volonté ? (Sorbonne, 88)	70
62. Des erreurs qui ont leur origine dans le langage. Des moyens d'y remédier. (Sorbonne, 67)	70
63. De l'origine de la société. Par quels arguments peut-on démontrer que l'origine de la société est un fait naturel et nécessaire, non un fait arbitraire et accidentel, comme on l'a quelquefois prétendu ? (Sorbonne, 67)	71
64. Qu'entend-on par devoirs positifs et par devoirs négatifs ? En donner des exemples, soit dans la morale individuelle, soit dans la morale sociale, soit dans la morale religieuse. (Sorbonne, 68, 77)	72
65. De la personnalité humaine. (Lyon, 90).	72
66. Comparez l'instinct et la raison.	73
67. Des idées d'espace et de temps. (Sorbonne, 78)	74
68. L'instinct n'est-il autre chose qu'une habitude héréditaire ? (Sorbonne, 83)	75
69. Tout peut-il se réduire, comme le voulait Descartes, à l'étendue et à la pensée ? (Sorbonne, 79)	76
70. Le raisonnement est à la fois une marque de grandeur et de faiblesse.	76
71. Conditions et conséquences de la responsabilité morale (Lille, 95)	78
72. De la mémoire. Lois d'acquisition et de perte de la mémoire. (Aix, 85. — Besançon, 91)	79
73. Lois et fondement de l'induction. (Aix, 95).	86
74. Du bonheur. Quels sont les principaux éléments du bonheur dans la vie présente ? (Aix, 82)	92
75. Déterminer les effets de la volonté sur les passions. (Aix, 86).	97
76. De l'induction en psychologie. (Montpellier, 93).	100
77. Montrer que la méthode des sciences physiques et naturelles ne peut s'appliquer aux sciences morales.	103
78. Qu'appelle-t-on système naturel ou scientifique ? Danger des systèmes et de l'esprit systématique.	105
79. L'histoire est-elle une science positive ?	105
80. Comparaison entre l'histoire politique humaine et l'histoire naturelle	107
81. Du bonheur en psychologie et en morale. (Sorbonne, 89).	107
82. Comment l'idée se distingue-t-elle de l'image ? Y a-t-il idée sans image ? (Sorbonne, 70)	108

Pages

83. Etablir la distinction de l'âme et du corps d'après les attributs essentiels de ces deux substances. (Bordeaux, 69) . . 109
84. Exposer et discuter les principaux arguments que le matérialisme oppose à la doctrine de la spiritualité de l'âme. (Rennes, 89) 114
85. De l'immortalité de l'âme. (Clermont, 92) 116
86. La Providence (Aix, 95) 119
87. Rapports de la logique et de la psychologie (Bordeaux, 95). 125
88. L'art et la science. — Quels rapports découvrez-vous entre la science et l'art ? (Caen, 94) 127
89. De la sociologie ; ses principes, sa portée, ses méthodes, son avenir 127
89 *bis*. Des sciences sociales. Leur méthode, leur portée, leur avenir. (Caen, 94) 127
90. De la critique historique. Ses principes et ses règles. (Caen, 94). 129
91. L'art et le jeu 130
92. Esquisser à grands traits le système de l'évolution. (Caen, 94). 131
93. Quelles sont les principales objections que soulève la théorie de l'évolution ? 133
94. De l'habitude. (Montpellier, 95) 134
95. De la réminiscence. (Montpellier, 95). 138
96. Nature du sentiment de l'honneur. Peut-il remplacer l'idée du devoir ? 139
96 *bis*. Exposer le rôle moral du sentiment de l'honneur. (Montpellier, 95) 139
97. Lacunes de la science 140
98. La conscience morale est-elle une faculté à part ou peut-elle être réduite à une faculté plus générale ? (Sorbonne, 68) . 140
99. Du caractère 142
100. Que savez-vous du pessimisme ? Comment peut-on le réfuter ? (Sorbonne, 92) 143
101. On a dit que la douleur était le fait fondamental de la vie. Discuter cette opinion 151
102. Théories diverses sur le droit de propriété. Fondement véritable de ce droit (Poitiers, 95) 152
103. Devoirs de l'homme envers son âme (Montpellier, 91) . . . 155
104. De l'expression du visage humain. 156
105. Expliquer cette pensée de La Fontaine : Il ne faut pas juger des gens sur l'apparence (Aix, 87) 158
106. Qu'est-ce que le panthéisme ? Quels sont les principaux représentants de ce système dans l'histoire de la philosophie ? (Sorbonne, 81). 161
107. Qu'est-ce que le panthéisme ? Quel en est le principe ? Quelles en sont les conséquences ? 162
108. Exposer dans leur ordre logique et examiner les principaux systèmes sur l'origine des idées et vérités nécessaires . . 164
109. Distinguer les sensations et les sentiments. (Sorbonne, 76) . 168
110. De la sensibilité physique. 170
111. Le raisonnement spontané et le raisonnement réfléchi (Sorbonne, 95). 172
112. De la sensibilité morale. (Aix, 95). 173
113. Qu'est-ce que la philosophie critique ? L'expliquer en considérant de préférence la philosophie de Kant. (Aix, 95). . 177
114. Examiner, au point de vue de la théorie de la connaissance, la doctrine idéaliste. (Besançon, 95) 180
115. Examiner, au point de vue de la théorie de la connaissance, la doctrine réaliste. (Besançon, 95). 181
116. Examiner, au point de vue de la théorie de la connaissance, la doctrine positiviste. (Besançon, 95) 182

	pages
117. Du principe Kantien d'après lequel la seule chose moralement bonne est la bonne volonté. (Bordeaux, 95)	183
118. Du degré de certitude de la science. (Caen, 95)	184
119. Du fondement de la certitude morale (Caen, 95)	185
120. On a agité récemment la question de savoir si la prééminence dans la conduite humaine doit appartenir à la raison ou à la foi. Que pensez-vous de ce débat ? (Caen, 95)	186
121. Des services que se rendent réciproquement l'imagination et la raison. (Grenoble, 95)	188
122. En quoi l'hypothèse de l'évolution a-t-elle renouvelé la théorie de l'instinct ? (Lyon, 95)	189
123. Quelle a été, quelle devrait être la morale du matérialisme ? (Nancy, 95)	190
124. Morale provisoire de Descartes. Que lui manque-t-il pour qu'on en puisse faire une morale définitive ? (Nancy, 95)	192
125. Qu'est-ce que démontrer Dieu ? Classer, énumérer et apprécier les preuves les plus importantes de l'existence de Dieu.	193
126. Expliquer, en la développant, cette pensée de Kant : « Deux objets remplissent l'âme d'une admiration et d'un respect toujours renaissants : le Ciel étoilé au-dessus de nos têtes, la loi morale au-dedans de nous-mêmes »	199
127. Exposer et juger les principales objections faites contre la preuve dite des « Causes finales ». (Besançon, 91)	201
128. Par quelle méthode peut-on déterminer les attributs de Dieu ? Est-ce par la méthode déductive, ou par la méthode inductive, ou par les deux à la fois ? Distinguer les attributs métaphysiques des attributs moraux. (Sorbonne, 71)	203
129. Les attributs de Dieu. Insister sur l'infinité et la perfection et les définir. (Nancy, 93)	206
130. Du matérialisme (Sorbonne, 67)	211
131. Du hasard et du déterminisme Peut-on les concilier ?	213
132. Comparer le rôle de la critique dans l'art au rôle de la logique, etc.	215
133. Comparez le talent et le génie. (Aix 82)	215
134. On a souvent défini le beau : l'unité dans la variété. Expliquer par des exemples ce qu'il y a de vrai et de faux dans cette définition. (Aix, 81)	221
135. De l'art. — Esquisser une classification méthodique des Beaux-Arts. (Sorbonne, 93)	226
TABLE GÉNÉRALE DES MATIÈRES	233
TABLE DES SUJETS RANGÉS PAR FACULTÉS	238
TABLE DES SUJETS CLASSÉS DANS L'ORDRE DU PROGRAMME	242

II. TABLE DES SUJETS RANGÉS PAR FACULTÉS

Sorbonne.

Pages.

4. Discuter l'opinion suivant laquelle la psychologie n'est qu'une branche de la physiologie (93) 12
7. Justice et charité (94) 31
9. Expliquer et apprécier cette proposition de Socrate et de ses successeurs, qu'il n'y a de science que du général (78) . . 35
10. La philosophie est-elle une science particulière ou la science universelle ? Dans quel sens pourrait-elle être l'une et l'autre ? (74) 36
11. Des rapports de la philosophie avec les autres sciences (72) . 67
12. Qu'est-ce qu'une faculté ? La psychologie est-elle possible sans l'étude des facultés de l'âme ? (79) 38
14. Comment l'histoire peut-elle être une source d'information pour la psychologie ? (81) 39
17. Des cinq sens. Des notions que nous devons à chacun d'eux en particulier. Des notions que nous devons à deux ou à plusieurs sens (67) 41
19. Comparer l'expérience en physique et en psychologie. Montrer les analogies et les différences. (69) 43
20. L'expérimentation est-elle possible en psychologie (76) . . . 43
21. La psychologie est-elle une science d'observation ou une science de raisonnement ? (77) 44
22. Que peut-on tirer de l'étude du langage pour l'étude de la psychologie ? (81) 45
23. Objet et instrument de la perception extérieure. Objet et instrument de la perception intérieure. Comparer ces deux espèces de perceptions (72). 46
24. Que pensez-vous de cette proposition de la *Logique de Port-Royal* que « les choses que l'on connaît par l'esprit sont plus certaines que celles que l'on connaît par les sens ? (74-77) 46
25. Descartes croyait que l'âme étant une chose pensante pense toujours. Quel est votre avis sur cette question ? (70). . . 47
26. Montrer que la perception extérieure serait impossible sans l'intervention des principes de la raison (81-86) 47
27. Quelle est la part de la mémoire, de l'imagination et de l'induction dans la connaissance que nous avons du monde extérieur ? (78-86). 48
28. En quel sens est vrai ce mot de Royer-Collard : « On ne se souvient pas des choses, on ne se souvient que de soi-même » ? (78-86). 48
29. Qu'appelait-on dans la philosophie du XVIIe siècle le *sensorium commune* ? Quel est le rôle attribué à cette faculté dans la philosophie contemporaine ? (69) 49
30. Des erreurs des sens ? Que faut-il entendre par ce principe, que l'erreur n'est jamais dans le sens lui-même, mais dans le jugement ? (69) 49
31. La mémoire est-elle une faculté unique, ou se compose-t-elle de plusieurs facultés ? Des différentes espèces de mémoire (85) 50
32. Rapports de la mémoire et de l'association des idées (85) . . 50
33. L'association des idées est-elle une faculté ? Montrez-en la nature et l'importance en psychologie (87). 51
34. Lois de l'association des idées (75). 52
35. Peut-on expliquer, par l'association des idées toutes les opérations de l'intelligence ? (79). 52

	Pages
37. Origine psychologique de l'idée de cause. Ses rapports avec le principe de causalité (78)	53
38. De la notion du moi. Caractères distinctifs de cette notion. Son importance en psychologie et en morale (74)	54
39. Que faut-il penser de cette proposition: « Le moi est une collection d'états de conscience ? » (82)	54
41. Montrer par des analyses que les conditions du souvenir sont l'identité du moi et l'idée de temps (78)	56
48. Analyser la notion de l'identité personnelle. Montrer comment elle se forme en nous et quelles conséquences elle comporte (81)	61
49. De la théorie des idées-images. Discuter cette théorie. En indiquer les conséquences (74)	62
50. Comparer le principe de causalité et le principe de finalité (77)	63
51. Des perceptions de la vue. Part de l'expérience et de l'habitude dans ces perceptions (75-77)	63
52. Comment peut-on dire que l'idée de Dieu résume en elle tous les principes directeurs de l'entendement humain ? (82)	64
53. Faire la part de l'expérience et de la raison dans l'induction (67, 71)	64
57. Quels sont les différents sens des mots si souvent employés d'analyse et de synthèse ? (69)	67
58. De l'hypothèse. De l'emploi des hypothèses dans les sciences positives (70)	67
60. Montrer que les vérités de l'ordre moral ne sont pas susceptibles du même genre de démonstration que les vérités mathématiques et que les vérités de l'ordre physique. (69, 86)	69
61. L'erreur est-elle un fait de l'entendement ou de la volonté ? (88)	70
62. Des erreurs qui ont leur origine dans le langage. Des moyens d'y remédier (67)	70
63. De l'origine de la société. Par quels arguments peut-on démontrer que l'origine de la société est un fait naturel et nécessaire, non un fait arbitraire et accidentel, comme on l'a quelquefois prétendu ? (67)	71
64. Qu'entend-on par devoirs positifs et par devoirs négatifs ? En donner des exemples soit dans la morale individuelle, soit dans la morale sociale, soit dans la morale religieuse (68, 77)	72
67. Des idées d'espace et de temps (78)	74
68. L'instinct n'est-il autre chose qu'une habitude héréditaire ? (83)	75
69. Tout peut-il se réduire, comme le voulait Descartes, à l'étendue et à la pensée ? (79)	76
81. Du bonheur en psychologie et en morale (89)	107
82. Comment l'idée se distingue-t-elle de l'image ? Y a-t-il idée sans image ? (70)	108
98. La conscience morale est-elle une faculté à part ou peut-elle être réduite à une faculté plus générale ? (68)	140
100. Que savez-vous du pessimisme ? Comment peut-on le réfuter ? (92)	143
106. Qu'est-ce que le panthéisme ? Quels sont les principaux représentants de ce système dans l'histoire de la philosophie ? (81)	161
109. Distinguer les sensations et les sentiments (76)	168
111. Le raisonnement spontané et le raisonnement réfléchi (95)	172
128. Par quelle méthode peut-on déterminer les attributs de Dieu ? Est-ce par la méthode déductive, ou par la méthode inductive, ou par les deux à la fois ? Distinguer les attributs métaphysiques des attributs moraux (71)	203

	Pages
130. Du matérialisme (77)	211
135. De l'art. Esquisser une classification méthodique des Beaux-Arts (93)	225

Académie d'Aix

1. Qu'est-ce que la science et quelles sont les qualités de l'esprit scientifique ? (88)	1
6. Influence de l'habitude et de l'association des idées sur les jugements que l'on attribue aux sens. Insister particulièrement sur le sens de la vue (81)	21
7. Justice et bienfaisance (79)	31
44. De l'esprit philosophique et de ses caractères (90)	58
72. De la mémoire. Loi d'acquisition et de perte de la mémoire (85)	79
73. Lois et fondement de l'induction (95)	86
74. Du bonheur. Quels sont les principaux éléments du bonheur dans la vie présente ? (82)	92
75. Déterminer les effets de la volonté sur les passions (86)	97
86. La Providence (95)	119
105. Expliquer cette pensée de La Fontaine : « Il ne faut pas juger des gens sur l'apparence » (87)	158
112. De la sensibilité morale (95)	173
113. Qu'est-ce que la philosophie critique ? L'expliquer en considérant de préférence la philosophie de Kant (95)	177
133. Comparez le talent et le génie (86)	216
134. On a souvent défini le beau : l'unité dans la variété. Expliquer par des exemples ce qu'il y a de vrai et de faux dans cette définition (81)	221

Académie de Besançon.

72. De la mémoire. Lois de l'acquisition et de la perte de la mémoire (91)	79
114. Examiner, au point de vue de la théorie de la connaissance, la doctrine idéaliste (95)	180
115. Examiner, au point de vue de la théorie de la connaissance, la doctrine réaliste (95)	181
116. Examiner, au point de vue de la théorie de la connaissance, la doctrine positiviste (95)	182
127. Exposer et juger les principales objections faites contre la preuve dite des causes finales (91)	201

Académie de Bordeaux.

15. Que savez-vous sur le plaisir et la douleur ? (94)	40
83. Établir la distinction de l'âme et du corps d'après les attributs essentiels de ces deux substances (69)	109
87. Rapports de la logique et de la psychologie (95)	125
117. Du principe Kantien d'après lequel la seule chose moralement bonne est la bonne volonté (95)	183
76-271. Des idées de loi et de cause. Les appliquer aux phénomènes de conscience (69)	102

Académie de Caen.

13. Comment peut-on classer les faits psychiques ? (94)	39
88. Quels rapports découvrez-vous entre la science et l'art ? (94)	127
89. Des sciences sociales. Leur méthode, leur portée, leur avenir. (94)	127
90. De la critique historique. Ses principes et ses règles (94)	129
92. Esquisser à grands traits le système de l'Evolution (94)	131
118. Du degré de certitude de la science (95)	184
119. Du fondement de la certitude morale (95)	185
120. On a agité récemment la question de savoir si la prééminence dans la conduite humaine doit appartenir à la raison ou à la foi. Que pensez-vous de ce débat ? (95)	186

	Pages
-84. En quoi se ressemblent et en quoi diffèrent les devoirs de justice et les devoirs de charité (90).	31

Académie de Clermont.

85. De l'immortalité de l'âme (92)	116
84-321. Exposer et réfuter les objections des matérialistes contre la distinction de l'âme et du corps (74)	114

Académie de Dijon.

83-311 Comment peut-on établir la distinction de l'âme et du corps? (94)	109

Académie de Grenoble.

100. Réfuter le pessimisme. Quelle est la fin de la vie humaine? (89).	188
121. Des services que se rendent réciproquement l'imagination et la raison (95).	143

Académie de Lille

71. Conditions et conséquences de la responsabilité morale (95).	78

Académie de Lyon

65. De la personnalité humaine (90).	72
122. En quoi l'hypothèse de l'évolution a-t-elle renouvelé la théorie de l'instinct ? (95)	189
119-644. La certitude morale (90).	185

Académie de Montpellier

16. Des passions (95)	40
76. De l'induction en psychologie (93).	100
94. De l'habitude (95)	134
95. De la réminiscence (95)	138
96. Exposer le rôle moral du sentiment de l'honneur (95)	139
103. Devoirs de l'homme envers son âme (94)	155

Académie de Nancy

123. Quelle a été, quelle devrait être la morale du matérialisme?(95).	190
124. Morale provisoire de Descartes. Que lui manque-t-il pour qu'on en puisse faire une morale définitive ? (95)	192
129. Les attributs de Dieu (93).	206
129. Les attributs de Dieu. Insister sur l'infinité et la perfection, et les définir (93)	206
73-238. Le raisonnement inductif ou induction. Son origine psychologique. Sa valeur logique (89).	86
83-313. Sur quelles raisons se fonde la distinction de l'âme et du corps ? (90).	109
86-371. La providence (93).	119

Académie de Poitiers

4-22. Rapports et différences de la physiologie et de la psychologie (93)	12
100. Le pessimisme ; ses principaux défenseurs ; exposer et réfuter les arguments sur lesquels s'appuie ce système (93).	143
102. Théories diverses sur le droit de propriété. Fondement véritable de ce droit	152

Académie de Rennes

84. Exposer et discuter les principaux arguments que le matérialisme oppose à la doctrine de la spiritualité de l'âme (89)	114
85-347. Exposer les preuves les plus décisives de l'immortalité de l'âme (92)	116

Académie de Toulouse

7-96. Des devoirs de justice et de charité (94)	31
83-315. Prouver la spiritualité de l'âme par la conscience et le raisonnement (69)	109
94-474. De l'habitude, son origine, ses effets (82)	134
113-625. Exposer et apprécier la philosophie de Kant (83)	177

J.-B. CASTEL et V. VATTIER. — *Dissertations philosophiques.* 16

III. TABLE DES SUJETS CLASSÉS DANS L'ORDRE DU PROGRAMME

INTRODUCTION
La science et les sciences.

Pages
1. Qu'est-ce que la science et quelles sont les qualités de l'esprit scientifique ? (Aix, 88). 1
3. Autrefois les savants étaient familiers avec toutes les sciences dans les limites jusqu'où elles s'étendaient à leur époque. Aujourd'hui les savants se restreignent chacun à une science spéciale. — Rechercher les causes et les conséquences de ce fait 6
9. Expliquer cette proposition d'Aristote qu'il n'y a de science que du général. (Sorbonne, 78) 35
88. L'art et la science. 127
88 bis. Quels rapports découvrez-vous entre la science et l'art ? (Caen, 94). 127
97. Lacunes de la science 140
118. Du degré de certitude de la science. (Caen, 95) . . . 184
120. On a agité récemment la question de savoir si la prééminence dans la conduite humaine doit appartenir à la raison ou à la foi. Que pensez-vous de ce débat ? (Caen, 95) . . 186

La philosophie. Objet, méthode et division de la philosophie.

3. Portraits du philosophe et du poète 10
8. Objet de la psychologie. Ce qu'elle est ; ce qu'elle était. . . 35
10. La philosophie est-elle une science particulière ou la science universelle ? Dans quel sens pourrait-elle être l'une et l'autre ? (Sorbonne, 74) 36
11. Des rapports de la philosophie avec les autres sciences. (Sorbonne, 72). 37
44. De l'esprit philosophique et de ses caractères. (Aix, 90) . . 58

PSYCHOLOGIE
Objet de la psychologie ; caractères propres des faits qu'elle étudie ; les faits psychologiques et les faits physiologiques.

4. Discuter l'opinion suivant laquelle la psychologie n'est qu'une branche de la physiologie. (Sorbonne, 93). . . 12
5. De la nécessité et de l'utilité d'une psychologie scientifique. 18
18. Rapports de la psychologie et de la physiologie . . . 41
23. Objet et instrument de la perception extérieure. Objet et instrument de la perception intérieure. Comparer ces deux espèces de perceptions. (Sorbonne, 72) 46
24. Que pensez-vous de cette proposition de la *Logique de Port-Royal* que « les choses que l'on connaît par l'esprit sont plus certaines que celles que l'on connaît par les sens »? (Sorbonne, 74, 77) 46
47. En quoi la psychologie est-elle nécessaire à la logique, à la morale et à la théodicée ? 61
87. Rapports de la logique et de la psychologie. (Bordeaux, 95). 125

Méthode de la psychologie : méthode subjective : la réflexion ; méthode objective : les langues, l'histoire, etc. De l'expérimentation en psychologie.

14. Comment l'histoire peut-elle être une source d'informations pour la psychologie ? (Sorbonne, 81). 39
19. Comparer l'expérience en physique et en psychologie. Montrer les analogies et les différences. (Sorbonne, 69). . 43
20. L'expérimentation est-elle possible en psychologie ? (Sorbonne, 76). 43

Pages

21. La psychologie est-elle une science d'observation ou une science de raisonnement ? (Sorbonne, 77) 44
22. Que peut-on tirer de l'étude du langage pour l'étude de la psychologie ? (Sorbonne, 81) 45
76. De l'induction en psychologie. (Montpellier, 93). 100
77. Montrer que la méthode des sciences physiques et naturelles ne peut s'appliquer aux sciences morales 103

Classification des faits psychologiques : sensibilité, intelligence, volonté.

12. Qu'est-ce qu'une faculté ? La psychologie est-elle possible sans l'étude des facultés de l'âme ? (Sorbonne, 79). . . 38
13. Comment peut-on classer les faits psychiques ? (Caen, 94) . 39
29. Qu'appelait-on dans la philosophie du XVIIe siècle le *Sensorium commune ?* Quel est le rôle attribué à cette faculté dans la philosophie contemporaine ? (Sorbonne, 69). . . 49

Sensibilité. — *Le plaisir et la douleur : sensations, sentiments, inclinations, passions.*

15. Que savez-vous sur le plaisir et la douleur ? (Bordeaux, 95) . 40
16. Des passions. (Montpellier, 95) 40
75. Déterminer les effets de la volonté sur les passions. (Aix, 86). 97
81. Du bonheur en psychologie et en morale. (Sorbonne, 89) . . 107
100. Que savez-vous du pessimisme ? Comment peut-on le réfuter ? (Sorbonne, 92) 143
101. On a dit que la douleur était le fait fondamental de la vie. Discuter cette opinion 151
109. Distinguer les sensations et les sentiments. (Sorbonne, 66). . 168
110. De la sensibilité physique 170
111. De la sensibilité morale. (Aix, 95) 173

Intelligence. — *Les sens ou la perception extérieure.*

6. Influence de l'habitude et de l'association des idées sur les jugements que l'on attribue aux sens. Insister particulièrement sur le sens de la vue. (Aix, 81) 21
17. Des cinq sens. Des notions que nous devons à chacun d'eux en particulier. Des notions que nous devons à deux ou à plusieurs sens. (Sorbonne, 67) 41
23. Objet et instrument de la perception extérieure. Objet et instrument de la perception intérieure. Comparer ces deux espèces de perception. (Sorbonne, 72) 46
26. Montrer que la perception extérieure serait impossible sans l'intervention des principes de la raison. (Sorbonne, 81, 86). 47
27. Quelle est la part de la mémoire, de l'imagination et de l'induction dans la connaissance que nous avons du monde extérieur ? (Sorbonne, 78, 86) 48
29. Qu'appelait-on dans la philosophie du XVIIe siècle le *Sensorium commune ?* Quel est le rôle attribué à cette faculté dans la philosophie contemporaine ? (Sorbonne, 69) . . 49
30. Des erreurs des sens. Que faut-il entendre par ce principe, que l'erreur n'est jamais dans le sens lui-même, mais dans le jugement ? (Sorbonne, 69) 49
48. L'homme est-il supérieur aux animaux parce qu'il a une main, ou a-t-il une main parce qu'il est supérieur aux animaux ? 57
49. De la théorie des idées-images. Discuter cette théorie. En indiquer les conséquences. (Sorbonne, 74) 62
51. Des perceptions de la vue. Part de l'expérience et de l'habitude dans ces perceptions. (Sorbonne, 75, 77) 63
82. Comment l'idée se distingue-t-elle de l'image ? Y a-t-il idée sans image ? (Sorbonne, 70) 108

La Conscience ou perception intime.

	Pages
19. Comparer l'expérience en physique et en psychologie. Montrer les analogies et les différences. (Sorbonne, 69)	43
21. La psychologie est-elle une science d'observation ou une science de raisonnement ? (Sorbonne, 77)	44
23. Objet et instrument de la perception extérieure. Objet et instrument de la perception intérieure. Comparez ces deux espèces de perceptions. (Sorbonne, 72)	46
24. Que pensez-vous de cette proposition de la *Logique de Port-Royal* que « les choses que l'on connaît par l'esprit sont plus certaines que celles que l'on connaît par les sens » ? (Sorbonne, 74, 77)	46
25. Descartes croyait que l'âme étant une substance pensante pense toujours. Quelle est votre avis sur cette question ? (Sorbonne, 70)	47
37. Origine psychologique de l'idée de cause. Ses rapports avec le principe de causalité. (Sorbonne, 78)	53
38. De la notion du moi. Caractères distinctifs de cette notion. Son importance en psychologie et en morale. (Sorbonne, 74)	54
39. Que faut-il penser de cette proposition : « le moi est une collection d'états de conscience ? » (Sorbonne, 82)	54
40. Qu'est-ce que la conscience ? Doit-on à cette faculté les idées de cause, de substance, de durée ?	55
42. Notion de substance. Son origine	56
48. Analyser la notion de l'identité personnelle. Montrer comment elle se forme en nous et quelles conséquences elle comporte. (Sorbonne, 81)	61
77. Montrer que la méthode des sciences physiques et naturelles ne peut s'appliquer aux sciences morales.	103
119. Du fondement de la certitude morale. (Caen, 95)	185

La mémoire.

27. Quelle est la part de la mémoire, de l'imagination et de l'induction dans la connaissance que nous avons du monde extérieur ? (Sorbonne, 78, 86)	48
28. En quel sens est vrai ce mot de Royer-Collard : « On ne se souvient pas des choses, on ne se souvient que de soi-même ? (Sorbonne, 78, 86)	48
31. La mémoire est-elle une faculté unique, ou se compose-t-elle de plusieurs facultés ? Des différentes espèces de mémoire. (Sorbonne, 85)	50
32. Rapports de la mémoire et de l'association des idées. (Sorbonne, 85)	50
41. Montrer par des analyses que les conditions du souvenir sont l'identité du moi et de l'idée de temps. (Sorbonne)	56
45. Influence de la volonté sur la mémoire.	59
72. De la mémoire. Lois de l'acquisition et de la perte de la mémoire. (Aix, 85. — Besançon, 91)	79
95. De la réminiscence. (Montpellier, 95)	138

L'association des idées.

6. Influence de l'habitude et de l'association des idées sur les jugements que l'on attribue aux sens. Insister particulièrement sur le sens de la vue. (Aix, 81).	
32. Rapports de la mémoire et de l'association des idées. (Sorbonne, 85)	50
33. L'association des idées est-elle une faculté ? Montrez-en la nature et l'importance en psychologie. (Sorbonne, 87)	51
34. Lois de l'association des idées. (Sorbonne, 75)	52
35. Peut-on expliquer par l'association des idées toutes les opérations de l'intelligence ? (Sorbonne, 79)	52

L'imagination

                                                            Pages

27. Quelle est la part de la mémoire, de l'imagination et de l'induction dans la connaissance que nous avons du monde extérieur ? (Sorbonne, 78, 80).   48
49. De la théorie des idées-images. Discuter cette théorie. En indiquer les conséquences. (Sorbonne, 74)   62
82. Comment l'idée se distingue-t-elle de l'image ? Y a-t-il idée sans images ? (Sorbonne, 70)   108
121. Des services que se rendent réciproquement l'imagination et la raison. (Grenoble, 95)   188

Les opérations intellectuelles : l'attention, l'abstraction, la comparaison, la généralisation, le jugement et le raisonnement.

35. Peut-on expliquer par l'association des idées toutes les opérations de l'intelligence ? (Sorbonne, 79)   52
36. Comment se forment les idées abstraites et les idées générales ?   52
53. Faire la part de l'expérience et de la raison dans l'induction. (Sorbonne, 67, 71)   64
54. Fondement de la déduction et de l'induction.   65
55. Analyse de la proposition.   66
70. Le raisonnement est à la fois une marque de grandeur et de faiblesse
73. Lois et fondement de l'induction. (Aix, 95)   86
111. Le raisonnement spontané et le raisonnement réfléchi. (Sorbonne, 95)   172

La raison et les principes directeurs de la connaissance. Peut-on les expliquer par l'expérience, l'association ou l'hérédité ?

35. Peut-on expliquer par l'association des idées toutes les opérations de l'intelligence ? (Sorbonne, 79)   52
37. Origine psychologique de l'idée de cause. Ses rapports avec le principe de causalité (Sorbonne, 78)   53
42. Notion de substance. Son origine   56
49. De la théorie des idées-images. Discuter cette théorie. En indiquer les conséquences (Sorbonne, 74)   62
50. Comparer le principe de causalité et le principe de finalité (Sorbonne, 77)   63
52. Comment peut-on dire que l'idée de Dieu résume en elle tous les principes directeurs de l'entendement humain ? (Sorbonne, 82)   64
59. Expliquer par des exemples et des analyses la différence de ces deux termes : à *priori* et à *posteriori*   68
66. Comparer l'instinct et la raison.   73
67. Des idées d'espace et de temps (Sorbonne, 78)   74
82. Comment l'idée se distingue-t-elle de l'image ? Y a-t-il idée sans image ? (Sorbonne, 70)   108
92. Esquisser à grands traits le système de l'évolution (Caen, 94)   131
93. Quelles sont les principales objections que soulève la théorie de l'évolution ?   133
108. Exposer dans leur ordre logique et examiner les principaux systèmes sur l'origine des idées et des vérités nécessaires.   164
113. Qu'est-ce que la philosophie critique ? L'expliquer en considérant de préférence la philosophie de Kant (Aix, 95)   177
114. Examiner, au point de vue de la théorie de la connaissance, la doctrine idéaliste (Besançon, 95)   180
115. Examiner, au point de vue de la théorie de la connaissance, la doctrine réaliste (Besançon, 95)   181
116. Examiner, au point de vue de la théorie de la connaissance, la doctrine positiviste (Besançon, 95)   182

	Pages
120. On a agité récemment la question de savoir si la prééminence dans la conduite humaine doit appartenir à la raison ou à la foi. Que pensez-vous de ce débat ? (Caen, 95)	186
121. Des services que se rendent réciproquement l'imagination et la raison (Grenoble, 95)	188

L'activité. — L'instinct.

66. Comparer l'instinct et la raison	73
68. L'instinct n'est-il autre chose qu'une habitude héréditaire ? (Sorbonne, 83)	75
122. En quoi l'hypothèse de l'évolution a-t-elle renouvelé la théorie de l'instinct ? (Lyon, 95)	189

Volonté et Liberté.

45. Influence de la volonté sur la mémoire	59
46. Rôle de l'intelligence dans l'acte volontaire	60
65. De la personnalité humaine (Lyon, 90)	72
75. Déterminer les effets de la volonté sur les passions (Aix, 86)	97
99. Du caractère	142
131. Du hasard et du déterminisme. Peut-on les concilier ?	213

L'habitude.

6. Influence de l'habitude et de l'association des idées sur les jugements que l'on attribue aux sens. Insister particulièrement sur le sens de la vue (Aix, 81)	21
94. De l'habitude (Montpellier, 95)	134

L'expression des faits psychologiques : les signes et le langage.

104. De l'expression du visage humain	156
105. Expliquer cette pensée de La Fontaine : « Il ne faut pas juger des gens sur l'apparence. » (Aix, 87)	158
22. Que peut-on tirer de l'étude du langage pour l'étude de la psychologie ? (Sorbonne, 81)	45
36. Comment se forment les idées abstraites et générales ?	52

ESTHÉTIQUE
Le beau et l'art.

3. Portraits du philosophe et du poète	10
88. L'art et la science	127
88. Quels rapports découvrez-vous entre la science et l'art ? (Caen, 94)	127
91. L'art et le jeu	130
132. Comparer le rôle de la critique dans l'art au rôle de la logique dans la science	215
133. Comparer le talent et le génie (Aix, 86)	216
134. On a souvent défini le beau : « L'unité dans la variété. » Expliquer par des exemples ce qu'il y a de vrai et de faux dans cette définition (Aix, 81)	221
135. De l'art. — Esquisser une classification méthodique des Beaux-Arts (Sorbonne, 93)	225

Les rapports du physique et du moral

18. Rapports de la psychologie et de la physiologie	41
104. De l'expression du visage humain	156
105. Expliquer cette pensée de La Fontaine : Il ne faut pas juger des gens sur l'apparence ». (Aix, 87)	158

Notions très sommaires de psychologie comparée.
L'homme et l'animal.

43. L'homme est-il supérieur aux animaux parce qu'il a une main, ou a-t-il une main parce qu'il est supérieur aux animaux ?	57
66. Comparer l'instinct et la raison	73

80. Comparaison entre l'histoire politique humaine et l'histoire naturelle 107

LOGIQUE
Questions générales.

57. Quels sont les différents sens des mots si souvent employés d'analyse et de synthèse ? (Sorbonne, 69) 67
87. Rapports de la logique et de la psychologie. (Bordeaux, 95) . 123
132. Comparer le rôle de la critique dans l'art au rôle de la logique dans la science. 215

Logique formelle : *Des termes, des propositions, des différentes formes du raisonnement.*

54. Fondement de la déduction et de l'induction. 65
55. Analyse de la proposition 66
70. Le raisonnement est à la fois une marque de grandeur et de faiblesse 76
73. Lois et fondement de l'induction. (Aix, 95). 86
111. Le raisonnement spontané et le raisonnement réfléchi (Sorbonne, 95). 172

Logique appliquée : *Méthode des sciences exactes: axiomes, définitions ; démonstration.*

56. Que doivent les sciences mathématiques à l'expérience ? . 67
57. Quels sont les différents sens des mots si souvent employés d'analyse et de synthèse ? (Sorbonne, 69). 67

Méthode des sciences physiques et naturelles.

19. Comparer l'expérience en physique et en psychologie. Montrer les analogies et les différences. (Sorbonne, 69) . . 43
53. Faire la part de l'expérience et de la raison dans l'induction. (Sorbonne, 67, 71) 64
54. Fondement de la déduction et de l'induction 65
73. Lois et fondement de l'induction. (Aix, 95). 86
58. De l'hypothèse. De l'emploi des hypothèses dans les sciences positives (Sorbonne, 70) 67
78. Qu'appelle-t-on système naturel ou scientifique ? Danger des systèmes et de l'esprit systématique. 105

Méthode des sciences morales. — Le témoignage des hommes, la critique historique.

14. Comment l'histoire peut-elle être une source d'informations pour les psychologues ? (Sorbonne, 81) 39
19. Comparer l'expérience en physique et en psychologie. Montrer les analogies et les différences. (Sorbonne, 69). . 43
20. L'expérimentation est-elle possible en psychologie ? (Sorbonne, 76) 43
21. La psychologie est-elle une science d'observation ou une science de raisonnement ? (Sorbonne, 77) 44
22. Que peut-on tirer de l'étude du langage pour l'étude de la psychologie ? (Sorbonne, 81) 45
60. Montrer que les vérités de l'ordre moral ne sont pas susceptibles du même genre de démonstration que les vérités mathématiques et que les vérités de l'ordre physique. (Sorbonne, 69, 86) 69
77. Montrer que la méthode des sciences physiques et naturelles ne peut s'appliquer aux sciences morales 103
79. L'histoire est-elle une science positive ? 105
80. Comparaison entre l'histoire politique humaine et l'histoire naturelle 107
89. De la sociologie; ses principes, sa portée, ses méthodes, son avenir. 127

		Pages
89.	Des sciences sociales: Leur méthode, leur portée, leur avenir. (Caen, 94)	127
90.	De la critique historique, ses principes et ses règles. (Caen, 94)	129
119.	Du fondement de la certitude morale. (Caen, 95)	185

Erreurs et sophismes, vérité et erreur.

30.	Des erreurs des sens. Que faut-il entendre par ce principe, que l'erreur n'est jamais dans le sens lui-même, mais dans le jugement ? (Sorbonne, 69)	49
61.	L'erreur est-elle un fait de l'entendement ou de la volonté ? (Sorbonne, 88)	70
62.	Des erreurs qui ont leur origine dans le langage. Des moyens d'y remédier. (Sorbonne, 67)	70

MORALE

Principes de la morale : La conscience, le bien, le devoir.

96.	Nature du sentiment de l'honneur. Peut-il remplacer l'idée du devoir ?	139
96 bis.	Exposer le rôle moral du sentiment de l'homme. (Montpellier, 95)	
98.	La conscience morale est-elle une faculté à part ou peut-elle être réduite à une faculté plus générale ? (Sorbonne)	140
117.	Du principe Kantien d'après lequel la seule chose moralement bonne est la bonne volonté. (Bordeaux, 95)	183

La responsabilité et la sanction.

71.	Conditions et conséquences de la responsabilité morale. (Lille, 95)	78
74.	Du bonheur. Quels sont les principaux éléments du bonheur dans la vie présente ? (Aix, 82)	92
81.	Du bonheur en psychologie et en morale. (Sorbonne, 89)	107

Examen des doctrines utilitaires

123.	Quelle a été, quelle devrait être la morale du matérialisme ? (Nancy, 95)	190

Les Devoirs. Morale personnelle : sagesse, courage, tempérance

64.	Qu'entend-on par devoirs positifs et par devoirs négatifs ? En donner des exemples, soit dans la morale individuelle, soit dans la morale sociale, soit dans la morale religieuse. (Sorbonne, 68, 77)	72
65.	De la personnalité humaine. (Lyon, 90)	72
75.	Déterminer les effets de la volonté sur les passions. (Aix, 86)	97
99.	Du caractère	142
103.	Devoirs de l'homme envers son âme. (Montpellier)	155

Morale sociale
Le droit et la justice ; la charité.

7.	Justice et charité. (Sorbonne, 94)	31
7 bis	Justice et bienfaisance. (Aix, 79)	31
63.	De l'origine de la Société. Par quels arguments peut-on démontrer que l'origine de la société est un fait naturel et nécessaire, non un fait arbitraire et accidentel, comme on l'a quelquefois prétendu ? (Sorbonne, 87)	71

Rapports de la morale et de l'économie politique. Le travail, le capital, la propriété.

74.	Du bonheur. Quels sont les principaux éléments du bonheur dans la vie présente ? (Aix, 82)	92
102.	Théories diverses sur le droit de propriété. Fondement véritable de ce droit. (Poitiers, 95)	152

ÉLÉMENTS DE MÉTAPHYSIQUE

De la valeur objective de la connaissance; dogmatisme, scepticisme, idéalisme.

Pages

113. Qu'est-ce que la philosophie critique ? L'expliquer en considérant de préférence la philosophie de Kant (Aix, 95) . . 177
114. Examiner au point de vue de la théorie de la connaissance, la doctrine idéaliste ? (Besançon, 91) 180
115. Examiner, au point de vue de la théorie de la connaissance, la doctrine réaliste. (Besançon 95) 181
116. Examiner, au point de vue de la théorie de la connaissance, la doctrine positiviste. (Besançon, 95) 182
118. Du degré de certitude de la science. (Caen, 95) 184

De l'existence du monde en général.

25. Montrer que la perception extérieure serait impossible sans l'intervention des principes de la raison. (Sorbonne, 81, 86) 47
27. Quelle est la part de la mémoire, de l'imagination et de l'induction dans la connaissance que nous avons du monde extérieur ? (Sorbonne, 78, 86) 48

De la nature en général. Diverses conceptions sur la matière et sur la vie.

92. Esquisser à grands traits le système de l'évolution. (Caen, 94) 131
93. Quelles sont les principales objections que soulève la théorie de l'évolution ? 133
130. Du matérialisme, (Sorbonne, 67) 211
131. Du hasard et du déterminisme. Peut-on les concilier ? . . 213
69. Tout peut-il se réduire, comme le voulait Descartes, à l'étendue et à la pensée ? (Sorbonne, 79). 76

De l'âme: Matérialisme et Spiritualisme.

25. Descartes croyait que l'âme étant une chose pensante pense toujours. Quel est votre avis sur cette question ? (Sorbonne, 70). 47
30. De la notion du moi. Caractères distinctifs de cette notion. Son importance en psychologie et en morale. (Sorbonne, 74). 54
39. Que faut-il penser de cette proposition : « Le moi est une collection d'états de conscience » ? (Sorbonne, 82) . . . 54
48. Analyser la notion de l'identité personnelle. Montrer comment elle se forme en nous et quelles conséquences elle comporte. (Sorbonne, 74). 52
65. De la personnalité humaine. (Lyon, 90). 72
69. Tout peut-il se réduire, comme le voulait Descartes, à l'étendue et à la pensée ? (Sorbonne, 79) 76
83. Établir la distinction de l'âme et du corps d'après les attributs essentiels de ces deux substances. (Bordeaux, 69). 109
84. Exposer et discuter les principaux arguments que le matérialisme oppose à la doctrine de la spiritualité de l'âme. (Rennes, 87). 114

De l'immortalité de l'âme. — La religion actuelle.

85. De l'immortalité de l'âme. (Clermont, 92). 116

De Dieu. — Son existence, ses attributs, sa Providence. Le problème du mal.

52. Comment peut-on dire que l'idée de Dieu résume en elle tous les principes directeurs de l'entendement humain ? (Sorbonne, 82) 64
86. La Providence. (Aix, 95) 119

	Pages
100. Que savez-vous du pessimisme ? Comment peut-on le réfuter ? (Sorbonne, 92)	143
106. Qu'est-ce que le panthéisme ? Quel en est le principe ? Quelles en sont les conséquences ?	162
107. Qu'est-ce que le panthéisme ? Quels sont les principaux représentants de ce système dans l'histoire de la philosophie ? (Sorbonne, 81)	161
125. Qu'est-ce que démontrer Dieu? Classer, énumérer et apprécier les preuves les plus importantes de l'existence de Dieu	193
126. Expliquer, en la développant, cette pensée de Kant : « Deux choses remplissent l'âme d'une admiration et d'un respect toujours renaissants ; le ciel étoilé au-dessus de nos têtes, la loi morale au dedans de nous-mêmes »	199
127. Exposer et juger les principales objections faites contre la preuve dite des causes finales. (Besançon, 1891)	201
128. Par quelle méthode peut-on déterminer les attributs de Dieu ? Est-ce par la méthode déductive, ou par la méthode inductive, ou par les deux à la fois ? Distinguer les attributs métaphysiques des attributs moraux. (Sorbonne, 71)	203
129. Les attributs de Dieu. Insister sur l'infinité et la perfection et les définir. (Nancy, 93)	206

HISTOIRE DE LA PHILOSOPHIE
Principales doctrines.
Socrate.

9. Expliquer et apprécier cette proposition de Socrate et de ses successeurs, qu'il n'y a de science que du général. (Sorbonne, 78)	35

Descartes.

124. Morale provisoire de Descartes ? Que lui manque-t-il pour qu'on en puisse faire une morale définitive ? (Nancy, 95)	192
25. Descartes croyait que l'âme étant une substance pensante pense toujours. Quel est votre avis sur cette question ? (Sorbonne, 70)	47
69. Tout peut-il se réduire, comme le voulait Descartes, à l'étendue et à la pensée ? (Sorbonne, 79)	76

Kant.

91. L'art et le jeu	130
113. Qu'est-ce que la philosophie critique ? L'expliquer en considérant de préférence la philosophie de Kant (Aix, 95)	177
114. Examiner, au point de vue de la connaissance, la doctrine idéaliste (Besançon, 95)	180
117. Du principe Kantien, d'après lequel la seule chose moralement bonne est la bonne volonté (Bordeaux, 95)	183
118. Du fondement de la certitude morale (Caen, 95)	185
126. Expliquer, en la développant, cette pensée de Kant : « Deux objets remplissent l'âme d'une admiration et d'un respect toujours renaissants : le ciel étoilé au-dessus de nos têtes, la loi morale au-dedans de nous-mêmes. »	199
117. Exposer et juger les principales objections faites contre la preuve dite des causes finales (Besançon, 91)	

FIN DU PREMIER VOLUME

Montbéliard (Doubs). — Imp. P. HOFFMANN.

A LA MÊME LIBRAIRIE

Ouvrages à l'usage de la classe de philosophie

Traité élémentaire de philosophie, à l'usage des classes, par Paul JANET, nouvelle édition revue, corrigée et augmentée d'un résumé analytique conforme au programme du baccalauréat ès-lettres, 1 très fort volume in-8 broché 9 50
Histoire de la philosophie, les problèmes et les écoles par Paul JANET et G. SÉAILLES, 1 très fort vol. in-8 br. . . 10 50
Histoire contemporaine de 1789 à 1875 par DAUBAN et GRÉGOIRE, in-12 cart. 6 »
Histoire contemporaine de 1789 à 1875 par TOUSSENEL, nouvelle édition, entièrement refondue, par E. DARSY, in-12 cart. 6 »
Histoire naturelle par V. DESPLATS, docteur ès-sciences, professeur au collège Chaptal :
Zoologie, in-8 broché 7 58
— cartonné 8 25

Botanique, in-8 broché 4 50
— cartonné 5 10
Leçons de chimie à l'usage des classes de rhétorique et de philosophie, par Paul POIRÉ, in-12 broché . . . . 3 »
Cartonné 3 50
Leçons de physique à l'usage de la classe de philosophie, par LE MÊME, in-8 br. 6 »
Leçons d'anatomie et de physiologie animales, par E. BESSON, in-8 br. 6 50
Sommaire d'anatomie et de physiologie animales, par LE MÊME, in-8 broché. . . . . 2 »
Leçons d'anatomie et de physiologie végétales, par E. BESSON, in-8 br. 3 »
Sommaire d'anatomie et de physiologie végétale, par E. BESSON, in-8 broché 2 75

AUTEURS PHILOSOPHIQUES

Prescrits par les Programmes du 28 janvier 1890

DESCARTES. Discours de la méthode avec une notice biographique, une analyse et des notes, par E. RABIER, maître de conférences à l'école normale supérieure, in-12 broché 1 25
— Le même, suivi d'études critiques sur les points de la philosophie de Descartes donnés comme sujets de dissertation à l'examen du baccalauréat ès-lettres, d'une analyse des Méditations et d'Extraits par LE MÊME, in-12 broché . . . . . 2 »
— Les principes de la philosophie, avec une introduction et un commentaire, par LIARD, ancien recteur de l'Académie de Caen, in-12 broché 1 50
MALEBRANCHE. De l'imagination (livre II de la recherche de la vérité), avec notes, par G. LYON, professeur au Lycée Henri IV. Un vol. in-12, cartonné . 2 »
PASCAL. Opuscules, comprenant : De l'autorité en matière de philosophie ; Réflexions sur la géométrie en général ; De l'art de persuader. Nouv. édit. où le texte authentique a été restitué, avec une introduction et des notes par E. HAVET, membre de l'Institut, professeur au Collège de France, in-12 br. . » 75
— Entretien avec M. de Sacy sur Epictète et Montaigne et de l'Autorité en matière de philosophie, avec introduction, notes et éclaircissements sur Montaigne et sur l'idée de progrès, par GUYAU, in-12 broché 3 50
— Les mêmes, sans les éclaircissements, in-12 broché . . . . . . 1 »
LEIBNITZ. La Monadologie, publiée d'après les manuscrits et accompagnée d'éclaircissements par Émile BOUTROUX, maître de conférences à l'École normale supérieure, suivie d'une note sur les principes de la mécanique dans Descartes et dans Leibnitz, par Henry POINCARÉ, ingénieur des mines, professeur à la Faculté des sciences de Paris, in-12 broché 2 50

LEIBNITZ. Nouveaux essais sur l'entendement humain, avant-propos et livre I, par E. BOUTROUX, in-12 br. . 2 50
CONDILLAC. Traité des sensations, livre I, avec une introduction et des notes, par PICAVET, agrégé de philosophie, 1 volume, in-12 cartonné 2 50
XÉNOPHON. Entretiens mémorables de Socrate, traduction de Gail, suivie d'extraits de Platon, Aristote, Sénèque, Epictète, etc., avec introduction et notes philosophiques par M. A FOUILLÉE . 2 50
— Mémoires sur Socrate, texte grec avec un argument, des sommaires et des notes en français par Th.-H. MARTIN, in-12 cartonné 1 75
Livre I, seul, in-12 broché. . . » 50
ÉPICTÈTE. Manuel, traduction nouvelle, suivie d'extraits des Entretiens d'Epictète et des pensées de Marc-Aurèle, avec une étude sur la philosophie d'Épictète et des notes par GUYAU, in-12 broché . . . 2 50
— Le même ouvrage, sans les Extraits, in-12 broché. 1 50
CICÉRON. De Officiis (1er livre), avec une traduction en regard du texte latin et des notes au bas des pages, précédée d'une introduction, et d'une analyse suivie d'un appendice, par PONSOT, ancien prof. de philosophie au lycée Fontanes, in-12 br. . 2 50
SÉNÈQUE. Lettres à Lucilius. Edition avec une traduction française en regard du texte et des notes au bas des pages ; précédée d'une introduction et d'une analyse par CHAUVET, Professeur de philosophie à la Faculté des lettres de Caen in-12 br. . 6 »
Extraits des principaux philosophes par FOUILLÉE, maître de conférences à l'École normale supérieure, in-8, br. . 6 »
Histoire de la philosophie, par LE MÊME, in-8, broché. . . . . . . 6 »

www.ingramcontent.com/pod-product-compliance
Lightning Source LLC
Chambersburg PA
CBHW050340170426
43200CB00009BA/1669